Veröffentlichungen der Historischen Kommission für Nassau 53

Forschungen zur Integration der Flüchtlinge und Vertriebenen
in Hessen nach 1945

Band 2

Wolfgang Eckart

Neuanfang in Hessen

Die Gründung und Entwicklung von
Flüchtlingsbetrieben im nordhessischen Raum
1945–1965

Wiesbaden 1993
Historische Kommission für Nassau

Herausgegeben von dem Hessischen Hauptstaatsarchiv
in Verbindung mit der
Historischen Kommission für Nassau

Gedruckt mit Unterstützung
des Hessischen Ministers für Jugend, Familie und Gesundheit

CIP-Titelaufnahme der Deutschen Bibliothek

Eckart, Wolfgang:
Neuanfang in Hessen : die Gründung und Entwicklung von
Flüchtlingsbetrieben im nordhessischen Raum 1945–1965 /
Wolfgang Eckart. Historische Kommission für Nassau. –
Wiesbaden : Historische Komm. für Nassau, 1993
    (Veröffentlichungen der Historischen Kommission für Nassau ; 53)
    (Forschungen zur Integration der Flüchtlinge und Vertriebenen in
    Hessen nach 1945 ; Bd. 2)
    ISBN 3-922244-89-0
NE: Historische Kommission für Nassau: Veröffentlichungen der
    Historischen ...; 2. GT

Printed in Germany
© 1993 by Historische Kommission für Nassau, 65187 Wiesbaden, Mosbacher Str. 55
Gesamtherstellung: Zechnersche Buchdruckerei, Speyer

Inhalt

Einleitung

Im Mai 1947, NS-Herrschaft und Krieg waren gerade erst zwei Jahre vorbei, die Vertreibung der Deutschen aus den Ostgebieten noch nicht einmal abgeschlossen, wagte die „Wirtschaftszeitung" eine bemerkenswerte Prognose: „Es wird in Deutschland einmal eine ganze Generation von Betrieben jeglicher Art, neue gewerbliche Standorte die Menge und nicht wenige neue Gewerbezweige geben, die ihren Ursprung auf die Flüchtlingszüge der Jahre 1945 bis 1947 zurückführen. Die europäische Wirtschaftsgeschichte und die deutsche speziell kennt Ähnliches von den hugenottischen Refugies, den französischen Flüchtlingen des ausgehenden 17. Jahrhunderts. Die Erfahrungen von damals sind vergessen, wahrscheinlich könnte manches davon noch heute nützlich sein."[1]

Wie wir heute wissen, sind nicht alle der hier geäußerten Erwartungen erfüllt worden. Manches, was zu den vielversprechenden Anfängen bei den neuen Gewerben gehörte, war auf lange Sicht nicht lebensfähig. Und dennoch lohnt es sich zu untersuchen, inwieweit die neuere Wirtschaftsgeschichte Hessens durch diese Neubürger-Betriebe geprägt oder doch zumindest beeinflußt worden ist. Schließlich weiß man heute, da mehr als vier Jahrzehnte vergangen sind, daß das Thema „Flüchtlingseingliederung" kaum etwas von seiner Aktualität eingebüßt hat. Auf die Erfahrungen der Zeit nach 1945 zurückzugreifen, heißt dann, historisch informiert an aktuelle Fragestellungen heranzugehen. Zu dem, was man inzwischen über den Verlauf der wirtschaftlichen und sozialen Eingliederung weiß, gehört beispielsweise die Einsicht, daß weder die allzu optimistischen noch die besonders pessimistischen Prognosen in Erfüllung gingen. Weder blieben sie auf längere Sicht das, was man damals zynischerweise „Sozialgepäck" nannte, noch veränderten die Neuankömmlinge das Wirtschaftsgefüge ihres Aufnahmelandes Hessen in grundsätzlicher Weise.

Vergegenwärtigt man sich die Ausgangslage von 1945 und den folgenden Jahren, die katastrophale Wohn-, Verkehrs-, Lebensmittel- und Wirtschaftslage, dann wird verständlich, daß aus damaliger Sicht die nach Millionen zählenden Heimatlosen zunächst einmal als zusätzliche Belastung empfunden wurden. Es sollte sich erst später herausstellen, daß diese Sichtweise verkürzt war, daß der Zustrom von zum Großteil hochqualifizierten Wirtschaftsbürgern ein außerordentlicher Gewinn für das Aufnahmeland war. So ist heute nicht mehr daran zu zweifeln, daß die Vertriebenen und Flüchtlinge, Angehörige der verschiedensten Schichten und Berufe, einen großen Anteil am wirtschaftlichen Aufstieg der neuen Heimat hatten. Dazu trugen nicht nur ihre in der alten Heimat erworbenen Kenntnisse und Fähigkeiten bei, sondern vor allem auch die außerordentlichen Energien, von denen sie – situationsbedingt – angetrieben wurden, ihre Mobilität und ihre große Anpassungsbereitschaft im wirtschaftlichen Verhalten.

---

[1] Wirtschaftszeitung vom 23. 5. 1947.

Insofern war die Eingliederung, volkswirtschaftlich gesehen, ein voller Erfolg. Es wäre jedoch unhistorisch, wenn wir die geschichtlichen Entwicklungen nur von ihrem Ausgang her betrachteten. Wir müssen uns hier schon die Mühe machen, die Dinge in ihren historischen Kontext zu stellen und entsprechend genau nachzufragen, ob denn die Integration der Neubürger in die Wirtschaft und Gesellschaft Hessens tatsächlich so bruchlos und glatt vonstatten ging, wie das mitunter behauptet worden ist. Eine weitere interessante Frage ist dann, welche Rolle die wirtschaftliche Aufbauleistung der Vertriebenen und Flüchtlinge für den Aufstieg Hessens in den letzten Jahrzehnten gespielt hat.

Die Geschichte der wirtschaftlichen Leistung der Heimatvertriebenen und Flüchtlinge ist jedoch – trotz früher Ansätze einer wissenschaftlichen Aufarbeitung[2] – noch immer ungeschrieben. Die hier vorliegende Dokumentation beansprucht nicht, diese Lücke zu schließen. Sie konzentriert sich vielmehr auf eine genauere Bestimmung dessen, welche Rolle die sogenannten Flüchtlingsbetriebe[3] in der neueren hessischen Wirtschaftsgeschichte gespielt haben. Dabei interessierten vor allem folgende Fragen: Aus welcher Lebenssituation heraus beschlossen die Ankömmlinge, sich selbständig zu machen? In welchen Branchen haben sie das getan? Welche Rolle spielten dabei staatliche Hilfen? Welche Fördermaßnahmen waren notwendig im Hinblick auf die besondere Situation von selbständigen Vertriebenen und Flüchtlingen? Schafften sie es, sich langfristig ökonomisch unabhängig zu machen und sich von staatlicher Unterstützung zu lösen? Welche arbeitsmarkt- und sozialpolitische Bedeutung kam den Existenzgründungen zu? Und schließlich: Hat es Regionen gegeben, deren Wirtschaftsprofil durch die Neubürger-Unternehmen geprägt worden ist?

Weitere interessante Aspekte des Themas mußten dagegen unbearbeitet bleiben oder konnten nur gestreift werden, da hierfür die Bearbeitungszeit zu kurz angesetzt war. So war es beispielsweise leider nicht möglich, die Situation der heimatvertriebenen Bauern darzustellen; gleiches gilt auch für die sogenannten Freiberufler, die Ärzte, Rechtsanwälte etc. Schließlich fehlt in den Darlegungen ein Vergleich zwischen dem Integrations- und Aufbauprozeß der Vertriebenen einerseits und dem der Flüchtlinge (aus der SBZ) andererseits. Dem Sprachgebrauch der damaligen Zeit folgend, werden die beiden Gruppen hier begrifflich nicht streng voneinander geschieden. Eine Ausnahme bildet der Abschnitt, in dem explizit auf die besondere Situation bei den Betrieben der SBZ-Flüchtlinge eingegangen wird. So wünschenswert es gewesen wäre, die Wirkungsgeschichte staatlicher Fördermaßnahmen für selbständige Vertriebene und Flüchtlinge – im Sinne einer langfristigen Erfolgskontrolle – systematisch zu untersuchen, so ließ

---

[2] Allg. dazu v.a. Lemberg/Edding (Hrsg.) Bd. II, 1959; für Hessen siehe Albrecht 1954. Beide Schriften konzentrieren sich auf die wirtschaftliche Eingliederung der Vertriebenen und Flüchtlinge; die Darstellungen erfolgen dabei vornehmlich aus staatlich-behördlicher Perspektive.

[3] Der seinerzeit übliche Oberbegriff „Flüchtlingsbetriebe" umfaßt sowohl die Betriebe von Vertriebenen als auch die von SBZ-Flüchtlingen; der Einfachheit halber werden in dieser Darstellung beide Begriffe synonym verwendet. Nur da, wo explizit auf die jeweils unterschiedliche Ausgangssituation eingegangen wird, werden auch ausdrücklich die Begriffe getrennt.

das die vorgegebene Bearbeitungszeit von einem Jahr nicht zu. Im ganzen konnten deshalb auch die volkswirtschaftlichen Aspekte des Themas hier nicht so verfolgt werden, wie es ursprünglich beabsichtigt war.

Als Untersuchungsgebiet wurde der nordhessische Raum gewählt, hier weitgehend identisch mit dem alten Regierungsbezirk Kassel. Die Auswahl richtete sich nach strukturellen wie nach quantitativen Gesichtspunkten. So weist die Wirtschaftsstruktur dieser Region einige Besonderheiten auf, die dem Ansatz und Ziel der Untersuchung entgegenkommen. Die vorwiegend landwirtschaftlich genutzten, wirtschaftlich unterentwickelten Kreise Nordhessens hatten alleine 54 Prozent der 1946 angekommenen 400 000 Vertriebenen aufnehmen müssen. Infolge der Strukturschwäche dieser Region lag auch die Arbeitslosenquote weit über dem Durchschnitt, so daß man fortan vom „nordhessischen Notstandsgebiet" sprach. Es galt also, neue Arbeitsplätze in der Region zu schaffen, indem man Gewerbebetriebe ansässig machte, darunter vor allem Vertriebenen- und Flüchtlingsbetriebe. Nun hätte es den Rahmen der Arbeit bei weitem gesprengt, jede industrielle Einzelsiedlung oder jeden gewerblichen Neuanfang zu behandeln. Deshalb werden einzelne für die Gesamtentwicklung modellhafte Orte wie Allendorf etwas ausführlicher dargestellt und einzelne, möglichst repräsentative Fallbeispiele von Firmengründungen vorgestellt.

Dem Charakter einer Dokumentation entspricht es, wenn der sozial- und lebensgeschichtliche Zugriff auf den Stoff angemessen berücksichtigt wird. Die Darstellung der wirtschaftlichen Eingliederung der Vertriebenen und Flüchtlinge erfolgt daher nicht vorrangig unter der Perspektive staatlich-behördlicher Planung, sondern aus der Sicht der Betroffenen selbst. Denn wenn wir aus der frühen Forschungsliteratur zum Vertriebenenproblem schon recht gut über den Prozeß als Ganzes informiert worden sind, so sagt dies über das Schicksal des einzelnen doch kaum etwas aus. Um sie, die sogenannte Erlebnisgeneration zu Wort kommen zu lassen, wurden ca. 50 Vertriebenen-Unternehmen angeschrieben und, je nach Rücklauf, Interviews geführt. Dabei stellte sich erwartungsgemäß heraus, daß die Betroffenen doch manches anders sehen als die Akteure in Politik und Verwaltung.

Methodisch wurde so verfahren, daß die Lebensgeschichten einzelner Unternehmer in den Text eingestreut wurden, um die spezifischen Probleme so lebensnah wie möglich darzustellen. Die Auswahl der Unternehmerpersönlichkeiten richtete sich dabei nach dem mir vorliegenden Material aus Interviews und schriftlich dargelegten Selbstdarstellungen, das aus verständlichen Gründen begrenzt ist. Diese Basis reicht natürlich nicht für eine Typologie des vertriebenen oder geflüchteten Unternehmers. Sie würde umfangreiche empirische Vorarbeiten erfordern, die hier nicht geleistet werden konnten – wobei es ohnehin fragwürdig ist, ob es den typischen Unternehmer überhaupt gibt. Dennoch darf angenommen werden, daß die in dieser Darstellung vorgestellten Betriebsinhaber und deren Lebensgeschichte nicht ganz untypisch sind, sondern stellvertretend für viele andere Schicksale stehen.

Diese Arbeit entstand im Rahmen einer Landesdokumentation über die Vertriebenen und ihre Eingliederung in Hessen, die vom Hessischen Ministerium für Jugend, Familie und Gesundheit gefördert wurde. Der Verfasser dankt allen, die an der Entstehung der Studie beteiligt waren. Insbesondere bin ich dem Betreuer der Arbeit, Herrn Prof. Dr. Klaus Heller, Universität Gießen, zu Dank verpflichtet. Danken möchte ich auch dem Vorstand der Historischen Kommission für Nassau für die Aufnahme des Bandes in seine Schriftenreihe „Forschungen zur Integration der Flüchtlinge und Vertriebenen in Hessen nach 1945". Schließlich möchte ich es nicht versäumen, auch den Zeitzeugen, die sich für ein Interview zur Verfügung gestellt haben, zu danken. Ich habe viel von ihnen gelernt.

1 Die Ausgangssituation von 1945:
Kriegsfolgen, Wirtschaftslage und Flüchtlingspolitik

1.1 Der nordhessische Raum – ein wirtschaftliches
und soziales Notstandsgebiet

Am 16. Oktober 1945 wurde das Land Hessen gebildet, eine Neugründung, der man zunächst den Namen „Großhessen" gab. Demographisch und wirtschaftlich gliederte sich das neugebildete Land in zwei Teile: Der nordhessische Raum – hier mit dem Regierungsbezirk Kassel gleichzusetzen –, der relativ dünn besiedelt und eher land- und forstwirtschaftlich geprägt war, und Südhessen, das mit dem Rhein-Main-Gebiet den industriellen Schwerpunkt des Landes bildete. Das starke Nord-Süd-Gefälle innerhalb Hessens, das auch heute noch besteht, wird zudem an einem Vergleich der Bevölkerungsdichte sichtbar: Im Jahre 1984 kamen im südlichen Regierungsbezirk Darmstadt 456 Einwohner auf 1 qkm, während es im Regierungsbezirk Kassel nur 142 waren.[1] Bis 1945 war der nordhessische Raum – das frühere Kurhessen – im allgemeinen Bauernland ohne nennenswerte Industriekonzentration, mit Ausnahme des Gebietes um Kassel, während Südhessen mit dem wirtschaftlichen Ballungsraum in und um Frankfurt und um Darmstadt auf eine lange Handels-, Gewerbe- und Industrietradition zurückblicken konnte. Kurzum: Aus wirtschaftlicher Sicht war der südhessische Raum, grob gesprochen, beinahe in jeder Beziehung vor dem nordhessischen bevorzugt.

Dazu trug auch die Tatsache bei, daß trotz des verhältnismäßig hohen Anteils der Landwirtschaft im Regierungsbezirk Kassel die Wachstumsbedingungen dort ungünstiger und die landwirtschaftlichen Erträge damit niedriger waren (und sind) als in den beiden südlichen Regierungsbezirken. Auch was die Möglichkeit einer stärkeren gewerblichen Nutzung des nordhessischen Raumes anbetraf, so waren die natürlichen Gegebenheiten – sein überwiegend bergiger Charakter – dafür nicht besonders geeignet, auch im Hinblick auf seine verkehrsmäßige Erschließung. Vorkommen an Braunkohle, Kali und anderen Bodenschätzen gaben der nordhessischen Wirtschaft zwar eine gewisse Grundlage, aber sie spielten – von den Kalivorkommen in Heringen und Philippsthal im Altkreis Hersfeld abgesehen – keine allzu bedeutende Rolle.[2]

Die nordhessische Industrie war auf kein zusammenhängendes Gebiet konzentriert, sondern verteilte sich auf Einzelstandorte wie Kassel, Fulda, Hersfeld, Eschwege u. a. Die dort ansässige Industrie war eine ausgesprochene Investitions-

---

[1] Vgl. dazu Lilge 1986, S. 48 ff.
[2] Vgl. dazu Albrecht 1954, S. 10 ff. Siehe dazu auch das Gutachten über „Das hessische Notstandsgebiet" von 1950, das vom hessischen Minister für Arbeit, Landwirtschaft und Wirtschaft veröffentlicht wurde, HHStA Wi 507/4186.

güterindustrie und von daher besonders konjunkturempfindlich. Das galt vor allem für den Lokomotiv- und Waggonbau, der in Kassel einen bedeutenden Standort hatte, aber auch für die Basaltindustrie (Schotter für Bahn- und Straßenbau) und den Fahrzeugbau. Selbst die Textilindustrie des nordhessischen Raumes war in erster Linie als Investitionsgüterindustrie anzusehen. Ihre wichtigsten Erzeugnisse – Segeltuch, Planen und technische Gewebe, Nordhessen war nämlich das bedeutendste Standortgebiet der deutschen Schwerweberei – wurden von jeher zu einem wesentlichen Teil an die Eisenbahn und andere öffentliche Auftraggeber geliefert. Fielen diese Abnehmer aus, wie das nach dem Krieg der Fall war, so geriet die ohnehin schwach ausgeprägte nordhessische Industrie gleich in Schwierigkeiten.

Was die Kriegsfolgen betraf, so war der Unterschied zwischen Stadt und Land zunächst einmal größer als der zwischen Nord und Süd. Während Städte wie Frankfurt, Kassel, Hanau, Darmstadt und Gießen durch die Luftangriffe, aber auch durch den sinnlosen „Endkampf" größtenteils zerstört worden waren, hatte der Krieg die Dörfer und Landstädtchen zumeist verschont. Das war auch der Hauptgrund, weshalb ein Großteil der nach Hessen einströmenden Flüchtlinge und Vertriebenen in ländlichen Gegenden untergebracht wurde. Denn nur dort fanden sich, wenigstens vorübergehend, Wohnraum und eine gewisse Versorgungsgrundlage für die Heimatlosen. Eng wurde es aber auch in den Dörfern und Gemeinden, denn dort lebte bereits die Masse der Evakuierten und Ausgebombten. Im Oktober 1946 teilten sich in Hessen statistisch fast zwei Personen einen Wohnraum. Nach dem Krieg lebten in Hessen vier Millionen Menschen, 500 000 mehr als 1939. Man mußte also zusammenrücken (Dok. 1).[3]

Zur Wohnraumnot kam eine mangelhafte Versorgung der merklich angewachsenen Bevölkerung mit Lebensmitteln und Gebrauchsgütern. Nahezu alles war rationiert und wurde „von Amts wegen" zugeteilt: nicht nur Lebensmittel, sondern auch Textilien, Schuhe, Möbel, Heizmaterial. Vor allem Konsumgüter blieben aber Mangelware. Zumindest in der Stadt galt, daß das Gros der Einheimischen in den ersten Nachkriegsjahren ebenso Mangel leiden, ja oft sogar hungern mußte wie die große Mehrzahl der Neuankömmlinge. Hierzu kam, daß durch die Kriegs- und Nachkriegswirren viele Familien getrennt worden waren: Heimkehrer aus Kriegsgefangenschaft, Kinder aus Kinderlandverschickungen, Ausgebombte und Evakuierte suchten ihre Familien. Nicht zu vergessen sind hier auch die Displaced Persons, die aus allen Ländern Europas kommenden Zwangs- oder Fremdarbeiter des Dritten Reiches, die 1945 befreit worden waren und jetzt repatriiert werden mußten. Kurzum: Es war im ganzen eine Gesellschaft, die in erheblichem Ausmaß in Bewegung geraten war. Bekanntlich war mehr als die Hälfte der Deutschen 1945 unterwegs in eine alte oder neue Heimat. Insofern waren Einheimische wie Vertriebene und Flüchtlinge häufig vor ähnliche Probleme und Alltagssorgen gestellt, ähnelten sich auch die Erfahrungen, die beide Seiten mit Not und Entwurzelung in der Nachkriegszeit machten.

---

[3] Vgl. dazu Wolf (Hrsg.) 1986 (2), S. 14.

1 In Nordhessen mußten Flüchtlinge, Evakuierte und Einheimische eng zusammenrücken (Hessische Nachrichten vom 19. 3. 1949)

Angesichts der Zerstörungen stand der wirtschaftliche Wiederaufbau ganz im Vordergrund. Alle zeitgenössischen Berichte lassen erkennen, daß es zunächst einmal darum gehen mußte, die wichtigsten öffentlichen Versorgungseinrichtungen wiederherzustellen: Wasser-, Energie- und Gasversorgung, Verkehrswege, Schulen und Krankenhäuser. Dann die Enttrümmerung: Im fast völlig zerstörten Kassel waren noch 1950 von 6 Millionen cbm Trümmerschutt nur 800 000 beseitigt worden, in den ersten Jahren nach dem Kriege durch Pflichteinsatz der Einwohner, später durch die Enttrümmerungsunternehmen. Auch die Industrieproduktion lief nur schleppend an. Bevor überhaupt wieder produziert werden konnte, mußten die meisten Betriebe erst instandgesetzt werden. Erschwerend kam ein Mangel an Arbeitskräften und der weitgehende Zusammenbruch des Verkehrswesens hinzu. Am gravierendsten aber wirkte sich der Mangel an Energieträgern und an Rohstoffen aus. So meldete die Bezirkswirtschaftsstelle Kassel für den Monat Mai 1947: „Die Versorgung mit Steinkohle in Mengen und Sorten führt in wenigen Tagen zur Katastrophe. Eine ordnungsgemäße Versorgung der Molkereien mit Fettkohlen ist nicht mehr durchzuführen, da von Seiten der Ruhr keine entsprechenden Mengen angeliefert werden. Die Versorgung der übrigen Betriebe ... ist ebenfalls nicht mehr möglich. Das Gaswerk Kassel meldete am 21. 5. 47, daß nur noch für 4 Tage Kohle vorhanden seien, ... während das Gaswerk Eschwege bereits wieder stilliegt. Das Krankenhaus Fulda hat seit November keinen Wagen Fettkohlen erhalten, so daß es zum Erliegen kommen mußte."[4]

So war es kein Wunder, daß die Industrieproduktion nur sehr langsam in Gang kam. Während sie Ende 1945 bei nur 20 Prozent der Produktion von 1936 gelegen hatte, war sie bis 1947 bis auf etwa 50 Prozent angestiegen. Die laufenden Demontagen durch die Amerikaner und die unklaren wirtschaftlichen Zukunftsaussichten taten ihr Übriges, um die dringend notwendigen unternehmerischen Aktivitäten zu hemmen.[5]

Die Lage im nordhessischen Raum war – zusätzlich zu diesen allgegenwärtigen Problemen – nach dem Kriege besonders schwierig. Der Grund lag zum einen darin, daß während des Zweiten Weltkriegs in mehr oder weniger abgeschiedenen Regionen des Landes große Rüstungsbetriebe entstanden waren, die 1945 alle stillgelegt und demontiert wurden: in und um Kassel, in Allendorf, Hessisch-Lichtenau und in Wolfhagen. Eine Vielzahl von Arbeitsplätzen war dadurch weggefallen. Zum anderen gehörte die Stadt Kassel als das einzige Industriezentrum des nördlichen Hessen zu den am meisten zerstörten Städten Deutschlands. Kassel, das sich zu einem Zentrum der deutschen Eisenbahn-Industrie entwickelt hatte, war im Laufe des Krieges zu nahezu 80 Prozent zerstört worden; 1945 war es eine Trümmerwüste.[6]

Hinzu kam, daß durch die Errichtung der Zonengrenze seit 1945 der ost- und mitteldeutsche Wirtschaftsraum vom nordhessischen Gebiet abgeschnitten wurde, wodurch vor allem die engen Wirtschaftsbeziehungen zwischen Thüringen und Hessen praktisch stillgelegt wurden. Diese Verflechtung war besonders darin zum Ausdruck gekommen, daß der Bezirk der Kasseler Industrie- und Handelskammer vor 1945 auch größere Teile Thüringens umfaßt und die Kammer daher die Bezeichnung „IHK Kassel-Mühlhausen" geführt hatte. Für Handel und Verkehr, aber auch für die in Nordhessen ansässigen Industrieunternehmen waren somit viele alte Geschäftsbeziehungen ebenso weggefallen wie der nach dem Osten gerichtete Absatz. Auch verkehrsmäßig wirkte sich die Grenzlage zum Eisernen Vorhang nachteilig aus, da die Verkehrsverbindungen nach dem Osten im Laufe der Zeit einfach abgeschnitten wurden. Nordhessen war also in eine Randlage geraten, war zum Zonenrandgebiet geworden.

In diese ohnehin strukturschwache Region waren seit dem Herbst 1945 unverhältnismäßig viele Flüchtlinge und Vertriebene eingeflossen, da man die Flüchtlingströme vorzugsweise in ländliche Gegenden lenkte, wo man die Hei-

---

[4] Aus den Monatsberichten der Bezirkswirtschaftsstelle Kassel, StA Ma 401/39, Nr. 77 a.
[5] Vgl. dazu Wolf (Hrsg.) 1986 (2), S. 19.
[6] Siehe dazu den Tätigkeitsbericht des Oberbürgermeisters der Stadt Kassel vom September 1945, auszugsweise abgedruckt in Hessische Nachrichten vom 6. 10. 1945; auch in Wolf (Hrsg.) 1986 (2), S. 217 ff.

matlosen zunächst besser unterbringen und versorgen konnte. Gemessen an den dort vorhandenen Arbeitsplätzen war der Norden des Landes damit allerdings faktisch übervölkert. Denn schon ab 1934 waren planmäßig Zuwanderungen in diese Region erfolgt, die mit der kriegswirtschaftlichen und industriellen Aufrüstung, also der Schaffung von Wehrmachtsanlagen und Munitionsfabriken, im Zusammenhang standen. Nordhessen war in der NS-Zeit wegen seiner geographischen Mittellage besonders gefördert worden, was seinen Bevölkerungsstand bereits in dieser Zeit überproportional erhöht hatte, ohne daß ihm eine ausreichende Wirtschaftskapazität im zivilen Bereich gegenübergestanden hätte. Der weitere Zufluß von Menschen sorgte nun dafür, daß das Gebiet vollends zum Notstandsgebiet wurde. Während der Anteil der Neubürger an der Gesamtbevölkerung für Südhessen im Jahre 1946 17,9 Prozent betrug, waren es in Nordhessen 25,3 Prozent. Ihren markantesten Ausdruck fand diese Situation in der hohen Arbeitslosigkeit: Auf Nordhessen entfielen in diesen ersten Jahren nach dem Krieg ziemlich konstant fast 50 Prozent der Arbeitslosen des gesamten Landes Hessen, obwohl der Bevölkerungsanteil lediglich bei etwa 30 Prozent lag.[7] Besonders davon betroffen waren die damaligen Kreise Marburg, Ziegenhain, Hersfeld, Rotenburg und Eschwege. Zu den Arbeitsamtsbezirken mit der stärksten Arbeitslosigkeit zählten neben den schon genannten noch Sontra, Treysa, Frankenberg, Wolfhagen und Homberg.

In zahlreichen Eingaben und Denkschriften aus jener Zeit wurde die besonders kritische Lage des nordhessischen Raumes beschrieben und ein spezielles Notstandsprogramm für die Region gefordert (Dok. 2). Da die Notlage Nordhessens in erster Linie dadurch verursacht war, daß das Verhältnis zwischen Bevölkerung und wirtschaftlicher Kapazität durch den unverhältnismäßigen starken Zustrom von Flüchtlingen gestört war, befürchtete man im Landesarbeitsamt Hessen nicht nur Dauerarbeitslosigkeit, sondern als Folge davon auch politische Unruhen. Um die Arbeitslosigkeit zu verringern, müsse deshalb entweder die Arbeit zum Menschen oder der Mensch zur Arbeit gebracht werden. Als notwendige Maßnahmen zur Sanierung der nordhessischen Notstandgebiete empfahl man deshalb in einem 1950 erstellten Gutachten[8]
- eine planmäßige Industrieansiedlung und eine Erweiterung vorhandener Betriebe an Orten, an denen günstige Standortbedingungen (Verkehrswege, Rohstoffe, Arbeitskräfte usw.) gegeben seien;
- eine Ausweitung der Heimarbeit, vor allem für Frauen, soweit die Möglichkeiten einer Umsiedlung von Arbeitskräften nicht gegeben seien;
- eine Verbesserung der Verkehrsverbindungen, um Arbeitslose besser an nahegelegene Arbeitsorte heranführen zu können;
- eine Umsiedlung von Arbeitslosen zu den Schwerpunkten des Arbeitskräftebedarfs, die selbstverständlich freiwillig sein müsse.
Sollten alle diese Maßnahmen nicht ausreichen, so solle man auch die Auswanderung von Arbeitskräften ins Ausland in Betracht ziehen. Notfalls könne

---

[7] Vgl. Albrecht 1954, S. 13.
[8] Vgl. dazu das Gutachten „Die hessischen Notstandsgebiete" vom 24. 2. 1950, HHStA Wi 507/4257.

man auch übergangsweise Notstandsarbeiten im Rahmen der wertschaffenden Arbeitslosenfürsorge fördern. Alles in allem sei eine konzertierte Aktion notwendig, an der die zuständigen Landesministerien, das Landesarbeitsamt, der Regierungspräsident und die sonst beteiligten Stellen, insbesondere die Gewerkschaften, die Unternehmerverbände, die Flüchtlings- und die Wohlfahrtsverbände beteiligt sein müßten. Ziel dieser Aktion müsse es sein, ein Notstandsprogramm für Nordhessen aufzustellen.

1.2 Vom Notstandsmanagement zur Wirtschaftsplanung: Die wichtigsten Maßnahmen von Land und Bund

Schon sehr früh erkannte man in Hessen, daß das Problem der Verteilung des Vertriebenenzustroms wie auch das ihrer wirtschaftlichen und sozialen Eingliederung nur dann dauerhaft gelöst werden konnte, wenn man es mit den Maßnahmen zum allgemeinen wirtschaftlichen Wiederaufbau und den längerfristigen Planungen hinsichtlich einer Landesentwicklung verknüpfte.[9] Wichtigster Ausdruck dieser Politik war der 1950 vorgelegte Hessenplan. In ihm verband sich die Integrationsaufgabe mit dem Ziel einer allgemeinen Industrialisierung des ländlichen Raumes. Dazu war die Schaffung neuer Arbeitsplätze ebenso nötig wie eine gezielte Umsiedlung von Vertriebenen dorthin, wo es Arbeitsplätze und Wohnraum gab. Damit war die politische Planung im Land Hessen auf den Versuch gerichtet, über die anfänglich notwendigen Betreuungsmaßnahmen hinaus zu einer umfassenden Steuerung von sozialen und wirtschaftlichen Prozessen zu gelangen.[10]

Allerdings war es bis dahin ein schwieriger Weg. An dessen Anfang stand zunächst einmal die mehr oder weniger ungeordnete massenhafte „Einschleusung" der Vertriebenen in den Jahren 1945/46 nach Hessen, wobei ein Großteil in ländlichen Räumen, vor allem im Regierungsbezirk Kassel, untergebracht wurde. Als es um die Aufnahme, erste Unterbringung und Versorgung der Ankommenden ging, waren neben einem Minimum von bürokratischer Planung vor allem Einfallsreichtum und Improvisationsgabe gefragt, um die gewaltige Aufgabe zu meistern. Im Ergebnis waren die Heimatvertriebenen völlig ungleich auf die verschiedenen Regionen des Landes sowie auf die Stadt- und Landkreise verteilt. Eine andere Folge war, daß das Verhältnis zwischen Wohnraum, Arbeitsplätzen und Arbeitskräften völlig aus dem Gleichgewicht geraten war: Dort, wo die meisten Vertriebenen notdürftig untergebracht waren, gab es viel zu wenig Arbeitsstätten und es fehlte ausreichender Wohnraum.[11]

---

[9] Vgl. dazu Albrecht 1954, S. 14 ff. sowie die aktuelle Studie von Engbring-Romang, die sich mit der arbeitsmarktpolitischen Eingliederung der Vertriebenen befaßt und in dieser Reihe voraussichtlich 1993 erscheinen wird.

[10] Auf den Aufbau und die Entwicklung der Flüchtlingsverwaltung in Hessen wird hier nicht eingegangen, da es den Rahmen dieser Arbeit sprengen würde; eine erste Skizze dazu liefert Messerschmidt 1989, S. 70 ff.

[11] Siehe dazu den Bericht „Der Hessenplan" 1954, S. 10.

Abschrift

(Hilfsprogramm der HWK Kassel, veröffentlicht auf der Tagung am 30.6.51

Aus dieser gegebenen Situation, die zu ändern wir allein nicht in der Lage sind, müssen Konsequenzen gezogen werden, für die ich nachstehende Grundsätze aufstellen möchte:

1. Aus politischen und allgemein menschlichen Erwägungen heraus muss als Hauptforderung die schnelle Inangriffnahme der Flüchtlingsumsiedlung vorangestellt werden. Wenn Bundesländer mit starkem Industriepotential Arbeitskräfte für ihre Industrie aus dem Notstandsgebiete Nordhessen und seinen Grenzbezirken zur sowjetisch besetzten Zone anwerben, so müssen sie auch gesetzlich dazu gezwungen werden, an einem minimumxAusgleich sozialen Ausgleich in angemessener Form zu partizipieren, weil anders zu befürchten ist, dass die soziale Not bei uns einen Zustand erreicht, der eine ernsthafte politische Gefahr für die Demokratische Bundesrepublik bedeutet.

2. Der zunehmenden Verödung und Versteppung des nordhessischen Raumes und seiner Grenzbezirke zur sowjetischen Besatzungszone muss durch strukturelle Massnahmen, insonderheit durch eine verstärkte Ansiedlung industrieller und gewerblicher Niederlassungen begegnet werden. Hierzu sind erforderlich, neben einer intensiven Standortberatung (insbesondere Hinweise auf bereits bestehende nichtausgelastete Anlagen wie ehemalige Rüstungswerkstätten) erhebliche Erleichterungen für industrielle und gewerbliche Betriebsgründunge: - und Erweiterungen. Ich denke hier an Gewährung von Investitionskrediten und Bereitstellung von Betriebsmitteln zu erheblich verbilligten Zinssätzen. Bürgschaftssausstellung, günstige Rückzahlun bedingungen, Gewährung von Steuererleichterungen insonderheit für neu zu gründende Betriebe während der Dauer der Anlaufzeit, günsti ge Bereitstellung von Grund und Gebäuden, insbesondere von öffentlichen Vermögenswerten, verlorene Zuschüsse für die Übergangszeit, Frachterleichterungen sowie Erstattung von Umwegfrachten. Zur Förderung der industriellen und gewerblichen Neuansiedlung muss eine beschleunigte Verbesserung der Verkehrswege durch Notstandsarbeiten unter Beteiligung von Bund, Ländern und Gemeinden vorgenommen werden. Ausbau der öffentlichen Versorgungsanlagen und Verbesserung des örtlichen Arbeitskräftepotentials durch Heranziehung von Fachkräften, Schulung und Austausch, Fahrplanverbesserungen und Tarifvergünstigungen für eine zumindest begrenzte Zeit sind darüber hinaus unerlässlich. Stärkere Berücksichtigung der mittelständischen Wirtschaft unseres Raumes bei der Verteilung von ERP- und anderen öffentlichen Mitteln zur Befriedigung ihres gross mittel- und langfristigen Investitionskreditbedarfs und Ablösung der zu diesem Zweck von den Kreditinstituten kurzfristig gegebenen Vorfinanzierungskrediten.

3. Das Bundeswohnungsbauministerium muss zur Förderung des sozialen Wohnungsbaues in den Notstandsgebieten und in den Grenzkreisen zur sowjetisch besetzten Zone besondere Erleichterungen zusätzlicher Art gewähren.

4. Bei der Vergebung öffentlicher Aufträge muss eine bevorzugte Berücksichtigung der Bieter aus den Notstandsgebieten und Grenzbezirken erfolgen unter analoger Anwendung der vom Bundeswirtschaftsministerium für die notleidenden Gebiete in West-Berlin, Watenstedt-Salzgitter, Bayerischer Wald und Wilhelmshaven im Erlass von 21.7.1950 festgelegten Grundsätze.

2 Die Handwerkskammer Kassel fürchtete eine Verödung und Versteppung Nordhessens

Schon 1945 hatte man deshalb im Wirtschaftsministerium in Wiesbaden in Erwägung gezogen, kleinere Industrieansiedlungen in den ländlichen Raum zu bringen. Der dezentralisierte Aufbau einer Flüchtlingsindustrie sollte dabei ein integraler Bestandteil eines allgemeinen Aufbauplanes sein. Im Zentrum der Überlegungen stand dabei, vor allem die Industriezweige zu fördern, welche die auf den Export orientierten Gewerbetraditionen aus ihren Herkunftsländern wiederaufnehmen und fortsetzen konnten. In Hessen, dessen Neubürger bekanntlich zu zwei Dritteln aus dem Sudetenland kamen, waren das die Glas- und Schmuckindustrie, bestimmte Teile der Textilbranche und der Musikinstrumentenbau. Da man bei den Planungen im allgemeinen besonderen Nachdruck auf eine Dezentralisierung bei der Ansiedlung der neuen Industrien legte, bedeutete das, daß man eine starke Streuung dieser Flüchtlingsindustrien über das ganze Land in Kauf nahm. Das wirkte sich, wie sich noch zeigen sollte, für einige Branchen nachteilig aus.[12].

Aber nicht nur in der Wiesbadener Ministerialbürokratie, sondern auch in den Problemgebieten selbst, in den Landkreisen und Gemeinden, dachten Landräte und Bürgermeister darüber nach, wie dem Flüchtlingsproblem am besten zu begegnen sei. Vor allem die nordhessischen Landkreise sahen in einer Industrialisierung ihrer Gebiete die beste Lösung, weshalb man sich darum bemühte, geeignete Gewerbebetriebe anzusiedeln. Als geeignet betrachtete man vor allem Betriebe, von denen man sich viele neue Arbeitsplätze und kräftige Gewerbesteuerzahlungen versprach, die vielleicht auch einen qualifizierten Stamm von Facharbeitern mitbrachten. Als ungeeignet galten dagegen die sog. Kümmergewerbe, wie es die meisten Flüchtlingsbetriebe anfangs waren, oder die kleinen Flüchtlingshandwerker, die ortsansässigen Geschäften Konkurrenz machten. Ihnen begegnete man anfangs meist ablehnend. So gab es, wie noch zu zeigen sein wird, auf örtlicher Ebene manchmal harte Konflikte um die Ansiedlung von Flüchtlingsgewerbe.

Bei der Suche nach geeigneten Gewerbebetrieben waren einige Bürgermeister bzw. Landräte besonders aktiv. Hatte man einen attraktiven Interessenten gefunden, der grundsätzlich bereit war, sich am Ort niederzulassen, so lockte man ihn mit besonders günstigen Konditionen. Bevor beispielsweise die renommierte Strumpffabrik ERGEE, die ihren Stammsitz im sächsisch-erzgebirgischen Gelenau hatte, sich in Neustadt im Kreis Marburg niederließ, hatte sich die Stadt bereit erklärt, für die Dauer von acht Jahren auf die Erhebung von Gewerbesteuer zu verzichten (Dok. 3).

Ein in Sachen Industrialisierung sehr rühriger Kreispolitiker war auch der Landrat von Rotenburg. In einer Denkschrift aus dem Jahre 1950 regte er mehrere Maßnahmen zur Bekämpfung der in seinem Kreis besonders hohen Arbeitslosigkeit von durchschnittlich 26 Prozent an. So machte er Vorschläge für die Ansiedlung eines Gipswerks, eines Furnierwerks und einer Handschuhindustrie, sämtlich Flüchtlingsbetriebe, die 650 Arbeitskräfte beschäftigen sollten. Zusätzlich schlug er vor, in einer ehemaligen Bergbausiedlung namens Cornberg, die nunmehr vorwiegend von Flüchtlingen bewohnt wurde, zwei Werkshallen auf

---

[12] Vgl. dazu Albrecht 1954, S. 153 ff.

STADT NEUSTADT / KREIS MARBURG

DER BÜRGERMEISTER

4.

FERNRUF 201

DEN 12.Mai 1950.

An die
Strumpffabrik Neustadt

H i e r .
============
Steimbel

Betr.: Gewerbesteuer.

Auf Grund eines vorausgegangenen Beschlusses
der städtischen Körperschaft wird Ihnen hiermit das
s.Zt. bei Ihrer Niederlassung gegebene Versprechen
bestätigt.

Die Stadt Neustadt erklärt sich unwiderruf=
lich bereit, für die Zeit vom 1.Januar 1950 ab für
die Dauer von 8 (acht) Jahren keine Gewerbesteuer
zu erheben.

*3 Zukunftsträchtige Flüchtlingsbetriebe wurden von weitsichtigen Landräten und Bürgermeistern
mit Vergünstigungen wie Steuerfreiheit umworben*

13

genossenschaftlicher Grundlage zu errichten, um den dort ansässigen kleineren und mittleren Flüchtlingsunternehmen Arbeitsräume zur Verfügung stellen zu können. Sein Ziel war es, über die Lösung der Flüchtlingsproblematik gleichzeitig zu einer wirtschaftlichen Strukturverbesserung „seines" Landkreises zu gelangen.[13]

Diese Verbindung volkswirtschaftlicher und strukturpolitischer Aspekte mit sozialpolitischen Motiven der Flüchtlings-Eingliederung war auch kennzeichnend für Hessens gesamte Flüchtlingspolitik. Letztlich war eine wirtschaftliche Strukturverbesserung sogar die Zielsetzung aller Maßnahmen, die auf Landes- und auch auf Bundesebene durchgeführt wurden, angefangen vom Schlüchternplan von 1949 über das 300-Millionen-DM-Programm der Bundesregierung und dem schon erwähnten Hessenplan von 1950 bis hin zum Landesentwicklungsplan. Es soll hier nur insofern auf diese wirtschaftspolitischen Grundentscheidungen eingegangen werden, wie sie für den Aufbau selbständiger Existenzen unter den Vertriebenen und Flüchtlingen von Bedeutung waren. Eine eingehende Darlegung der Maßnahmen im einzelnen, also der verschiedenen Kredithilfen, Bürgschaften und Finanzierungsmittel, findet sich im Kapitel 3.

Der Hessenplan von 1950:
Arbeitsbeschaffung, Aufbau selbständiger Existenzen und Industrieförderung

Vordringliche Zielsetzung des Hessenplans war die Schaffung zusätzlicher Arbeitsplätze, vor allem im strukturschwachen Norden des Landes. Dazu sollte die Ansiedlung von Gewerbe vor allem dort gefördert werden, wo der Anteil der Flüchtlinge und Vertriebenen überproportional hoch war. Ein weiteres Arbeitsziel war, zu einem Bevölkerungsausgleich zwischen dem überlasteten Nordhessen und dem südhessischen Raum zu kommen. Dazu sollten rund 100 000 Vertriebene aus den Regionen mit hohen Arbeitslosenquoten, d.h. aus Nord- und Mittelhessen, in den industrialisierten südhessischen Raum umgesiedelt werden. Bei der Umsiedlung, die die freie Entscheidung der Betroffenen voraussetzte, ging es zudem um die Schaffung bzw. Bereitstellung von Wohnraum für die Heimatvertriebenen. Zur Förderung der Landesumsiedlung war vorgesehen, schwerpunktmäßig 25 000 Wohnungseinheiten zu errichten. Die Neubürger sollten dort angesiedelt werden, wo es in der Nähe Arbeitsplätze gab. Schließlich war vorgesehen, für die heimatvertriebenen Landwirte 3000 landwirtschaftliche Siedlerstellen zu errichten. Insgesamt gesehen war der Hessenplan also nicht nur ein Eingliederungsprogramm, sondern er sollte als Gesamtplan eine relativ ausgewogene Wirtschaftsstruktur für Gesamthessen schaffen. Die Kosten dieses Programms wurden auf 500 Millionen DM veranschlagt.[14]

Das ehrgeizige Vorhaben konnte bereits in den 50er Jahren bemerkenswerte Erfolge vorweisen. So wurden tatsächlich innerhalb Hessens etwa 100 000 Menschen umgesiedelt und 5300 Flüchtlingsfamilien in landwirtschaftlichen Betrieben untergebracht. Was die Förderung von industriellen Unternehmungen und die Schaffung von Arbeitsplätzen anbetraf, so war das Programm zwar nicht

---

[13] Siehe dazu die Denkschrift, HHStA Wi 507/1227.
[14] Der Hessenplan 1950–1954, S. 13.

14

speziell auf die Betriebe von Vertriebenen und Flüchtlingen zugeschnitten, kam aber auch ihnen zugute, wenn sie vorzugsweise Neubürger als Arbeitnehmer beschäftigten. Die Gesamtzahl der geförderten selbständigen Existenzen für Vertriebene belief sich bis Ende 1953 auf 15 100 gewerbliche und industrielle Unternehmungen mit etwa 81 000 Arbeitsplätzen. Dabei konzentrierte sich die Förderung auf die nord- und nordosthessischen Notstandsgebiete.

Ganz im Sinne der allgemeinen Landesentwicklung und der Dezentralisation der Wirtschaftsstruktur war es, daß die so geförderten Flüchtlingsbetriebe ganz überwiegend an Standorten errichtet wurden, wo neue Arbeitsplätze im Interesse einer ausgewogenen Bevölkerungsverteilung besonders erwünscht waren. Was für das Land aus strukturpolitischen Motiven heraus günstig war, konnte für die Unternehmen allerdings zum Problem werden, wenn bei der Standortwahl zu wenig betriebswirtschaftliche Überlegungen berücksichtigt worden waren, beispielsweise hinsichtlich der mit der Verkehrslage verbundenen Frachtkosten. Um die neuen Standorte attraktiver zu machen, richtete man daher nach englischem Vorbild sog. Industriehöfe ein. Das waren moderne Industrieanlagen – im heutigen Sprachgebrauch Gewerbeparks – mit allen notwendigen Gemeinschaftseinrichtungen wie Gleisanschlüssen, Wasser-, Strom, Gasversorgung, in welchen Betriebsräume und Gebäude verschiedener Größe an Interessenten verpachtet wurden, wobei der spätere Kauf vorgesehen war. Für Flüchtlingsunternehmer waren Standorte dieser Art insofern besonders attraktiv, als sie zwar über viele Fachkenntnisse verfügten, aber so gut wie kein Startkapital hatten.

Dieses Industriehof-Konzept war vor allem für die Städte und Gemeinden interessant, auf deren Gebiet Rüstungswerke oder Kasernenanlagen gelegen hatten, deren Gebäude nach dem Abschluß der Demontagearbeiten zumeist ungenutzt herumstanden. Da die Mehrzahl davon sich in Nordhessen befand, übernahmen etliche kurhessische Gemeinden dieses Konzept, so beispielsweise Frankenberg/Eder, Korbach, Hessisch-Lichtenau, Grebenhain, Eschwege, nicht zuletzt auch Allendorf bei Marburg. Der planmäßige Aufbau Allendorfs zum Industriestandort galt dabei als vorbildhaft: Das Land Hessen hatte das umfangreiche Industriegelände samt dem dazugehörigen Wasserwerk für einen Kaufpreis von 9 Millionen DM erworben. Aus den stillgelegten und halbzerstörten Rüstungsbetrieben entwickelte sich dann in nur wenigen Jahren die größte industrielle Neusiedlung Hessens, in der – zusammen mit dem benachbarten Neustadt – Ende 1953 bereits rund 3000 Beschäftigte arbeiteten, darunter ein hoher Anteil Heimatvertriebener und Flüchtlinge.[15]

Vom Hessenplan zur Landesentwicklung

Als 1957/58 eine weitere Zwischenbilanz über den Hessenplan gezogen wurde, rückte, über den Ausgangspunkt der ursprünglichen Aufgabenstellung einer Integration der Vertriebenen hinaus, die Landesentwicklung stärker in den Vordergrund. Hessenplan und Landesentwicklung wurden demnach zwar nach wie

---

[15] Zu Allendorf und seiner Entwicklung siehe Kap. 4.3.

vor parallel und zusammen gesehen, aber gleichzeitig wurde betont, daß eine rein flüchtlings- oder vertriebenenspezifische Politik in bestimmten Bereichen unzureichend sei und der Ergänzung durch landesplanerische Elemente bedürfe. Ein Beispiel dafür war die Landflucht. Hier setzte die Raumordnungspolitik an, die das Ziel hatte, durch die „soziale Aufrüstung des Dorfes" die Landflucht zu bremsen. Durch die Streuung der Industrie aufs Land glaubte man, die industrielle Infrastruktur des Landes zu verbessern, die Kaufkraft des ländlichen Raumes zu steigern und die Pendlerströme einzuschränken.[16]

Was die weitere Förderung der selbständigen Vertriebenen aus Hessenplan-Mitteln betraf, so erhielten sie bis 1962 in 126 Fällen rund 20 Millionen DM in Form von zinsgünstigen Krediten. Darüber hinaus gab es noch eine Vielzahl weiterer Hilfsprogramme wie die Kleinkredite, die nach der Währungsreform an in Schwierigkeiten geratene Vertriebenenbetriebe gezahlt wurden und die Mittel, die im Rahmen des Schwerpunktprogramms für Nordhessen dorthin flossen. Diese Aktion war Teil eines vom Bund im Jahre 1950 aufgelegten Arbeitsbeschaffungsprogramms, in welchem 300 Millionen DM für finanzschwache Länder bereitgestellt wurden. Auf Hessen entfielen dabei 15 Millionen DM, die, aufgrund eines speziellen Notstandsprogramms der Hessischen Regierung, hauptsächlich als Industriekredite für Investitionsvorhaben nach Nordhessen vergeben wurden. Hierbei handelte es sich hauptsächlich um Flüchtlingsbetriebe, die, mit Hilfe der Kredite, zusätzlich 3700 Arbeitsplätze schaffen sollten. Damit entsprach Hessen dem vom Bund vorgegebenen Verwendungszweck, nämlich neue Arbeitsplätze in vorhandenen Betrieben zu schaffen oder neue Betriebe – insbesondere von Heimatvertriebenen – zu errichten, wobei besonderer Wert darauf gelegt wurde, daß die Produktion arbeitsintensiv und auf den Export hin ausgerichtet sein sollte.[17]

Bei der Vergabe der Mittel wurde grundsätzlich darauf geachtet, daß „die Vorgeschlagenen das Vertrauen genießen, den Kredit zweckentsprechend zu verwenden und die Bedingungen zu erfüllen".[18] Zugleich war man bestrebt, nur wirklich lebensfähige Unternehmungen zu fördern. Insgesamt folgte die hessische Konzeption hinsichtlich der Förderung von Flüchtlingsbetrieben grundsätzlich einem Memorandum des Bundesvertriebenenministeriums von 1956, in dem Fortsetzung einer vertriebenenspezifischen Sozial- und Wirtschaftspolitik gefordert wurde, weil alle bisherigen Erfolge in sich zusammenbrechen würden, sollte es zu einer wirtschaftlichen Krise kommen. Der Grund dafür lag ganz einfach in der fortdauernden Unterkapitalisierung der Vertriebenen-Betriebe. Während die Quote bei den Betrieben der Einheimischen nämlich bei fast 50 Prozent Eigenkapital-Anteil lag, betrug sie bei den Betrieben der vertriebenen Wirtschaft weniger als 20 Prozent. Damit war ein grundsätzliches Problem berührt, das den Aufbau und die Entwicklung von Vertriebenen- und Flüchtlingsbetrieben von allem Anfang an belastet hatte.

---

[16] Vgl. dazu Hessen – Neue Heimat. Zwischenbilanz des Hessenplans, 1958.
[17] Vgl. dazu HHStA Wi 507/4257.
[18] Aus einem Schreiben des Landrats von Fulda anläßlich der Vorlage der Liste der Kreditantragsteller 1950, HHStA Wi 507/1227.

2 Neuer Anfang in neuer Heimat

2.1 Überlebenswille, Improvisation und Beharrlichkeit: Unternehmensgründungen vor der Währungsreform 1945–1948

Als die Flüchtlinge und Vertriebenen in den Jahren 1945 und 1946 nach Hessen einströmten, wurden die meisten von ihnen in ländlichen Gebieten untergebracht. Allein Nordhessen, wirtschaftlich gesehen ein ausgesprochen strukturschwaches Gebiet, hatte 54 Prozent der 1946 angekommenen 400 000 Flüchtlinge aufnehmen müssen. Eine solche Verteilung war angesichts der Kriegszerstörungen in den Städten zwar geboten, erschwerte aber die soziale und wirtschaftliche Eingliederung von Anfang an.

Vergegenwärtigt man sich die damalige Aufnahmesituation, die außergewöhnlichen Anforderungen, die sie an Einheimische wie Vertriebene stellte, so wird verständlich, daß es von Anfang an zu Spannungen zwischen den Alt- und Neubürgern kommen mußte. Angesichts der allgemeinen wirtschaftlichen Notlage, insbesondere der Knappheit an Gebrauchsgütern und an Wohnraum, waren Konflikte geradezu vorprogrammiert. Nicht nur die Flüchtlinge litten Not, auch die Gastgeber waren ja oftmals in einer Notlage.[1]

Nur da, wo sie als arbeitsfähige und billige Arbeitskräfte gebraucht wurden, waren die Neuen nicht unwillkommen. Vor allem in der Landwirtschaft, aber auch im Bergbau war die Nachfrage nach Arbeitskräften groß. Die Zugewanderten rückten oftmals nahezu bruchlos in Stellen ein, die zuvor die sog. Fremdarbeiter und Kriegsgefangenen innegehabt hatten.

Die Flüchtlinge ihrerseits waren anfänglich gezwungen, praktisch jede Arbeit anzunehmen, die sich ihnen bot. Auf dem Lande war das in aller Regel Handarbeit. Um überhaupt durchzukommen, mußten viele den Federhalter mit Pikkel und Schaufel vertauschen. Ehemals gutbezahlte Facharbeiter und Angestellte aus den sudetendeutschen Spezialindustrien sahen sich plötzlich veranlaßt, durch Gelegenheitsarbeit beim Bauern oder als Hilfsarbeiter nach Bedarf ihr Brot zu verdienen. Frauen übten für kärglichen Lohn Heimarbeit aus. So waren viele genötigt, Tätigkeiten auszuüben, die weit unter dem Niveau ihrer Kenntnisse und Fähigkeiten lagen. Textilingenieure wurden Bauernknechte, Konfektionsschneiderinnen mußten sich als Mägde verdingen. Die Arbeitsverhältnisse waren häufig recht fragwürdig, die Arbeitsbedingungen schlecht, die Löhne sehr

---

[1] Vgl. dazu den Bericht des vom Evangelischen Hilfswerk in Kurhessen-Waldeck Ende 1945 eingesetzten Flüchtlingsseelsorgers, der insbesondere in den Dörfern seines nordhessischen Bezirks feststellen mußte, daß die „Willigkeit, Flüchtlinge aufzunehmen, äußerst gering" sei. Zit. nach Rudolf 1984, S. 218.

niedrig. Oftmals bot der Arbeitgeber dem hart arbeitenden Flüchtling nicht mehr als freie Kost und Wohnung.

Angesichts der allgemeinen Not- und Mangellage waren die Ausgewiesenen selbstverständlich bereit, Einschränkungen in Kauf zu nehmen. Dazu gehörte es, für eine gewisse Übergangzeit eine ungewohnte, berufsfremde Tätigkeit aus-zuüben. Ende 1948 war jeder vierte von ihnen berufsfremd eingesetzt.[2] Je länger dieser Zustand aber andauerte, desto mehr wuchs die Angst davor, daß der soziale Abstieg endgültig sei, daß man auch in Zukunft nichts Besseres zu erwarten habe. Darunter litt verständlicherweise die Arbeitsmoral der Leute. So war es auch kein Wunder, daß unter den Arbeitsplatzwechslern sehr viele Flüchtlinge waren.

Die Benachteiligung auf dem Arbeitsmarkt rief Bitterkeit bei den Betroffenen hervor. So berichtet ein Pfarrer über deren Stimmungslage im Jahre 1946: „Es wird bei Ostvertriebenen und Flüchtlingen oft als selbstverständlich angenommen, daß er sich mit einer Beschäftigung weit unter seiner Vorbildung, Eignung und früheren Tätigkeit abfinden muß. Es wird schnell als grundsätzliche Arbeitsunwilligkeit betrachtet, wenn er solche Beschäftigung als nicht annehmbar ablehnt, während den Alteingesessenen solche Zumutungen, außer bei politischer Belastung, nicht gestellt werden. Nicht unerwähnt lassen möchte ich die vielfach zutage tretende Meinung, daß die aus den Ostgebieten kommenden Deutschen von vorneherein eine kulturell minderwertige Schicht seien."[3]

In unattraktiven Stellungen, ohne berufliche Perspektiven, dazu ständig von Arbeitslosigkeit bedroht oder tatsächlich ohne feste Arbeit, begannen bald immer mehr Flüchtlinge und Vertriebene, sich nach Nebenerwerbs-Möglichkeiten umzusehen. Anfangs als zusätzliche Einnahmequelle gedacht, entwickelte sich im einen oder anderen Falle daraus ein Gewerbebetrieb, wenn auch im bescheidenen Rahmen. Vorrangiges Ziel war es, nicht auf Dauer von staatlichen Fürsorgeleistungen oder von knauserigen Arbeitgebern abhängig zu sein und statt dessen eine eigene Erwerbsgrundlage durch selbständige Tätigkeit und eigene Betriebe aufzubauen. Natürlich gab es auch schon den zielgerichteten Aufbau eines Betriebes. Unter diesen Existenzgründern waren verständlicherweise viele ehemalige Selbständige, die ihre momentane soziale und wirtschaftliche Lage als besonders bedrückend empfanden.[4] In untergeordneter Stellung tätig, schlecht bezahlt und in ungewohnter Weise abhängig von einem fremden Arbeitgeber, wurde hier der soziale Abstieg besonders kraß erlebt. Deshalb knüpften sich große Hoffnungen daran, wirtschaftlich wieder unabhängig zu werden (Dok. 4).

---

[2] Nach dem Bericht des Hessischen Wirtschaftsministeriums, Die hessische Wirtschaft nach dem Kriege (1950), waren Ende 1947 von 100 beschäftigten Flüchtlingen 27 berufsfremd eingesetzt; Ende 1948 waren es noch 24 Prozent. HHStA Wi 507/4184.

[3] Zit. nach Kropat 1979, S. 229 f.

[4] Zahlen über die berufliche Eingliederung der wirtschaftlich Selbständigen und der mithelfenden Familienangehörigen stehen für Hessen nicht zur Verfügung; deren Beschäftigungsverhältnisse dürften aber noch ungünstiger gewesen sein als bei Arbeitern, Angestellten und Beamten. Vgl. dazu den Bericht Die Hessische Wirtschaft nach dem Kriege, S. 72.

R.R. Fr. Winkler R 4/4

Hofgeismar, den 2. November 1945

Ob u Reg.Präs

Ob u Reg.Präs.
27. 11. 1945 Regierung Kassel
– 5. 11. 1945

An
den Herrn komm. Ober- und Regierungspräsidenten
der Provinz Kurhessen
Kassel - Wilhelmshöhe

Ich bitte mich in nachfolgendem anzuhören:

Durch Zeitumstände bedingt, habe ich mein bisheriges
Tätigkeitsfeld und meinen gesamten Grundbesitz in
Breslau verloren. Nun bin ich als Ostflüchtling in
der Gemeinde Hofgeismar (b. Kassel ansässig. Ich bin
leicht kriegsbeschädigt (Handverwundung, Versehrtenstufe I
amtsärztl. anerkannt).

Zum Neuaufbau meiner Existenz, und damit ich entsprechende Vorarbeiten aufnehmen kann, benötige ich
dringend die Erlaubnis für Herstellung folgender beiden,
bereits zum Patent angemeldeten, Artikel:
1) Elektr. Rasierapparat (Artos),
2) Verstellbare Schreibtischplatte.

Beides, Gegenstände des tägl. Gebrauchs, stellen in
ihrem ideellen Wert und in ihrer Konstruktion
einen wirklichen Fortschritt dar. Bedarf und Grund für
Herstellung genannter Artikel sind mithin gegeben.

Ich bitte daher, und auch aus oben angeführten
Gründen, meinem Ersuchen um Herstellung der beiden
patentierten Artikel stattgeben zu wollen.

Hochachtungsvoll!

Eckart ████████

---

4 Mit viel Phantasie suchten ehemals Selbständige nach Marktlücken –
Antrag auf Produktionsgenehmigung eines heimatvertriebenen Ingenieurs aus Breslau

Aus der Not geboren: Die erste Gründerzeit

Aufmerksam geworden auf die Lücken und Nischen vor allem im Konsumgüterbereich, entfalteten Fachkräfte, ehemals leitende Angestellte oder Betriebsinhaber aus den verschiedensten Branchen aus eigener Initiative eine rege Gründertätigkeit. Auf dem Lande waren bald viele neue Kleinbetriebe zu finden, darunter zunächst vor allem Reparaturwerkstätten, Fuhrunternehmen, Schneidere-
en und kunstgewerbliche Betriebe. Da Eigenkapital fehlte, zudem kaum Maschinen zur Verfügung standen, konzentrierten sich die Neugründungen in Bereichen mit niedrigen Anfangsinvestitionen und arbeitsintensiver Fertigungsweise.
Um möglichst kostengünstig zu produzieren, griff man verstärkt auf billige
Heimarbeit zurück. Die Standortwahl schien zunächst zweitrangig: Da, wo man
zufällig hängengeblieben war, wurde produziert. Gearbeitet wurde in Schuppen,
Ställen, Gasthaussälen und ehemaligen Kasernen. Mit bitterer Ironie wurde später über diese Zeit das Wort von der „Hühnerstallperiode" geprägt.

Dabei handelte es sich um Einzelhandelsgeschäfte ebenso wie um kleine Nähstuben, der Einrichtung einer Handwerkerstelle oder auch schon der Begründung eines industriellen Gewerbebetriebes. Die Unterschiede waren dabei sehr
groß: Vom hausiererähnlichen Kleinhandel mit Textilien, Futtermitteln oder
Lederwaren bis hin zum Aufbau eines florierenden Betriebes mit 50 oder mehr
Beschäftigten reichte das Spektrum. Letzteres war allerdings eher die Ausnahme.
In der Regel waren es kapitalarme Ein-Mann-Betriebe, die sich nur im Schatten
der Inflationskultur halten konnten, sog. Kümmergewerbe.

Wie hat man sich den Händler, der für das frühe Flüchtlingsgewerbe typisch
war, vorzustellen? Es war in der Regel nicht der seßhafte Kaufmann mit eige-
nem Laden. Vielmehr handelte es sich um einen Kleinhändler, der, von Dorf zu
Dorf, von Haus zu Haus ziehend, seine Waren feilbot. Vormals beispielsweise
Angestellter in einer Textilfabrik, dann zeitweilig berufsfremd untergekommen,
versucht dieser Flüchtling, haupt- oder nebenberuflich Waren zu verkaufen, an
die er billigst herangekommen war.[5]

Trotz der allgemeinen wirtschaftlichen Not- und Krisenlage nach 1945 waren
die speziellen Bedingungen für den Aufbau einer selbständigen Existenz nicht
schlecht. Die ersten Nachkriegsjahre standen ja wirtschaftlich ganz im Zeichen
des Übergangs von der Kriegs- zur Friedenswirtschaft. Dabei wurde das im Kriege entwickelte Zwangswirtschaftssystem zunächst aufrechterhalten. Um der ka-
tastrophalen Versorgungssituation Herr zu werden, wurden die Rohstoffe ebenso wie alle wichtigen Bedarfsgüter weiterhin bewirtschaftet, d. h. nach Plan erfaßt und nach Bedarf verteilt. In der Realität hieß das, in einer Art permanen-
tem Notstandsmanagement den allgemeinen Mangel mehr schlecht als recht zu
verwalten. Hinzu kam, daß, bedingt durch die kriegswirtschaftliche Währungs-
politik, das Preisgefüge verzerrt war, wodurch der entstandene Kaufkraftüber-
hang weitergeschleppt wurde.

---

[5] Vgl. dazu Kraus in: Lemberg/Krecker (Hrsg.) 1950, S. 120f.

All das erschwerte zwar die Anpassung der Wirtschaft an die neuen Erfordernisse, ließ aber Lücken und Nischen vor allem im Konsumgüterbereich entstehen. Der so entstandene Schwarzmarkt benachteiligte zwar die Habenichtse, wozu nächst auch und vor allem die Vertriebenen gehörten. Andererseits begünstigte er aber in mancherlei Hinsicht die Gründung neuer Unternehmungen. So spielte die Frage des Startkapitals in Zeiten „billigen Geldes" eine eher untergeordnete Rolle. Auch war die Nachfrage nach Gütern des täglichen Bedarfs groß. Gefragt waren Kleidungsstücke und Schuhe ebenso wie Haushaltsartikel aller Art. War Neues nicht zu beschaffen oder für Otto Normalverbraucher zu teuer, wurde das Alte so gut es ging repariert.

Eigeninitiative und Improvisationsvermögen –
die wichtigsten Produktionsfaktoren

Gerade Flüchtlinge waren es, die sich diese Situation zunutze machten. Aus der Not geboren, sich irgendwie über Wasser zu halten und nicht der staatlichen Fürsorge anheim zu fallen, entstand eine Vielzahl von Ein-Mann-Betrieben. Improvisation und Einfallsreichtum waren dabei großgeschrieben. Flüchtlingsfrauen eröffneten Nähstuben. Da funktionierende Nähmaschinen rar waren, verlegten sich heimatvertriebene Techniker und Ingenieure auf die Reparatur alter Maschinen, die man zum Teil buchstäblich vom Schrottplatz holte. Um an die benötigten Lederriemen heranzukommen, wurde mit Naturalien gehandelt. Aus der Wiederinstandsetzung von Altgeräten erwuchs allmählich ein Reparaturbetrieb für alles Mögliche. Da in der Regel Handwerkszeuge fehlten, suchten findige Köpfe die Schrottplätze ab und bastelten sich so die ersten Arbeitsgeräte. Von einem heimatvertriebenen Unternehmer wurde gar berichtet, daß er sich ausrangierte Panzer der Wehrmacht besorgte, um diese Ungetüme auszuschlachten. Aus dem Wehrmachtschrott fertigte er dann Stahlrohrmöbel.[6]

All diese frühen Gewerbe produzierten unter äußerst primitiven Verhältnissen. Der Stahlrohrmöbelspezialist werkelte mit seinen Leuten in einer demolierten Turnhalle. Die Werkstatt eines Flüchtlingsingenieurs, der sich mit seinen Söhnen auf die Instandsetzung von landwirtschaftlichen Geräten spezialisiert hatte, bestand aus einem umgebauten Kuhstall. Ein Egerländer Flüchtling, der sich mit Wiener Federschmuck auskannte, fing 1946/47 mit mehreren Flüchtlingsfrauen in Heimarbeit zu produzieren an, bis er 1948 dann den ehemaligen Schulsaal von Wallernhausen in Oberhessen bezog, den er zum Betrieb umfunktionierte.[7] Die Heimarbeit spielte in dieser frühen Phase eine große Rolle. Die Arbeits- und Lohnbedingungen waren dabei sehr schlecht, von Arbeitsschutz konnte keine Rede sein. Heimarbeiterinnen werkelten oft zu Hungerlöhnen in ihren eigenen Wohn- und Schlafräumen. All das waren Verhältnisse, die stark an frühindustrielle Zeiten erinnerten (Dok. Anhang A).

---

[6] Vgl. dazu den Bericht in Frankfurter Rundschau vom 10. 9. 1948.
[7] Vgl. dazu Frankfurter Rundschau vom 20. 7. 1948.

Waren die Startbedingungen auch hart, so bot die allgemeine Mangellage eben doch Möglichkeiten für tatkräftige Leute, sich auf die eine oder andere Weise selbständig zu machen. In den Grauzonen einer Schattenwirtschaft gedieh vor allem das Beschaffungs- und Ersatzgewerbe. Die Frage war, welche Überlebenschancen solche Existenzen boten, wenn sich die wirtschaftlichen Rahmenbedingungen änderten. Dann nämlich spielten die persönlichen Voraussetzungen, die die Flüchtlinge und Vertriebenen mitbrachten, eine zunehmend wichtige Rolle. Nur sehr wenigen unter ihnen war es aber gelungen, nennenswerte Vermögenswerte aus ihrer alten Heimat zu retten. Bestenfalls brachten sie etwas Bargeld oder einige Wertsachen mit, während sie ihr eigentliches Betriebskapital zurücklassen mußten. Die meisten aber brachten nur das mit, was sie am Leib trugen. So berichtete der aus Schlesien stammende Glasfabrikant Richard Süßmuth noch Jahre später voll Stolz: „Wir kamen zumeist mit dem Rucksack. Unser einziges Kapital waren Unternehmergeist, fachliches Können, Fleiß, Zähigkeit und schöpferische Begabung, gepaart mit einem eisernen Willen."[8]

Wichtiger als das materielle Fluchtgepäck, das bei den vertriebenen Sudetendeutschen maximal 50 Kilogramm pro Person umfaßte, war demnach das, was jeder einzelne an immateriellen Werten mitbrachte. Zu diesem „geistigen Fluchtgepäck" zählten die handwerklichen Fähigkeiten ebenso wie kaufmännisches Geschick, das Know-How auf den verschiedensten Spezialgebieten, vor allem aber die Erfahrungen, die sie als Handwerker, Techniker, Kaufleute oder Unternehmer in ihrer alten Heimat gesammelt hatten. Hinzu kamen Faktoren wie hohe Mobilität, Anpassungsbereitschaft und ein ausgeprägtes Leistungsdenken, das gerade den Sudetendeutschen zu eigen war.

In jedem Fall mußte eine gehörige Portion Eigeninitiative hinzukommen, wenn der Neustart als Unternehmer gelingen sollte. Denn die Situation, vor der sie standen, war völlig ungewöhnlich. Hatte man normalerweise für den Aufbau eines Unternehmens mehrere Jahre oder gar Jahrzehnte Zeit, mußte jetzt in viel kürzerer Zeit dasselbe geleistet werden. Für eine intensive Vorbereitung der Betriebsgründung, wie es üblich und sinnvoll ist, stand meist überhaupt keine Zeit zur Verfügung. Unter Zeitdruck wurden Betriebsräume gesucht und improvisiert eingerichtet, Maschinen organisiert oder Waren angeschafft. Ein schwieriges Problem war die Suche nach geeigneten Fachkräften. Da die Arbeitsämter oft zu unflexibel und zu langsam waren, gingen die Unternehmer manchmal selbst in die Flüchtlingslager, um dort Mitarbeiter anzuwerben, was eigentlich verboten war.[9] War man fündig geworden, so mußten für sie Zuzugsgenehmigungen und Wohngelegenheiten beschafft werden. Ein zusätzliches Problem war, daß die meisten sich dort selbständig machten, wohin sie eingewiesen worden waren, ohne dabei viel Rücksicht auf ungünstige Standortbedingungen nehmen zu können.

---

[8] Zit. nach Wegweiser für Heimatvertriebene, Folge 11/1966.
[9] Vgl. dazu die Akte „Arbeitseinsatz der Ostflüchtlinge", HHStA Wi 507/1410.

‚Wilde Betriebsgründungen' versus staatliche Planung

Auf die Gefahren, die aus einem solch wilden und unsystematischen Aufbau von Produktionsstätten erwuchsen, wies schon im September 1946 der Referent im Hessischen Ministerium für Wirtschaft und Verkehr, Dipl.-Ing. Friedrich Montua[10], hin. In einem Beitrag zur Frage einer künftigen Industrieplanung im Sinne einer planmäßigen Ansiedlung von Flüchtlingsbetrieben in Hessen stellte er fest:

„Bisher wurde als Standort der wiederzuerrichtenden Betriebe auch gleichzeitig der Platz gewählt, an dem sich Gruppen eines bestimmten Gewerbezweiges zufällig wieder zusammengefunden haben. Wenn die deutsche Industrie in Zukunft überhaupt konkurrenzfähig sein und im Vergleich zum Ausland eine bescheidene Stellung einnehmen will, muß sie ganz exakt rechnen und kalkulieren. Für eine rationelle Betriebsführung ist der richtig gewählte Standort aber von der größten Bedeutung.

Die Bestrebungen zur Wiedererrichtung der Betriebe haben bereits jetzt schon unter den Beteiligten zu einer wilden Jagd nach Maschinen und Werkzeugen und sonstigen Betriebseinrichtungen geführt. Es darf aber niemals vergessen werden, daß zur Zeit nicht genügend Maschinen, besonders wertvolle Spezialmaschinen, zur Verfügung stehen. Infolgedessen gelingt es diesem jene und einem anderen eine andere Maschine zu kaufen, beide aber sind nicht in der Lage, ihren Betrieb ordnungsgemäß mit den notwendigen Maschinen auszurüsten. Der ganze Industrieaufbau krankt jetzt schon an dieser Erscheinung und verzögert den an sich schon schwierigen Aufbau. Diese ganze sinnlose Gründertätigkeit führt zur Übersetzung einzelner Industriezweige, deren natürliche Folge ein späterer Konkurrenzkampf mit seinen negativen Erscheinungsformen sein muß. Hinzu kommt, daß sich die Neugründer über die Rohstoffversorgung und die Absatzmöglichkeiten in der Zukunft zunächst keine Sorgen machen."[11]

Das größte Problem aber war die Finanzfrage: Wie sollte es möglich sein, einen Betrieb praktisch ohne Eigenkapital aufzubauen und zu konsolidieren? Zwar leistete der hessische Staat bereits vor der Währungsreform finanzielle Starthilfen für Flüchtlingsunternehmer in Form von Bürgschaften und verlorenen Zuschüssen.[12] Aber es war klar, daß dies nur ein Anfang sein konnte, wenn die Niederlassung neuer Gewerbezweige Bestand haben sollte. Das Problem der Unterkapitalisierung wurde denn auch zu einer Schlüsselfrage für die gesamte Flüchtlingswirtschaft.[13]

---

[10] Montua war der erste Leiter des Referats zur Förderung der gewerblichen Wirtschaft der Neubürger beim Hessischen Ministerium für Wirtschaft und Verkehr. Er verunglückte 1947 auf einer Dienstreise tödlich. Der hessische Wirtschaftsbericht 1948, Sonderbericht 14, S. 225.

[11] Bericht vom 11. 9. 1947, HHStA Wi 507/1410.

[12] Siehe dazu den Bericht des Hessischen Wirtschaftsministeriums, Die hessische Wirtschaft nach dem Kriege, HHStA Wi 507/4184.

[13] Vgl. dazu Albrecht 1954, S. 120f.

Zu diesen grundlegenden ökonomischen Problemen kam eine Vielzahl von gesellschaftlichen und bürokratischen Hürden. So regte sich überall Widerstand seitens der Altbürger, wenn Flüchtlinge sich selbständig machen wollten. Möglichkeiten, eine Neugründung zu blockieren, gab es genug. Ein typisches Beispiel, über das der Kreisvertreter der Flüchtlinge von Fulda berichtete: „Die Schaffung neuer Industrien scheiterte am guten Willen der einheimischen Menschen. Tatsache ist, daß Räume vorhanden sind, daß Maschinen beschafft werden können, jedoch die Besitzer weigern sich, diese zur Verfügung zu stellen, trotzdem die Räume leerstehen und die Maschinen nicht arbeiten und rosten."[14]

Es war einerseits verständlich, daß viele der Neugründungen bei den Einheimischen auf wenig Gegenliebe stießen. Schließlich machten der neue Betrieb, das neue Geschäft oder der Flüchtlingshandwerker den Ortsansässigen Konkurrenz. Andererseits war wohl oftmals auch Neid im Spiel, wenn ein „Neuer" sich in den Augen der Alteingesessenen allzu rasch im lokalen Geschäftsleben festsetzen konnte. Eine unrühmliche Rolle spielten dabei die Berufsverbände. Ihnen wurde laufend vorgeworfen, sich allzu einseitig auf die Seite der Alteingesessenen zu schlagen und sich folglich viel zu wenig um die berechtigten Anliegen der Neubürger zu kümmern. Vorwürfe dieser Art kamen nicht nur von den Flüchtlingen selbst. So berichtete beispielsweise der Landrat von Ziegenhain 1947, daß es die Arbeitsgemeinschaft der Landkreise gewesen sei, die immer wieder gegen das an das Mittelalter erinnernde Zunftdenken der Berufsvertretungen Sturm gelaufen sei und den Wirtschaftsminister gebeten habe, „entsprechende Maßnahmen zu ergreifen, um die amtlichen Berufsvertretungen zu einer den Interessen der Flüchtlinge besser gerecht werdenden Auffassung zu bringen."[15]

Ein weiteres grundlegendes Problem für die Flüchtlinge war durch die allgemeine Gewerbebeschränkung gegeben. Wollte man ein neues Gewerbe eröffnen, so mußte bei den entsprechenden Ämtern eine Genehmigung dafür eingeholt werden. Oberste Instanz war in der Regel das Landeswirtschaftsamt; beteiligt waren Behördenstellen auf kommunaler und Kreisebene sowie örtliche bzw. regionale Gewerbeausschüsse und Verbände. Für den Antragsteller kam es dabei vor allem darauf an, wie er die beabsichtigte Betriebseröffnung begründete. So war es günstig, den maßgeblichen Behörden gewisse Vorteile für die einheimische Bevölkerung vor Augen zu halten, zum Beispiel die Bereitstellung von Arbeitsplätzen, gute Einkaufsmöglichkeiten für die Bevölkerung, Belebung von Handel und Verkehr usw. Ein wichtiger Aktivposten war, wenn man angab, daß man beabsichtigte, in dem Betrieb vorwiegend Heimatvertriebene bzw. Ostflüchtlinge zu beschäftigen. Es genügte jedenfalls kaum, die Neugründung mit Hinweisen auf die Not der Flüchtlinge und Vertriebenen zu begründen.[16]

---

[14] HHStA Wi 503/199 b.

[15] Aus einem Bericht des Landrats Treibert an den hessischen Innenminister vom 7. 7. 1947, HHStA Wi 503/199 b.

[16] Vgl. dazu Kraus 1950, S. 120.

Der Kampf mit den Behörden

In jedem Fall erwartete den Antragsteller ein wahrer Papierkrieg, und er tat gut daran, sich mit viel Geduld zu wappnen. War schon die Beschaffung der dafür nötigen persönlichen Unterlagen über kaufmännische und fachliche Ausbildung, geordnete wirtschaftliche Verhältnisse, Leumund und politische Vergangenheit für einen Flüchtling logischerweise sehr schwierig, so dauerte es in der Regel viele Monate, bis er von Amts wegen Bescheid bekam. Für den Flüchtling, der meist dringend auf seine Gewerbezulassung wartete, war die schleppende Bearbeitung von Konzessionsanträgen durch die Behörden ein Ärgernis (Dok. Anhang B).

So mancher Flüchtling, der sich erfolgreich um Werkräume, Material, Maschinen und die erforderliche Zuzugsgenehmigung für sich und seine Mitarbeiter gekümmert hatte und deshalb längst produzierte, ohne die behördliche Genehmigung abzuwarten, blieb nun monatelang im ungewissen, ob er überhaupt weitermachen konnte. Oftmals bekam er dann nach langem Warten schließlich zu hören, daß an der Zulassung seines Gewerbes keine Interesse bestehe. Dabei konnte es durchaus sein, daß zu gleicher Zeit der Antrag eines Einheimischen in der gleichen Sparte positiv beschieden wurde. Vielfältige bürokratische Hürden waren auch zu überwinden, wenn ein Flüchtling ein Einzelhandels-Geschäft eröffnen wollte. Um ihre ablehnende Haltung zu begründen, stützten sich die Behörden sogar auf Erlasse aus nationalsozialistischer Zeit, beispielsweise auf das Gesetz zum Schutze des Einzelhandels vom 12. 5. 1933.[17]

Konflikte um die Gewerbezulassung

So mußte bei den Flüchtlingen und Vertriebenen der Eindruck entstehen, daß bei Gewerbeanträgen mit zweierlei Maß gemessen wurde, je nachdem, ob es sich bei dem Antragsteller um einen Alteingesessenen oder um einen Flüchtling handelte. Die Zahl der Beschwerden gegen abgelehnte Anträge zeigt, daß es häufig Konflikte um die Zulassung von Flüchtlingsgewerbe gab. Dabei geriet das Landeswirtschaftsamt als Genehmigungsbehörde zunehmend ins Kreuzfeuer der Kritik. Das Amt selbst jedoch berief sich darauf, sich in seinen Entscheidungen auf Stellungnahmen bzw. Gutachten verschiedener vorgeschalteter Instanzen zu stützen. Beteiligt waren in der Regel die Industrie- und Handelskammer bzw. die Handwerkskammer, die Gewerkschaft, gegebenenfalls andere Verbände wie zum Beispiel der Einzelhandelsverband, schließlich der Kreisgewerbeausschuß. Die Kriterien, nach denen der Antrag geprüft wurde, waren: 1. Liegt ein Bedürfnis vor? (D. h. wieviele Geschäfte bzw. Betriebe dieser Art gibt es schon?) – 2. Kann der Antragsteller eine angemessene Ausbildung nachweisen? – 3. Sind entsprechende Räumlichkeiten vorhanden?

Der entscheidende Punkt war die Bedürfnisfrage. Während rührige Landräte oder Bürgermeister frühzeitig erkannten, welchen Wert die Neuansiedlung eines

---

[17] Siehe dazu Bericht des Landrats von Ziegenhain vom 5. 7. 1947, HHStA Wi 503/199 b.

zukunftsträchtigen Flüchtlingsbetriebes für den Kreis bzw. Ort haben konnte, gab man kleinen Flüchtlingshandwerkern oder Einzelhändlern, die dazu noch der einheimischen Geschäftswelt Konkurrenz machen konnten, kaum eine Chance. Ihre Anfragen wurden oft mit dem lapidaren Vermerk zurückgesandt, an der Zulassung ihres Gewerbes bestehe kein Interesse, da die Bedürfnisfrage zu verneinen sei.

Dieser fortwährende Kampf der Flüchtlinge mit den Behörden um eine Gewerbezulassung war eines der Hauptthemen auf einer Konferenz der Vertrauensleute der Ausgewiesenen in Marburg am 13. Dezember 1946. Dort wurde beklagt, „daß sich Berufskammern und Behörden in gleicher Weise gegen jede Zulassung sperren. Dr. Hermann, Sägewerksbesitzer aus dem Riesengebirge, hat sich eine Brennholzschneidemaschine beschafft, um sich mit ihrer Hilfe den Lebensunterhalt zu verdienen. Die Behörde lehnt ab mit dem Bemerken, daß die beiden eingesessenen Betriebe in der Lage sind, die zusätzlich anfallende Arbeit zu übernehmen. Dr. Hermann erklärt: ‚Noch heute profitieren die einheimischen Handwerker von Hitler. Wir haben in jedem Kreis 20 bis 50 Prozent mehr Kundschaft gebracht, als vorher da war. Diesen zusätzlichen Verdienst steckt das einheimische Gewerbe ein. Wir haben einen Anspruch, daß wir in Angleichung an die gestiegene Bevölkerungszahl bei der Zulassung von Gewerbebetrieben berücksichtigt werden.‘ Ein ausgewiesener Textilfabrikant konnte Maschinen und Rohstoffe über die Grenze bringen und in Rotenburg an der Fulda eine Fertigung einrichten. Er kann nicht beginnen, weil ihm das Landeswirtschaftsamt die Erlaubnis nicht erteilt. In diesem Zusammenhang fällt das bittere Wort: ‚Man kann im Landeswirtschaftsamt nur dann ankommen, wenn man zumindest eine Schachtel Zigaretten mitbringt.‘“ [18]

1947 wurden von der Hessischen Landesregierung Quoten für die Zulassung von Flüchtlingsbetrieben festgelegt. Das heißt, die Behörden wurden angewiesen, Flüchtlinge und Vertriebene bei Gewerbezulassungen in Handwerk und Handel gemäß ihrer Bevölkerungszahl zu berücksichtigen. Listen mit Schlüsselzahlen wurden aufgestellt: Auf 800 Flüchtlinge sollte ein Flüchtlingsschuster, auf 10 000 ein Dachdecker zugelassen werden (Dok. 5).

Diese Soll-Zahlen wurden in der Praxis nicht erreicht. In einer Reportage über Flüchtlingsschicksale auf dem hessischen Lande vom April 1948 wurde festgestellt, daß bislang erst ein Drittel der Sollzahlen erreicht worden sei. [19] Genaue Zahlen liegen für den Bereich der Handwerkskammer Kassel vor. Dort wurden vom April 1945 bis zum Juni 1947 941 Anträge auf Gewerbezulassung von Flüchtlingshandwerkern gestellt. Bis dahin hatte man 532 Neugründungen, also 54 Prozent aller Anträge, genehmigt und 125, also 13 Prozent, abgelehnt, während der Rest noch unbearbeitet geblieben war. [20] Ablehnungsgründe waren in der Regel „die Verneinung der Bedürfnisfrage“ und eine fehlende Meisterprü-

---

[18] Zit. nach Kropat 1979, S. 231.
[19] Siehe dazu den Artikel „Die Fremden im Dorfe“ in der Badischen Zeitung vom 9. 4. 1948.
[20] Zahlenangaben nach einem „vertraulichen Schreiben“ der Handwerkskammer für den Bezirk Kassel an den Hessischen Wirtschaftsminister vom 27. 6. 1947, HHStA Wi 507/ 3318.

Schlüssel für die Zulassung von Flüchtlingsbetrieben des Handwerks.

<table>
<tr><td></td><td></td><td>Je 1 Betrieb auf ......Flüchtlinge</td></tr>
<tr><td>1.</td><td>Maurer ....</td><td>7000</td></tr>
<tr><td>2.</td><td>Platten- und Fließenleger</td><td>20 000</td></tr>
<tr><td>3.</td><td>Dachdecker</td><td>10 000</td></tr>
<tr><td>4.</td><td>Zimmerer</td><td>10 000</td></tr>
<tr><td>5.</td><td>Stukkateure (Gipser)</td><td>20 000</td></tr>
<tr><td>6.</td><td>Maler und Lackierer</td><td>2 000</td></tr>
<tr><td>7.</td><td>Glaser</td><td>10 000</td></tr>
<tr><td>8.</td><td>Töpfer, Häfner u. Kannenbäcker, Ofensetzer</td><td>10 000</td></tr>
<tr><td>9.</td><td>Steinmetze und Steinbildhauer</td><td>15 000</td></tr>
<tr><td>10.</td><td>Holzbildhauer</td><td>30 000</td></tr>
<tr><td>11.</td><td>Damenschneider</td><td>1 000</td></tr>
<tr><td>12.</td><td>Putzmacher</td><td>5 000</td></tr>
<tr><td>13.</td><td>Herrenschneider</td><td>1 000</td></tr>
<tr><td>14.</td><td>Friseure</td><td>1 000</td></tr>
<tr><td>15.</td><td>Kürschner</td><td>20 000</td></tr>
<tr><td>16.</td><td>Handschuhmacher</td><td>20 000</td></tr>
<tr><td>17.</td><td>Schuhmacher</td><td>800</td></tr>
<tr><td>18.</td><td>Holzschuhmacher</td><td>5 000</td></tr>
<tr><td>19.</td><td>Hut- und Mützenmacher</td><td>20 000</td></tr>
<tr><td>20.</td><td>Wäscheschneider</td><td>3 000</td></tr>
<tr><td>21.</td><td>Stricker, Weber und Spinner</td><td>5 000</td></tr>
<tr><td>22.</td><td>Wäscher und Plätter</td><td>5 000</td></tr>
<tr><td>23.</td><td>Schreiner</td><td>1 000</td></tr>
<tr><td>24.</td><td>Wagner (Stellmacher)</td><td>4 000</td></tr>
<tr><td>25.</td><td>Böttcher und Weinküfer</td><td>5 000</td></tr>
<tr><td>26.</td><td>Drechsler</td><td>4 500</td></tr>
<tr><td>27.</td><td>Bürsten-, Besen- und Pinselmacher</td><td>8 000</td></tr>
<tr><td>28.</td><td>Korbmacher</td><td>10 000</td></tr>
<tr><td>29.</td><td>Klavier- und Orgelbauer</td><td>30 000</td></tr>
<tr><td>30.</td><td>Modellbauer</td><td>50 000</td></tr>
<tr><td>31.</td><td>Sattler</td><td>6 000</td></tr>
<tr><td>32.</td><td>Feintaschner</td><td>25 000</td></tr>
<tr><td>33.</td><td>Tapezierer</td><td>5 000</td></tr>
<tr><td>34.</td><td>Gerber</td><td>20 000</td></tr>
<tr><td>35.</td><td>Buchbinder</td><td>10 000</td></tr>
<tr><td>36.</td><td>Fotografen</td><td>10 000</td></tr>
<tr><td>37.</td><td>Schlosser</td><td>2 500</td></tr>
<tr><td>38.</td><td>Maschinenbauer</td><td>15 000</td></tr>
<tr><td>39.</td><td>Feilenhauer</td><td>15 000</td></tr>
<tr><td>40.</td><td>Mechaniker</td><td>7 000</td></tr>
<tr><td>41.</td><td>Schmiede</td><td>2 000</td></tr>
<tr><td>42.</td><td>Kraftfahrzeug-Handwerker</td><td>10 000</td></tr>
<tr><td>43.</td><td>Klempner (Spengler) u. Installateure</td><td>3 000</td></tr>
<tr><td>44.</td><td>Uhrmacher</td><td>5 000</td></tr>
<tr><td>45.</td><td>Optiker</td><td>20 000</td></tr>
<tr><td>46.</td><td>Gold- und Silberschmiede</td><td>18 000</td></tr>
<tr><td>47.</td><td>Graveure, Gürtler und Ziseleure</td><td>20 000</td></tr>
<tr><td>48.</td><td>Elektro-Installateure, Elektro- u. Radiomechaniker</td><td>4 000</td></tr>
<tr><td>49.</td><td>Messerschmiede</td><td>20 000</td></tr>
<tr><td>50.</td><td>Bäcker</td><td>1 000</td></tr>
<tr><td>51.</td><td>Konditoren</td><td>6 000</td></tr>
<tr><td>52.</td><td>Brauer u. Mälzer</td><td>100 000</td></tr>
<tr><td>53.</td><td>Fleischer (Metzger)</td><td>1 500</td></tr>
<tr><td>54.</td><td>Müller</td><td>13 000</td></tr>
<tr><td>55.</td><td>Roßschlächter</td><td>30 000</td></tr>
<tr><td>56.</td><td>Bandagisten, Orthopädiemech., Chirurgieinstrument. Mach.</td><td>15 000</td></tr>
<tr><td>57.</td><td>Färber u. Chemischreiniger</td><td>20 000</td></tr>
<tr><td>58.</td><td>Seiler</td><td>20 000</td></tr>
<tr><td>(59.</td><td>Sonstige Handwerker   1 Flüchtling : 6 Altbürger)</td><td></td></tr>
</table>

5 *Quoten entschieden über die Wiedergutmachung von Handwerksbetrieben – aus der Sicht der Flüchtlinge Traumquoten, die nie erreicht wurden (1947)*

fung. Zwar legten die abgelehnten Bewerber meist Beschwerde dagegen ein, allerdings hatten diese nur selten Erfolg (Dok. 6).[21]

Das Hauptproblem bei der Zulassung von Flüchtlingshandwerkern war, daß diese meist keinerlei Unterlagen über die abgelegte Meisterprüfung besaßen und sie außerdem in ihren Heimatländern, zum Beispiel in der Tschechoslowakei, vielfach einen Betrieb selbständig führen konnten, ohne Meister zu sein. Antragsteller, die ihre Prüfung nicht mehr nachweisen konnten, mußten deshalb eine sog. Ersatz-Meisterprüfung ablegen. Im Bereich der Handwerkskammer Kassel machten von dieser Möglichkeit bis Ende 1948 immerhin 400 Handwerker erfolgreichen Gebrauch. Der Anteil der neuzugelassenen Flüchtlingshandwerker ohne Meisterprüfung, die aber ihre langjährige Selbständigkeit nachweisen konnten und darum auch hier zugelassen wurden, war verhältnismäßig hoch. In den Monaten April bis Juni 1948 waren zum Beispiel unter 249 Neubürgern, deren Anträge genehmigt wurden, mehr als die Hälfte (139) ohne Meisterprüfung, während 54 die Zulassung mit der Auflage erhielten, die Prüfung nachzuholen, da sie dazu auch nach der sog. Sudentenverordnung von 1939 verpflichtet gewesen wären. Die Zulassung ohne Meisterprüfung berechtigte aber nicht zur Führung des Meistertitels.[22]

Während unter den zugelassenen Flüchtlingshandwerken auffallend viele Schneidereien (128) und Friseurgeschäfte (33) waren, blieben die Zahlen bei den Traditionshandwerken Maler (13), Klempner (11) und Bäcker (10) bescheiden; lediglich 3 Müller waren bis dahin zugelassen worden. Fazit: Die Flüchtlinge füllten zwar manche durch den Krieg entstandenen Lücken bei den Dienstleistungshandwerken, das bodenständige Handwerk aber blieb in einheimischer Hand.[23]

Besser trafen es Flüchtlings-Handwerker, wenn es sie in Gegenden verschlagen hatte, in denen ein Mangel an Handwerkern herrschte. So fehlte es beispielsweise in Rotenburg u. a. an Schreinern, Schneidern, Schuhmachern und Klempnern, so daß der Flüchtlingsausschuß der Stadt sich dafür einsetzte, Handwerkerstellen für Flüchtlinge einzurichten, um die durch den Krieg entstandenen Lücken im kleingewerblichen Fertigungsbereich zu füllen. Allerdings machten die Handwerkskammern und Innungen hier Schwierigkeiten, als es um die Neuzulassung von Flüchtlingshandwerkern ging. Um sich unliebsame Konkurrenz vom Halse zu halten, erkannte man deren Qualifikation nicht an und verlangte die Neuablegung einer Meisterprüfung.[24]

Das Problem der Entnazifizierung

Zu den immer wieder von Flüchtlingsvertretern beklagten Hindernissen auf dem Weg zum Aufbau einer selbständigen Existenz gehörte auch das lange Warten auf die Entnazifizierung. Da auch für die Vertriebenen das am 5. März 1946

---

[21] Siehe dazu die Akte „Beschwerden wegen versagter Erlaubnis zur Führung eines Handwerksbetriebes", StA Ma 401/39 Nr. 378.
[22] Vgl. dazu Hessische Nachrichten vom 1. 12. 1948.
[23] Vgl. dazu die Liste der genehmigten Flüchtlingsbetriebe für den Regierungsbezirk Kassel, HHStA Wi 507/3318.
[24] Vgl. dazu Hessische Nachrichten vom 5. 7. 1947.

HESSISCHES STAATSMINISTERIUM

Der Minister für Arbeit und Wohlfahrt

als Staatsbeauftragter f.d.Flüchtlingswesen

Aktenzeichen: 58 d 06 o5 Tgb.Nr.2o59o/48

(Bei Antwort anzugeben)

Wiesbaden, den 19. Oktober 1948

~~Rathausstraße 33 XIX~~

Adolfsallee 34

Tel.Nr.24290/92

-3b/Zr-

Regierung Kassel

2 1 OKt. 48

536

Betrifft:

An den Herrn

Regierungspräsidenten

- Abt.Wirtschaft und Finanzen -

in K a s s e l

[handwritten annotation]

Betrifft: Genehmigung zur Errichtung eines Textilwarengeschäftes
für die Neubürgerin Elfriede ████████, Niederbeisheim
████ Kreis Fritzlar-Homberg.

Bezug: Ablehnung des Herrn Landrats - Gewerbeabteilung - in
Fritzlar vom 1o. September 1948.

Die Neubürgerin ████████ hat sich an das hiesige Amt mit der
Bitte gewandt, ihr dabei zu helfen, die Genehmigung zur Errichtung
eines Textilien-Einzelhandelsgeschäftes in Niederbeisheim zu
erhalten. Dabei hat sie mir mitgeteilt, dass ihr Antrag vom
12.8.1947 vom Herrn Landrat in Fritzlar mit Bescheid vom 1o.9.48
abgelehnt wurde. Da der in der Ablehnung angeführte Grund nicht
stichhaltig ist, hat sie am 2.1o.48 eine Beschwerde eingebracht,
sodass die Angelegenheit nun von Ihnen entschieden werden muss.

Der Herr Landrat in Fritzlar führt als Begründung in seiner
Ablehnung an, dass die Erlaubnis zur Errichtung der beantragten
Verkaufsstelle deshalb nicht erteilt werden konnte, weil unter
Berücksichtigung eines gesunden Wettbewerbes ein Bedürfnis hierfür
nicht anerkannt werden könnte.

Die obige Feststellung, dass kein Bedürfnis für die Zulassung
einer Textilienverkaufsstelle in Niederbeisheim besteht, ist mit der
geltenden Bestimmungen über die anteilmässige Beteiligung bei der
Zulassung von Gewerbebetrieben lt. Artikel VIII der Ersten Durch-
führungsverordnung zum Flüchtlingsgesetz nicht zu vereinbaren.
Gemäss der Anordnung über die Festsetzung der Anteilzahlen für die
Eingliederung der Flüchtlinge in das Handwerk, den Einzelhandel
und das Verkehrsgewerbe des Herrn Ministers als Staatsbeauftragten
für das Flüchtlingswesen vom 8.4.1948 ist auf je 1ooo in einem
Kreis ansässige Neubürger ein Neubürger-Einzelhandelsgeschäft
für Textilien oder Bekleidung neu zuzulassen und das Bedürfnis
als gegeben anzusehen. Da im Landkreis Fritzlar nach meinen Unterlagen ca. 19.ooo Flüchtlinge wohnen, durfte der Antrag der obenge-
nannten Neubürgerin aus dem angegebenen Grunde erst dann abgelehnt
werden, wenn im Kreise Fritzlar mindestens 19 Neubürger-Textil=
einzelhandelsgeschäfte neu zugelassen wurden. Das ist jedoch
im Kreise Fritzlar nach den bei mir vorliegenden Meldungen bisher
nicht der Fall.

1359

Ich bitte Sie also, allein ~~aufgrund der oben zitierten Anordnung~~
den Bescheid des Herrn Landrats ~~aufzuheben~~ und der Neubürgerin
~~die beantragte Erlaubnis~~ zu erteilen. Erforderlichenfalls möchte
ich auch noch auf Abschnitt III, Absatz A, Ziffer 3 des 2. Aus-
führungserlasses vom 3o.7.48 zum Gesetz über die Errichtung
gewerblicher Unternehmen vom 24.6.1947 und zur 1. Durchführungs-
verordnung und dem 1. Ausführungserlass dazu vom 18.1o.1947:

++für Arbeit und Wohlfahrt

6 *Anteilmäßige Beteiligung contra Bedürfnisnachweis: Mit dem Hinweis auf ein fehlendes Bedürfnis lehnten Landräte gelegentlich die Zulassung von Flüchtlingsbetrieben ab.*

verkündete „Gesetz zur Befreiung von Nationalsozialismus und Militarismus" galt, konnte bis zum Bescheid der Spruchkammer kein selbständiger Handels- oder Gewerbebetrieb mit über neun Mitarbeitern eröffnet werden. In einer Entschließung hatte die Verfassungsberatende Landesversammlung Groß-Hessens vom 18./19. September 1946 zwar die Spruchkammern angewiesen, die Entnazifizierungsverfahren für Neubürger nicht zeitlich hinter die der Altbürger zurückzustellen, da hierdurch die Berufsaussichten außerordentlich verschlechtert würden.[25] Aber offenbar klappte es mit der Durchführung nicht. Auf der schon erwähnten Konferenz der Vertrauensleute der Ausgewiesenen vom Dezember 1946 hieß es dazu: „Die Ausgewiesenen empfinden es als schädigende Zurücksetzung, daß sie in der Regel nicht in beschleunigte Spruchkammerverfahren eingereiht werden, sondern erst am Ende der einheimischen Fälle verhandelt werden. Bis dahin sind alle Stellen besetzt und sie haben das Nachsehen. Besonders grotesk ist der Fall Wildner aus dem Dillkreis, der lediglich in der NSV und im Reichskriegerbund war, aber trotz wiederholter Vorsprache stets von der Spruchkammer abgewiesen wird, währenddem die wirtschaftlichen Behörden ihm die Fabrikationserlaubnis verweigern, wenn er ihnen keine Bescheinigung der Spruchkammer vorlegen kann. Die Ausgewiesenen gewinnen die Überzeugung, daß die Einheimischen auch das Münchener Gesetz benutzen möchten, um sich die Konkurrenz vom Hals zu halten."[26]

Besonders brisant war die Entnazifizierungsfrage für die Sudetendeutschen. Nicht wenige hatten sich in den 30er Jahren der neugegründeten Sudetendeutschen Partei Konrad Henleins angeschlossen, die bei den Parlamentswahlen von 1935 auf Anhieb 68 Prozent der sudetendeutschen Stimmen auf sich vereinigen konnte und damit zugleich zur größten Partei der ganzen Tschechoslowakei avancierte. Nach dem Anschluß an das Deutsche Reich im Jahre 1938 wurden die Parteimitglieder der SDP automatisch als Anwärter der NSDAP übernommen. Da ihre Spruchkammerverfahren nach 1945 nur schleppend in Gang kamen und sich lange hinzogen, hatten sie zunächst kaum eine Chance, eine Gewerbegenehmigung zu erhalten. Friedrich Montua, Sonderbeauftragter für Flüchtlingsfragen beim Wirtschaftsministerium, wollte deshalb schon im September 1946 geklärt wissen, „ob nicht bei offenbaren Mitläufern eine vorläufige Produktionsgenehmigung erteilt werden (könne)".[27]

War man als Flüchtling endlich im Besitz einer Gewerbezulassung, so war man in Zeiten allgemeiner Verbrauchslenkung abhängig von der Zuteilung rationierter Güter. Auch hier gab es bald Anlaß zur Klage, einheimische Gewerbetreibende würden bei der Zuteilung von Rohstoffen bevorzugt; außerdem sei für Bezugsscheine bei einheimischen Geschäftsleuten nichts zu erhalten. Da die Kritik über eine ungerechte Verteilung der knappen Güter rasch zunahm, veranlaßte die Landesregierung bereits im Sommer 1946 die Bildung von Beschwerdeausschüssen.[28]

[25] Vgl. dazu den Text der Entschließung, HHStA Wi 507/1410.
[26] Zit. nach Kropat 1979, S. 231.
[27] F. Montua: „Beitrag zum Flüchtlingsproblem", HHStA Wi 507/1410.
[28] Vgl. dazu die Erlasse des Hesssichen Innenministeriums vom 7. 7. und vom 10. 7. 1947, HHStA Wi 507/1410.

Da die Klagen nicht abrissen, wandte sich sogar die IHK Kassel im Jahre 1948 an ihre Mitglieder mit der Bitte, die gewerblich tätigen Neubürger nicht zu schneiden. In ihrem Verbandsorgan schrieb sie, daß Neubürger-Kaufleute sich verschiedentlich an das Landesamt für Flüchtlinge gewandt und darum gebeten hätten, „dahin zu wirken, daß Herstellerbetriebe und Großhandelsfirmen von Altbürgern nicht nur ihre alten Kunden bedienen, sondern im Rahmen des Möglichen auch die mittlerweile zugelassenen Neubürgerfirmen berücksichtigen." Die IHK mahnte, dies doch auch als eine moralische Verpflichtung denjenigen gegenüber zu sehen, die durch unverschuldete Ausweisung ihre Existenz sowie Hab und Gut verloren hätten.[29]

Der zahlenmäßige Umfang des Flüchtlingsgewerbes bis 1948

Trotz all dieser Hindernisse, die sich den Flüchtlingen bei der Gewerbegründung in den Weg stellten, nahm die Zahl der Flüchtlingsbetriebe im ganzen Lande laufend zu. So betrug die Zahl der auf Grund von Gewerbegenehmigungen eröffneten Flüchtlingsbetriebe am 31. 12. 1948 insgesamt 7160. Davon waren 550 als Industriebetriebe registriert (Ende 1947 waren es noch 273), 4300 (1947: knapp 2000) als Handwerks- und 1400 als Handelsbetriebe (einschließlich Handelsvertretern), 550 als Betriebe des Verkehrsgewerbes und 360 zählten zum sog. Klein- und Wandergewerbe.[30]

In Nordhessen waren bis Mitte 1947 im Handwerkskammerbezirk Kassel insgesamt 532 Handwerks-Betriebsgründungen durch Flüchtlinge genehmigt worden. Bis Ende 1948 wuchs die Zahl auf 1143 Flüchtlingshandwerksbetriebe an. Vergleicht man das Verhältnis der Anträge zwischen Alteingesessenen und Neubürgern, so wurden vom 1. 4. 1945 bis zum 31. 10. 1948 insgesamt 7851 Anträge auf Betriebszulassung gestellt, wovon 6281 der Antragsteller Einheimische und 1570 oder 20 Prozent Neubürger waren. Somit lag der Anteil der Antragsteller aus Flüchtlingskreisen merklich unter ihrem Bevölkerunganteil von ca. 26 Prozent. Abgelehnt wurden 1981 Anträge, und zwar 1754 oder 28 Prozent von Einheimischen und 227 oder 14 Prozent von Flüchtlingshandwerkern.[31]

---

[29] Kurhessische Wirtschaft 1948/14, S. 256.

[30] Aus dem o. g. Bericht des Hessischen Wirtschaftsministeriums von 1950, S. 73. HHStA Wi 507/4184. Verläßliche Zahlen für die Jahre 1945–1947 liegen uns nur für den Bereich der Neubürger-Industrie vor, siehe Sonderbericht 14, Die wirtschaftliche Eingliederung der Neubürger, S. 226 ff., HHStA Wi 507/4158. Vgl. dazu auch den Jahresbericht 1948 der Abteilung Gewerbliche Wirtschaft der Neubürger, S. 3, HHStA Wi 507/4182. Zu beachten ist, daß alle Statistiken aus dieser Zeit wohl kein wirklichkeitsgetreues Bild ergeben, da viele gewerbetreibende Flüchtlinge und Vertriebene ihr Gewerbe nie behördlich angemeldet hatten und mit der Währungsreform die meisten von ihnen von der Bildfläche verschwanden.

[31] Die Zahlenangaben stützen sich auf einen Bericht in den Hessischen Nachrichten vom 1. 12. 1948. Andere Quellen, beispielsweise die Akten der Handwerkskammer Kassel, lagen dem Verfasser nicht vor.

Über die Entwicklung und den Umfang der Flüchtlingsindustrie[32] in Nordhessen liegt eine repräsentative Erhebung erst für November 1948 vor. Durchgeführt wurde sie von der statistischen Abteilung der Industrie- und Handelskammer Kassel.[33] Insgesamt wurden 136 Flüchtlingsindustriebetriebe erfaßt mit 3083 Beschäftigten und 882 Heimarbeitern und Heimarbeiterinnen. Damit lag der Anteil der in der Flüchtlingsindustrie Beschäftigten bei etwa 5 Prozent der Gesamtzahl. Die Größenordnung macht deutlich, wie schwierig es gerade im Fertigungsbereich war, ein neues Unternehmen aufzubauen.

Die typischen Branchen

Gliedert man die Gesamtheit der bis zur Währungsreform eröffneten Flüchtlingsbetriebe nach Branchen, so hatte die Textil- und Bekleidungsindustrie mit Abstand den größten Anteil: In Nordhessen wie auch im übrigen Land stellten sie rund ein Drittel der Neubürger-Betriebe. Der Grund dafür, daß so viele Neugründungen im Bekleidungssektor erfolgten, lag nicht nur darin, daß die Textilbranche schon in einigen Herkunftsgebieten - wie dem Sudentenland[34] - weit verbreitet war, sondern auch darin, daß hier die Anfangsinvestitionen relativ niedrig waren und es sich um einen arbeitsintensiven Produktionszweig handelte. Billige Arbeitskräfte aber gab es zur Genüge: Die weit überwiegende Mehrzahl der Belegschaft bestand aus Frauen und Mädchen; zudem waren zwei Drittel aller Heimarbeiterinnen in der Bekleidungsindustrie beschäftigt.[35]
Ein weiterer Grund war die günstige Marktlage: Kleidungsstücke waren in der Nachkriegszeit Mangelware, die Nachfrage daher groß. Auch staatlicherseits wurde eine stärkere Ansiedlung der Textil- und Bekleidungsindustrie befürwortet, weil man hoffte, durch den Export von Kleidern und Textilien Devisen für die Lebensmitteleinfuhr zu beschaffen. Zudem betrachtete das Hessische Wirtschaftsministerium die Textil- und Bekleidungsindustrie in den ersten Nachkriegsjahren noch als krisenfeste Branche.[36] Doch schon unmittelbar nach der Währungsreform machten sich Absatzprobleme bemerkbar, die im Laufe der Jahre noch stark zunehmen sollten (Dok. 7).

---

[32] Als „Flüchtlingsindustrie-Betrieb" - der Begriff war seinerzeit üblich - galt eine Firma, wenn der Inhaber Flüchtling oder Vertriebener war bzw. mehr als 50 Prozent der Belegschaft sich aus Ausgewiesenen rekrutierte.

[33] Kurhessische Wirtschaft, Mitteilungsblatt der IHK Kassel, Nr. 1/1949, S. 9. Erst ab August 1949 wurde die seit Einführung der Gewerbefreiheit vom Hessischen Statistischen Landesamt geführte Statistik der An- und Abmeldungen von Gewerbebetrieben in An- und Abmeldungen von Flüchtlingsbetrieben unterteilt.

[34] Siehe dazu Kraus 1950, S. 112 ff., der „Das Schicksal der Ascher Textilindustrie nach der Ausweisung der Sudetendeutschen" behandelt. Dort findet sich auch eine Übersicht über die Betriebsgründungen von ehemaligen Ascher Textilbetrieben in Hessen, S. 127.

[35] Vgl. dazu Kurhessische Wirtschaft 1/49, S. 10.

[36] Vgl. dazu die Denkschrift „Über die stärkere Ansiedlung der Textil- und Bekleidungsindustrie in Hessen", undat. (vermutl. 1947), HHStA Wi 507/1410.

Die Neubürgerindustrie in Hessen Anfang 1948

Gruppen der Hess. Neubürgerindustrie	Betriebe in Betrieb	Betriebe im Aufbau	Betriebe mit gewerbl. Zulassung	Beschäftigte insgesamt	davon Neubürgern	Arbeitspl. der Aufbauten	Größenvergleich % Anteil an Gesamt-Neubürg.Ind.a.Hess.Ind.	Größenvergleich % Anteil d.Neubürger Ind.a.Hess.Ind.	Bürgschaften Anz. d. Betr.	Bürgschaften übernommen RM.	Verl.Zuschüsse Anz. d. Betr.	Verl.Zuschüsse gezahlt RM.	Bem
1 Textil	34	21	47	1109	893	375	17.6	11.0	6	265.000	3	9.000	
2 Bekleidung	23	24	36	694	537	667	16.8	12.2	4	95.000			
3 Holzverarbeitung	28	17	31	797	608	432	15.2	11.0	9	459.000	3	75.000	
4 Metallwaren uswmZw.													
a.Gablonzer Industrie	16	12	28	253	235	103	4.4		23	1025.000	24	66.000	
b.Spielwaren	8	1	7	205	156	20	2.8						
c.Musikinstrumente	11	3	14	113	100	25	7.7		5	220.000	5	27.500	
d.Sonstige	4	2	6	74	54	60	7.7		2	29.000			
5 Glasindustrie													
a.Glashütten	4	3	7	325	262	350	8.4		4	2.230.000	2	70.000	
b.Sonstige	12	10	20	184	747	150	4.1		6	150.000	5	26.000	
6 Steine u.Erden	20	5	20	377	236	42	5.2	2.5	11	442.000	7	8.000	
7 Lederverarbeitung	13	3	12	384	239	19	5.0	6.2					
8 Keramik	8	5	8	239	176	160	4.9	25.6	4	172.500	2	13.000	
9 Chemische Industrie	8	4	9	727	67	51	2.2	0.6	1	70.000	1	10.000	
10 Papierverarbeitung	4	3	3	108	25	-	7.3	0.5	4	170.000			
11 Elektro	7		6	90	50	96	2.3	1.1	2	70.000	1	5.500	
12 Maschinenbau	5	4	9	76	44	130	2.5	0.6	7	100.000			
13 Feinmech. u.Optik	1		1	45	30	-	0.5	0.7					
14 Bauindustrie	2		1	28	26	-	0.3		1	6.000			
15 Werkstoffverfeinerung	1	3	3	7	6	206	2.6	0.0					
16 Eisen-Stahl-Blechwar.	1		1	6	6	-	0.7	0.1	2	55.000			
17 Lebensmittelindust.	3	1	3	16	10	5	0.3	0.2					
18 Druck	1	1	1	4	4	3	0.7	0.2					
Gesamte Hessische Neubürgerindustrie	274	122	273 [1)	5255	3977 [2)	2828	100.0 [3)	[4)	85	5.550.200	47	250.000 [5)	

1) Das sind 87% der ges. Neubürgerbetriebe   3) Das sind 25% aller Neubürgerbetriebe
2) " " 75% " " Neubürgerbeschäftigten   4) " " 11% der ges.verfügb. Beträge
5) Das sind 50% der ges.Beträge. Für Rest liegen Anträge von.

7 Über 5000 Arbeitsplätze in Neubürgerbetrieben vor der Währungsreform

33

Einen hohen Anteil unter den Flüchtlingsindustrie-Betrieben in Nordhessen hatten daneben Holzverarbeitungsbetriebe, Betriebe der Glaserzeugung und -verarbeitung sowie der Musikinstrumentenbau. In den beiden letztgenannten Branchen dominierten sogar die Neubürger-Unternehmen, die hier bis zu 80 Prozent der Gesamtproduktion des nordhessischen Raumes stellten. Über die regionale Verteilung besagt der Bericht der IHK Kassel vom November 1948, daß diese „wesentlich durch die ursprüngliche Verteilung der Flüchtlingstransporte beeinflußt wurde. Eine Einordnung im Hinblick auf wirtschaftliche Belange war damals nur im geringen Umfange möglich. Eine örtliche Ballung der Flüchtlingsindustrie entstand dann nach Freigabe des ehemaligen Rüstungsindustriegeländes in Allendorf (Marburg/Lahn). Im Kreis Ziegenhain entstand ein weiteres Zentrum der Flüchtlingswirtschaft im Flüchtlingsdorf Trutzhain. Auch im Industriehof in Frankenberg/Eder fanden mehrere Betriebe Platz. Neben weiteren Mittelpunkten der Flüchtlingsindustrie in Hersfeld, Eschwege, Korbach und Arolsen sind die übrigen Betriebe im nordhessischen Raum verteilt. Während in den Kreisen Marburg/Lahn und Waldeck die höchste Zahl der Flüchtlingsbetriebe mit je 18 ihren Standort haben, hat der Kreis Wolfhagen mit 4 Betrieben den geringsten Anteil."[37]

Nur wenige dieser neuen Gewerbe konnten sich schon vor der Währungsreform zu größeren Betrieben entwickeln und damit eine Bedeutung für das Wirtschaftsleben der Region erlangen. Ein Beispiel ist die Glashütte Richard Süßmuth in Immenhausen bei Kassel. Süßmuth war Besitzer und künstlerischer Leiter einer Glaskunstwerkstätte in Penzig (Niederschlesien) gewesen, hatte dort sowohl als Kaufmann als auch als Glaskünstler sehr großen Erfolg, so daß seine Erzeugnisse mehrfach – auch auf internationalen Wettbewerben – ausgezeichnet wurden. 1945 wurden seine Werkstätten in Penzig zerstört und er selbst und seine Familie ausgewiesen.

Nach Ansiedlungsversuchen in der Lausitz, in Thüringen und der Oberpfalz fand Süßmuth nach langem Suchen eine stillgelegte, kriegszerstörte Glasfabrik in Nordhessen, die er nach Verhandlungen mit amerikanischen und deutschen Dienststellen 1946 pachten konnte. Ab Juli 1946 baute er dort zusammen mit ehemaligen Mitarbeitern aus Penzig und heimatvertriebenen Glasmachern aus dem schlesisch-böhmischen Raum ein neues Unternehmen auf (Dok. Anhang C). Nach ersten Aufräumarbeiten auf dem stark zerstörten Werksgelände eröffnete Süßmuth eine kleine Schleiferei. Sie fertigte aus Flachglasresten der Rüstungsproduktion einfache Gebrauchsgegenstände. Diese Artikel brachten erste Bareinnahmen; ein Teil fand auch zu sogenannten Kompensationsgeschäften Verwendung, die lebensnotwendige Güter für die Mitarbeiter oder Material für den Hüttenbau einbrachten. Nach dem Bau einer Schmelzwanne begann Mitte 1947 die Fertigung von Gebrauchsglas zur Deckung des großen Nachkriegsbedarfs. Zu dieser Zeit hatte die Glashütte bereits 100 Beschäftigte, davon waren

---

[37] Kurhessische Wirtschaft 1/49, S. 10. Zu den Schwerpunktkreisen der gesamten Neubürger-Industrien, die sich in Hessen bis 1947/48 entwickelt hatten, siehe Der hessische Wirtschaftsbericht, Sonderbericht 14, S. 228, HHStA Wi 507/4158.

80 Flüchtlinge und Heimatvertriebene. Zehn Jahre später – das Unternehmen befand sich auf dem Höhepunkt seiner Nachkriegstätigkeit – beschäftigte der Betrieb 410 Mitarbeiter, zum Großteil Heimatvertriebene.[38]

Der Unternehmer Richard Süßmuth, der vom Werkbund und dem Bauhaus geprägt war, engagierte sich auch im sozialen und kommunalpolitischen Bereich. So baute er in Zusammenarbeit mit der Hessischen Heimstätte ab 1949 eine Werksiedlung auf, beteiligte sich an der Ausbildung des beruflichen Nachwuchses und veranstaltete für alle Belegschaftsmitglieder wie für die Öffentlichkeit Kultur- und Weiterbildungsveranstaltungen. Sie sollten die Mitarbeiter zu einer echten Werkgemeinschaft zusammenführen, die nach Meinung Süßmuths Voraussetzung für die Herstellung von gutem Glas war. Seit 1948 war er auch als Kommunalpolitiker tätig, bis 1968 als CDU-Stadtverordneter und als Kreistagsabgeordneter. Während dieser Zeit arbeitete er auch im Soforthilfe-Ausschuß, der ja für die Vertriebenen von großer Bedeutung war. Für sein Engagement wurde Süßmuth mehrfach ausgezeichnet, darunter mit dem Großen Verdienstkreuz des Verdienstordens der Bundesrepublik Deutschland. Als die Glasindustrie Mitte der 60er Jahre in eine Krise geriet, kam es zu Unstimmigkeiten zwischen Süßmuth und der Belegschaft, der er nach längeren Verhandlungen 1970 den Betrieb übergab.[39] Vier Jahre später verstarb Süßmuth in Hofgeismar.

Ein anderes Beispiel für eine frühe und erfolgreiche Unternehmensgründung durch einen Flüchtling ist die Firma JORA – Josef Raith in Witzenhausen an der Werra, deren Gründer, ein Textilfachmann, 1945 aus Cottbus kam. In Witzenhausen bot ihm der Landrat leerstehende Gebäude des ehemaligen Reichsarbeitsdienstes an, die unter großen Schwierigkeiten in einen einigermaßen brauchbaren Zustand versetzt wurden. Hier wurde die Firma „Tegro" gegründet, die im Oktober 1945 die Produktion von Damenwäsche aufnahm. Im Jahre 1946 wurde ein neuer Nähsaal mit 35 Maschinen eingerichtet, die Kleiderfabrikation aufgenommen und die Zahl der Beschäftigten bereits auf 125 erhöht. Es waren meistens Vertriebene aus dem Sudetenland und Flüchtlinge aus der SBZ.[40]

Zieht man für die Entwicklung des Flüchtlingsgewerbes in den ersten Nachkriegsjahren bis 1948 eine Bilanz, so muß man sich noch einmal die Ausnahmesituation vergegenwärtigen, unter der alles begann: Die allgemeine Not-und Mangellage, die Zwangsbewirtschaftung als Verwaltung des Mangels, die damit verbundenen bürokratischen Prozeduren ebenso wie die Schattenwirtschaft der Schwarzmarktzeit, schließlich die völlige Mittellosigkeit und Fremdheit der Ausgewiesenen. Da eine Unternehmensgründung unter diesen Bedingungen eigentlich gegen alle wirtschaftliche Vernunft erfolgte, mußte in den Anfangsjahren nahezu alles improvisiert werden. Die Erfolgsaussichten vieler dieser Betriebe waren dementsprechend gering. Häufig am ungeeigneten Ort begründet, in

---

[38] Zusammenstellung aus Unterlagen des Glasmuseums in Immenhausen, die mir freundlicherweise der Museumsleiter, Herr Baas, zur Verfügung gestellt hat.
[39] Vgl. dazu Fabian (Hrsg.) 1972, S. 9 ff.
[40] Nach 15 Jahren VHW/IOB in Hessen, 1966, S. 72.

fast allen Fällen ohne ausreichende Eigenkapitaldecke, mit unzureichenden Betriebsmitteln ausgestattet, zuweilen auch von einem Unternehmer geführt, der zwar wagemutig, aber ohne jede Kenntnis in ökonomischen Dingen war, waren viele davon auf Dauer nicht lebensfähig. Die Währungsreform von 1948 sollte es an den Tag bringen.

2.2 Die Währungsreform und ihre Folgen

Am 20. Juni 1948 erfolgte die Geldumstellung auf die D-Mark. Gleichzeitig verkündete Ludwig Erhard, der Direktor für Wirtschaft in der Trizonenverwaltung, die weitgehende Aufhebung der Bewirtschaftung und Preisbindung. Der Schwarzmarkt verschwand spurlos; an seine Stelle trat ein scharfer Wettbewerb. Mit dem Übergang vom Verkäufer- zum Käufermarkt setzte ein harter Konkurrenzkampf um die Gunst der Käufer ein. Die kurzfristige Wirkung auf das Warenangebot war, daß schon am nächsten Tag in den Schaufenstern des Einzelhandels in überraschender Fülle Waren lagen, die der Normalverbraucher seit langem nicht mehr gesehen hatte.[1] Rare Gebrauchsgüter wie Kochtöpfe oder Zahnbürsten tauchten aus verborgenen Horten auf und wurden wieder feilgeboten. Noch größer aber war die psychologische Wirkung dieses „Schaufenstereffekts": Für die meisten Zeitgenossen bildete der Tag der Währungsreform die entscheidende Zäsur; mit ihr begann der eigentliche Neubeginn in Staat und Wirtschaft.[2]

Während das Produktivvermögen von der Währungsumstellung unangetastet blieb, wurden Löhne und Gehälter, Miet- und Pachtzinsen, Renten und Bankguthaben im Verhältnis 10:1 umgetauscht. Zwar traf dieser radikale Währungsschnitt Einheimische wie Flüchtlinge gleichermaßen hart, sofern sie etwas angespart hatten. Aber die Neubürger, die ja 1945/46 völlig mittellos dagestanden hatten, waren doch besonders hart betroffen, da viele von ihnen finanziell nun wieder auf die Ausgangssituation zurückgeworfen wurden; nennenswerten Sachbesitz hatten sie sich bis 1948 im allgemeinen nicht erarbeiten können. Auch kam nun heraus, daß der Schwarzmarkt mit seiner Inflations-Konjunktur das Flüchtlingsproblem nur verdeckt, aber nicht gelöst hatte. Da von einem auf den anderen Tag den Leuten kaum noch Kaufkraft zur Verfügung stand, mußten die Betriebe nun wieder scharf kalkulieren, was Entlassungen zur Folge hatte. Flüchtlinge und Vertriebene waren dabei unter den ersten; ihre Arbeitslosenrate stieg sprunghaft an. Lag die Quote im Dezember 1947 noch bei lediglich 5 Prozent – was den Anschein einer raschen Eingliederung in den Arbeitsmarkt erweckt hatte –, so zerbrach diese Illusion vor der Wirklichkeit einer Arbeitslosenquote, die Ende 1948 plötzlich auf 25,5 Prozent hochgeschnellt war.[3]

---

[1] Siehe dazu den Bericht des Hessischen Wirtschaftsministers an die Militärregierung vom 6. 7. 1948, HHStA Wi 506/78.
[2] Vgl. dazu Abelshauser 1983, S. 51.
[3] Vgl. dazu Kropat 1979, S. 221.

Die Krise der Flüchtlingsbetriebe

Aber auch viele der Flüchtlingsbetriebe gerieten nun in Schwierigkeiten. Als kapitalarme Betriebe ohne Reserven, ohne ein nennenswertes Warenlager und eine auf Pump finanzierte Grundausstattung an Anlage- bzw. Betriebskapital gerieten sie rasch in Zahlungsschwierigkeiten. Kredite bei den Banken waren angesichts der allgemeinen Geldverknappung nicht zu bekommen. So blieb nur der Weg, Mitarbeiter zu entlassen, um die Krise vielleicht mit einer Rumpfbelegschaft zu überstehen. Da jedermann sparen mußte, traf die Krise vor allem die Gewerbezweige, die Güter herstellten oder vertrieben, die nicht unbedingt gebraucht wurden. So mußten fast alle kunstgewerblichen Betriebe – eine Domäne der Heimatvertriebenen – nach dem Währungsschnitt wegen Absatzmangels schließen. Auch der Inlandsmarkt für die ehemals sudetendeutschen Musikinstrumente brach praktisch über Nacht zusammen.

Nahezu alle Flüchtlingsbetriebe waren – stärker noch als die übrige Wirtschaft – vom umfassenden Kredit- und Kapitalmangel betroffen. Das Gros von ihnen geriet in akute Zahlungsschwierigkeiten, was sich rasch zu einer regelrechten Existenzkrise der Flüchtlingswirtschaft auswuchs (Dok. 8). Forderungen nach Steuerstundung und staatlichen Sonderkrediten für die Neubürgerbetriebe wurden erhoben. Da der Staat selbst aber keine Gelder zur Verfügung stellen konnte, sondern lediglich Kreditbürgschaften übernehmen wollte, kam aus Flüchtlingskreisen der Vorschlag, das Hessische Finanzministerium möge die Bankinstitute anweisen, den Flüchtlingsbetrieben Kredite zur Verfügung zu stellen. Doch diese blieben angesichts des geringen Umfangs der vorhandenen Geldmittel bei ihrer restriktiven Kreditpraxis. Immerhin übernahm der hessische Staat vom Juni 1948 bis zum Juni des folgendes Jahres in 1131 Fällen für insgesamt 13 Millionen Mark Staatsbürgschaften für Flüchtlingskredite.[4]

Doch es gab auch Widerstand gegen eine ,bevorzugte Behandlung' der Neubürgerbetriebe. In einem Memorandum der Kasseler Industrie- und Handelskammer wurde gefordert, daß nur solchen Betrieben Gelder zugewiesen werden sollten, die entsprechend rationell arbeiten und bei denen Fehlinvestitionen ausgeschlossen sind.[5] Lauter als zuvor wurde nun auch von seiten des Hessischen Finanzministeriums betont, daß nur solchen Betrieben geholfen werden solle, die man als „volkswirtschaftlich wichtig" einstufe. Der frische Wind der Marktwirtschaft blies auch den Flüchtlingsunternehmern, die ja ohnehin von Anfang an mit Wettbewerbsnachteilen gegenüber den alteingesessenen Betrieben zu kämpfen hatten, scharf ins Gesicht.

Die Gründung der „Vertretung der heimatvertriebenen Wirtschaft" (VHW), Landesverband Hessen

Um ihre Interessen besser zur Geltung zu bringen, schlossen sich die vertriebenen und geflüchteten Unternehmer noch 1948 im Landesverband Hessen der

---

[4] Vgl. dazu Frankfurter Rundschau vom 16. 6. 1949.
[5] Vgl. dazu Frankfurter Rundschau vom 10. 3. 1950.

„Vertretung der heimatvertriebenen Wirtschaft" (VHW) zusammen. Ihr Haupt-
anliegen war von Anfang an, gegenüber dem Staat und der Öffentlichkeit für
eine angemessene wirtschaftliche Eingliederung auch der Unternehmerschaft
einzutreten. Dabei wurde betont, daß dies keine rein soziale oder gar karitative
Angelegenheit sei, „sondern eine zwingende wirtschaftliche Pflicht. Nur wenn
die Heimatvertriebenen das ihnen allein verbliebene Kapital an Fähigkeiten, Erfahrungen und Aktivität einzusetzen vermögen, ist das Hv.-Problem, diese
Kernfrage unseres deutschen Wiederaufbaues, zu lösen und damit auch die einheimische Bevölkerung von einem Alpdruck zu befreien. Ein zu bequemer Feh-
ler wäre aber die Annahme, daß es genügte, wenn jeder Hv. irgendwie wieder
tätig wäre und somit nicht der Fürsorge zur Last fiele. Wir müssen demgegenüber – entsprechend der natürlichen Zusammensetzung eines jeden Volksstam-
mes – einen ‚sinnvollen Einbau aller Berufsgruppen' bzw. eine schichtweise Eingliederung verlangen, also auch eine solche unserer wirtschaftlichen Führungs-
schichten und ihrer mittragenden Kräfte. Dieses Ringen erhält eine besondere
Schärfe, da es zugleich den Kampf um das frühere bürgerlich-gehobene Funda-
ment darstellt, das zur Illusion geworden ist."[6]
    Kernpunkt der Forderungen des VHW-LV Hessen an den Staat war, den Un-
ternehmern bei der Beschaffung von Kapital zu helfen, um das fehlende Eigenkapital durch langfristige, günstige Aufbaukredite so lange zu ersetzen, bis das
Unternehmen selbst genügend Eigenkapital gebildet hatte. Um die durch die
Währungsreform noch stärker hervorgetretenen Wettbewerbsnachteile der
Neubürger-Unternehmen auszugleichen, verlangte die VHW grundlegende Soforthilfen in Form von Steuererleichterungen, staatlichen Bürgschaften, Um-
schuldungs-Aktionen sowie gezielte Kredithilfen. Dabei wurde betont, daß man
keineswegs Ausnahmen bzw. Bevorzugungen wünsche, „sondern nur Mittel
und Wege zur Überwindung des Ausnahme-Notstandes, in dem wir leben müssen. Selbst jeder Vergleich eines hv.-Unternehmens mit einem einheimischen total bombengeschädigten Betrieb oder mit einem Demontagebetrieb ist abwegig
und wirklichkeitsfremd. Denn diesen Unternehmungen blieben wenigstens
Standort, Bankguthaben, Bezugsquellen, Absatzgebiet, Geschäftsverbindungen,
Mitarbeiterstamm usw."[7]
    Auch auf die zusätzlichen Probleme, die sich für die Neubürger-Betriebe
durch die Währungsreform ergeben hatten, wies der Verband hin: „Das letzte
Jahr hat uns einen lehrreichen Anschauungsunterricht erteilt und erschreckend
deutlich gemacht, daß unsere bisherigen Aufbaugrundlagen hoffnungsarme sind.
Wer Sachwerte und gefüllte Läger über die Geldreform hinüberretten konnte,
war der Gewinner der Umstellung: den hv.-Unternehmer verwies das Schicksal
jedoch erneut auf die Kehrseite dieser Entwicklung. Wer mit barer Kasse zahlt,
kommt besser weg als der, der Lieferantenkredit beanspruchen muß und dabei
noch neue Lieferanten gewinnen soll. Wer Löhne aus eigenen Mitteln aufbringt,
ist im Vorteil gegenüber dem, der seine Ertragsrechnung mit höchsten Bankzin-

---

[6] Aus: Beitrag zu einem „Programm der Tat", vorgelegt von der VHW-Landesstelle Hessen,
   August 1950.
[7] Ebd., S. 4.

Ueberschrift: „Die schlechten Zeiten"
Waldecker Flüchtlingsbetriebe in der Wirtschaftskrise

Eine große Zahl der in den letzten zwei Jahren gegründeten Waldecker Flüchtlingsbetriebe führt heute ein Leben im Schatten.

Noch vor kurzem als neue Produktionsstätten, die Arbeit und Brot für das übervölkerte Land boten, enthusiastisch begrüßt, gefördert, durch Staatskredite animiert, beim Start unterstützt, schleift diese Produktion heute mühselig am Boden. Es gibt erfreuliche Ausnahmen, aber die Belegschaft der meisten ist auf ein Minimum reduziert, und dieses Minimum arbeitet oft nur wenige Tage der Woche. Die Zahl derjenigen, die Vertragshilfe in Anspruch nahmen, wächst.

Man kann diesen Vorgang schon lange nicht mehr mit „gesunder Auslese" bezeichnen. Ebenso wenig darf man den leidenden Unternehmern grundsätzlich zum Vorwurf machen, daß sie anstatt „klein anzufangen" Luftschlösser mit Staatskrediten bauten. Ein neuer Betrieb, der den Arbeitsmarkt entlasten soll, braucht nun einmal Raum, Maschinen, Fahrzeuge und Betriebskapital zum Einkauf. Die Gründe für diese Misere liegen verschieden und tiefer.

Wenn, um nur ein Beispiel von vielen herauszugreifen, ein Holz verarbeitendes einwandfrei geführtes Unternehmen, das bisher auf die Abnehmerschaft der Solinger Stahlindustrie abgestellt war, diesen Absatzmarkt infolge der Absatzkrise seiner Solinger Kundschaft verliert und dann nach entschlossener Umstellung auf die RemscheiderHandwerksgeräteindustrie auch hier nicht recht zum Zuge kommt, weil ausländische Lieferfirmen, die in ihren Ländern steuerlich günstiger gelagert sind, billiger sein können, so läßt diese Tatsache doch nur erkennen, daß unsere Steuerpolitik, die Kapitalbildung ausschließt und eine Kreditpolitik, die Zinssätze von 10 v. H. fordert und langfristige Kredite zu geben nicht in der Lage ist, auf die Dauer zum Erliegen sehr vieler heimischer Betriebe führen muß, mit allen sich daraus ergebenden Konsequenzen.

Die jungen Unternehmen ohne eigenen Grund und Boden und ohne Kapital werden naturgemäß am stärksten betroffen. Wenn ein gut renommiertes Unternehmen der Gebäckfabrikation holländische und belgische Aufträge in Höhe von monatl. 10 000 DM nicht ausführen kann, weil die beschränkte Rohstoffzuteilung an Zucker, Fett und Mehl dies nicht zuläßt, so liegen die Ursachen der Produktionsdrosselung auf einem anderen Brett. Dieselbe Firma aber könnte jetzt zum Weihnachtsgeschäft vorliegende Aufträge in einer Gesamthöhe von 20 000 DM zusätzlich ausführen, wenn sie die nötigen Kredite erhielte. Die Außenstände sind bereits hoch, solvente Kunden zahlen weiter schleppend, und eigener Kapitalmangel zwingt dazu, auf dieses einträgliche Weihnachtsstoßgeschäft zu verzichten. Hier liegt also nicht eine Absatzkrise, sondern ein Mangel an Bargeld vor, der den notwendigen Einkauf an Rohstoffen verbietet.

Hinzu kommt für Flüchtlingsbetriebe der Abdeckungszwang für kurzfristige Kredite, der dem Unternehmer jede Bewegungsfreiheit raubt und die Produktion verteuert. In diesem Zusammenhang darf auch nicht übersehen werden, daß mancher Unternehmer vielleicht ein vorzüglicher Handwerker, aber kein weitschauender Geschäftsmann ist. In der heutigen Zeit, in der unser niedriger Lebensstandard die Kaufkraft des deutschen Marktes bestimmt und vornehmlich englische Konkurrenz den Export erschwert, ist vorausschauende Planung bei schärfster Kalkulation notwendiger denn je. Mit Hilfsmitteln auf diesem oder jenem Gebiet kann vorübergehend geholfen werden, Vorbedingung für eine wirkliche Ueberwindung der „schlechten Zeiten" und der nunmehr latent gewordenen Krise kann nur der Anschluß der deutschen Wirtschaft an die Weltmärkte sein.　　　(rd)

8 Fehlendes Eigenkapital war die Ursache dafür, daß Flüchtlingsbetriebe von Wirtschaftskrisen besonders getroffen wurden (Waldecker Kurier vom 22. 11. 1949)

sen für sog. Aufbaukredite belasten muß. Wer in dieser Zeit der Zielgeschäfte über Reserven verfügt, nimmt demjenigen die Kundschaft ab, der trotz gleichwertiger oder gar besserer Ware auf Sofortzahlung drängen muß. Wer bei der Bank zu Hause ist und auf seine Sachwerte hinweisen kann, kommt zu einem Kredit für Ausbau und Modernisierung seines Betriebes; aber nicht der, der sich als fremder Nichtbesitzer melden muß und nur eine sog. Staatsbürgschaft in Aussicht zu stellen vermag."[8]

Initiativen zur Selbsthilfe:
Die Flüchtlings-Genossenschaften

Angesichts des zunehmenden ökonomischen Drucks von außen regten sich überall Initiativen zur Selbsthilfe. Vielerorts gründeten sich Flüchtlingsgenossenschaften, deren Zweck es war, die lokal oder regional ansässigen Flüchtlinge und Vertriebenen zu einer Konsum- oder Produktionsgemeinschaft zusammenzuschließen, um billiger einkaufen oder kostengünstiger produzieren zu können. Da dabei der ansässige Zwischenhandel ausgeschaltet wurde, stießen die Genossenschaften bei den einheimischen Händlern auf wenig Gegenliebe. So monierten Vertreter einer Genossenschaft in Friedberg, „mit welchem Eifer die Vertretung des freien Handels bestrebt waren und noch sind, die Entwicklung dieser Genossenschaft zu hemmen. Man kann sich des Eindrucks nicht erwehren, daß für diese Kreise das immer wieder propagierte freie Spiel der Kräfte nur dann Geltung hat, wenn dem Handel Vorteile winken."[9]

Besonders rührig waren die Wohnbau-Genossenschaften, galt es doch, „den Heimatlosen durch ihren eigenen Fleiß und Unternehmensgeist die Möglichkeit zu geben, sich selbst Wohnraum zu schaffen und damit die Wohnungsnot zu bekämpfen."[10] Unter dem Motto „Flüchtlinge helfen sich selbst" wurde im Spessart eine Webereigenossenschaft gegründet. In Gedern entstand eine Einkaufs-, Verkaufs- und Produktionsgenossenschaft namens „Zukunft". Sie hatte es sich unter anderem zur Aufgabe gemacht, Flüchtlingshandwerkern, die oftmals an sehr weit von den Verkehrslinien abgelegenen Plätzen am Vogelsberg saßen, eine Absatzmöglichkeit für ihre Produkte zu geben (Dok. 9).[11]

Ein weiteres Beispiel für die Selbsthilfe-Aktivitäten der Flüchtlinge ist der Neubürgerbetrieb „Wirtschaftsgenossenschaft WIGE" in Hersfeld. Die WIGE eröffnete am 2. November 1948 ihre Verkaufsstelle in Hersfeld; sie zählte 47 eingetragene Mitglieder. Zweck der WIGE war es, den Heimatvertriebenen den Einkauf des dringend benötigten Hausrats zu annehmbaren Preisen zu ermöglichen. Verkauft wurden Haushaltsgeräte aller Art, insbesondere Küchengeräte und Herde. Der Jahresumsatz betrug 1949 DM 50 000,—; das Betriebskapital

---

[8] Ebd.
[9] Frankfurter Rundschau vom 17. 8. 1948.
[10] So die Frankfurter Rundschau vom 8. 4. 1948 in einem Bericht über die Hessenbau-Genossenschaft in Gelnhausen.
[11] Nach einem Bericht der Frankfurter Rundschau vom 11. 1. 1949.

„ZUKUNFT"

Einkaufs-, Verkaufs- und Produktivgenossenschaft e.G.m.b.H.

Fulda, An Vierzehnheiligen 21

Im Jahre 1947 setzten sich ehemals selbständige und aus ihrer Heimat vertriebene Kaufleute zu einem Gespräch zusammen. Sie berieten über Möglichkeiten, in der neuen Heimat wieder zu einer Existenz zu kommen. Nach langen und eingehenden Überlegungen wurde beschlossen, eine Gemeinschaft — in Form einer Genossenschaft — zu errichten. Sie bekam den verheißungsvollen und optimistischen Namen „ZUKUNFT". Sofort wurde begonnen, Mitglieder zu werben, und bald hatten sich 2500 Menschen aus Kreisen der Heimatvertriebenen der neuen Genossenschaft angeschlossen.

Mit der Währungsreform ging leider das bisher von den Mitgliedern eingezahlte Kapital in Höhe von 150 000,— RM fast ganz verloren. Deshalb konnte die Arbeit der Genossenschaft auch erst am 1. August 1948 mit der Eröffnung von zwei Lebensmittelläden in Fulda begonnen werden.

Die folgenden Jahre waren durch harte Arbeit und eine stetige Entwicklung der Genossenschaft gekennzeichnet. Bald fehlte es an Lager- und Büroräumen für das aufstrebende Unternehmen, und so entstand im Jahre 1958 ein eigenes, modernes Lagergebäude mit 2000 qm Lagerfläche, in dem auch zeitgemäße Büroräume untergebracht wurden. Heute besitzt die „ZUKUNFT" in Fulda-Stadt und -Land 16 modern eingerichtete Lebensmittel-Verkaufsstellen. Die Erfolge haben bis jetzt gezeigt, daß sich die Genossenschaft bewährt hat. Sie genießt nicht nur das Vertrauen der Heimatvertriebenen, sondern sie hat auch viele Freunde in der einheimischen Bevölkerung gefunden.

9 *Die Zukunft der Flüchtlingsgenossenschaften war weniger rosig, als sich ihre Gründer erhofft hatten*

belief sich auf DM 2000,—. Hinzu kam ein Bankkredit von DM 1000,—. Von einem weiteren, staatsgarantierten Kredit konnte die WIGE keinen Gebrauch machen, da die Volksbank Hersfeld eine hundertprozentige Sicherheit verlangt hatte; die aber konnte die Genossenschaft nicht bieten.[12]

Da die Flüchtlings-Genossenschaften in Hessen zunehmend zu einer ernsthaften Konkurrenz für die bereits bestehenden Konsum-Genossenschaften zu werden drohten, beschäftigte sich der Länderausschuß für das Genossenschaftswesen, der am 12. 4. 1949 in Frankfurt tagte, mit ihnen. Dort wurde lapidar festgestellt, daß für spezielle Flüchtlingsgenossenschaften „ein Wirtschaftsbedürfnis nicht gegeben erscheint". Der Grund: Man konstatierte „erhebliche Verluste" bei anderen Genossenschaften und war grundsätzlich gegen eine Zersplitterung des Genossenschaftswesens.[13] Tatsächlich konnte sich wohl kaum eine der Flüchtlings-Genossenschaften, sofern sie reine Einkaufs- und Verkaufgenossenschaften waren, über einen längeren Zeitraum hinweg behaupten. In dem Maße,

---

[12] StA Ma 401/17 Nr. 30. Über das weitere Schicksal der WIGE ist dem Verf. nichts bekannt; vermutlich ging sie bereits in den 50er Jahren wieder ein.

[13] Vgl. dazu HHStA Wi 507/1494.

wie sich die Lebensverhältnisse der Alt- und Neubürger in den 50er Jahren allmählich anglichen, stellten auch viele dieser Selbsthilfe-Einrichtungen der
Flüchtlinge ihre Arbeit ein.[14]

Anders hingegen verhielt es sich mit den reinen Produktiv-Genossenschaften.
Gegründet, um das unternehmerische Risiko auf mehrere Produzenten zu verteilen, gelang es einigen trotz großer Start- und Anfangsschwierigkeiten, sich
allmählich zu konsolidieren. So hatte es beispielsweise etliche Schönbacher Geigenbauer in die Dörfer um Eschwege verschlagen. Das frühere Flugplatzgelände
nahe der Stadt schien gut geeignet, ein neues Geigenbau-Zentrum aufzubauen.
Nachdem auch die hessische Landesregierung ihre Unterstützung zugesagt hatte,
gründeten 40 Geigenbauer die „Musikinstrumenten-Genossenschaft Amati
GmbH". Die Kasernen wurden von der Regierung ausgebaut, und die Genossenschaft erhielt einen Wohnblock zugewiesen, in dem 27 Familien aus den umliegenden Dörfern zusammengezogen wurden. Das Engagement der Regierung
für die Geigenbauer entsprach der allgemeinen Linie, vornehmlich die Niederlassung von exportorientierten Gewerbzweigen zu unterstützen. Tatsächlich
wurden 85 bis 90 Prozent der Instrumente im Ausland abgesetzt. Da die Schönbacher wieder an ihre alten, weltweiten Kundenverbindungen anknüpfen konnten, war die Umsatzentwicklung Anfang der 50er Jahre sehr verheißungs-
voll.[15]

Hoffen auf einen Lastenausgleich

Angesichts der Härte des Währungsschnitts insbesondere für diejenigen, die
praktisch schon alles verloren hatten, wurde die Forderung nach einer gerechten
Verteilung der Kriegsfolgelasten immer lauter. Mit der wachsenden Not vieler
Vertriebener und Flüchtlinge wuchs auch die Unruhe. Enttäuschung über die
Haltung der einheimischen Bevölkerung, über die Haltung der Behörden und
der politischen Parteien machte sich breit. Man fühlte sich von den Verantwortlichen im Stich gelassen: von „leeren Versprechungen" und „frommen Wün-
schen" war viel die Rede. Manche Beobachter sahen im Unmut der Flüchtlinge
Vorboten einer allgemeinen Radikalisierung, die bislang ausgeblieben war, ja sie
fürchteten, daß eine soziale Revolution vor der Türe stehe, wenn nicht rasch
und energisch etwas gegen die Not der Flüchtlinge und Vertriebenen gesche-
he.[16]

Der Lastenausgleich erschien den meisten Neubürgern als das letzte Mittel,
um ihre Not zu wenden. Neben den Vertriebenen und Flüchtlingen waren es
die Sparer, Kleinrentner und Fürsorgeempfänger, die eine grundlegende Sozial-

---

[14] Die Geschichte der Flüchtlings-Genossenschaften ist für Hessen noch nicht geschrieben.
Wir wissen deshalb auch noch wenig über deren weiteres Schicksal. Vermutlich aber haben
die meisten davon – schon mangels Eigenkapital – den nach der Währungsreform einsetzenden harten Wettbewerb nicht lange überlebt.

[15] Vgl. dazu Der neue Weg, Januar 1952, S. 3.

[16] Siehe dazu den Artikel „Die Not der Ausgewiesenen" in: Die Wirtschaftszeitung vom 12.
3. 1949.

reform forderten. Doch es sollte noch einmal vier Jahre dauern, bis die schon bei der Währungsreform von 1948 anvisierte umfassende gesetzliche Regelung des Lastenausgleichs zustandekam. In der Zwischenzeit trat das „Gesetz zur Milderung dringender sozialer Notlagen", das sog. Soforthilfegesetz, am 8. August 1949 in Kraft. Das Problem stellte nur einen Behelf dar und wurde auch als solcher gewertet. Jetzt war der Staat gefordert, verstärkte Anstrengungen zu unternehmen, um wesentliche Fortschritte bei der gleichberechtigten Eingliederung der Vertriebenen zu erzielen.

3 Staat und Vertriebenenwirtschaft

3.1 Motive und Maßnahmen zur Förderung von Selbständigen

Die Währungsreform, die allen Hoffnungen auf eine rasche, „lautlose" Eingliederung der Vertriebenen in die Wirtschaft des Landes ein Ende bereitet hatte, brachte für viele von ihnen eine Verschlechterung ihrer beruflichen und sozialen Lage. Wie groß der soziale Abstieg der Vertriebenen war, wird daran deutlich, daß ein Viertel der Beschäftigten berufsfremd eingesetzt war und daß von denen, die als „berufsecht" gezählt wurden, sehr viele zuvor als Selbständige gearbeitet hatten und nun als abhängig Beschäftigte tätig waren. Nach den Ergebnissen der Volks- und Berufszählung von 1950 lag der Anteil der Selbständigen bei den Vertriebenen in Industrie und Handwerk mit 4,3 Prozent und in Handel und Verkehr mit 11,3 Prozent erheblich unter dem Bundesdurchschnitt von 11,3 Prozent bzw. 20,9 Prozent; im Sudetenland waren es 1939 10,4 Prozent bzw. 16,2 Prozent gewesen.[1]

Damit war der Grundsatz der Gleichberechtigung, der nach § 9 des Flüchtlingsgesetzes von 1947 galt, augenfällig verletzt. Der hessische Staat war gefordert, denen, die in ihrem Herkunftsland als Industrielle, Handwerker, Händler und Landwirte wirtschaftlich selbständig waren, hier gleiche Chancen einzuräumen. Aus dieser Sicht war es in erster Linie eine sozialpolitische Aufgabe, den ehemals Selbständigen unter den Flüchtlingen und Vertriebenen bei ihrer erneuten Gewerbegründung zu helfen.

Demgegenüber stand ein handfestes volkswirtschaftliches Motiv, den Ausgewiesenen durch den Einsatz öffentlicher Mittel Starthilfen zu geben, damit diesen der Weg in die Selbständigkeit gelang. Schließlich brachten diese etwas mit, was für Hessens Volkswirtschaft wertvoll war: ihre wirtschaftlichen Kenntnisse, ihre speziellen Erfahrungen in bestimmten Produktionszweigen, ihre Initiative, also das, was man heutzutage „Humankapital" nennt. Dieses innovative Potential optimal auszuschöpfen, war eine zentrale Aufgabe des hessischen Wirtschaftsministeriums.

Dabei gab es durchaus Zielkonflikte zwischen beiden Motiven der Flüchtlingshilfe. So konstatierte der Berichterstatter im Hessischen Wirtschaftsministerium 1950 im Hinblick auf die Erfahrungen der ersten Aufbaujahre: „Das Bestreben, den Bestimmungen der Flüchtlingsgesetzgebung auch auf dem Gebiet der Zulassung von Unternehmen der gewerblichen Wirtschaft Geltung zu verschaffen, wurde dadurch erschwert, daß in vielen Fällen sozialpolitische Gesichtspunkten volkswirtschaftliche Gesichtspunkte gegenüberstanden."[2] Ein

---

[1] Nach Albrecht 1954, S. 118.
[2] Die hessische Wirtschaft nach dem Kriege, S. 73.

44

Beispiel mag dies veranschaulichen: So beabsichtigte ein sudetendeutscher Strickhandschuhhersteller, der zunächst in Bayern ansässig geworden war, in eine hessische Gemeinde überzusiedeln. Der dortige Magistrat befürwortete den Umzug lebhaft, da damit die Aussicht bestand, in der Gemeinde ca. 40 neue Arbeitsplätze zu schaffen. Voraussetzung dafür war aber, daß man dem Unternehmer ein Arbeitsplatzdarlehen in Höhe von 90000 DM zusagte. Das zuständige Fachreferat im Wirtschaftsministerium lehnte eine solche Kreditzusage allerdings mit der Begründung ab, daß dabei die volkswirtschaftliche Seite nicht übersehen werden dürfe. Es bestehe keine Notwendigkeit zur Förderung dieses Vorhabens, da es bereits genügend Strickhandschuhhersteller in Hessen gebe.[3]

Gefördert wurden vor allem die Gewerbezweige, die es bisher in Hessen nicht oder kaum gegeben hatte, also sudetendeutsche Spezialindustrien wie die Glasindustrie, die Gablonzer Industrie, bestimmte Teile der Textilindustrie sowie den Musikinstrumentenbau. Da diese ihre Produkte vor allem im Ausland verkauften, erhoffte man sich davon zusätzliche Impulse für eine allgemeine Wiederbelebung des Exportgeschäfts, was wiederum dazu beitragen konnte, teure Importe zu finanzieren.

Charakteristisch für die Sozialgesetzgebung nach der Währungsreform war, daß diese nun nicht mehr nur die Flüchtlinge und Vertriebenen im Blick hatte, sondern die Kriegsgeschädigten insgesamt. Die unmittelbaren negativen Folgen der Währungsreform hatten ja nicht nur die Neubürger, sondern auch diejenigen unter den Einheimischen zu spüren bekommen, die durch den Krieg ihr Hab und Gut verloren hatten. Insofern gab es jetzt neben den Flüchtlingen eine zunehmende Zahl verarmter Menschen. Es ist darauf hingewiesen worden, daß, zumindest was die früheren Unterschiede im Geldvermögen angeht, sich die Währungsreform „auch als eine Nivellierung der Startchancen zugunsten der Flüchtlinge begreifen (läßt). Sie eröffnete ungeachtet der kurzfristigen negativen Auswirkungen langfristige Voraussetzungen für die nun beginnende tatsächliche Integration der Flüchtlinge unter den Bedingungen der Marktwirtschaft."[4]

Was den Selbständigen unter den Neubürgern fehlte, um im marktwirtschaftlichen Wettbewerb mithalten zu können, war Eigenkapital. Sie waren daher auf langfristig gewährtes Leihkapital, auf Investitionskredite angewiesen. Der normale Weg zu diesen Krediten führt über die Banken; die besonderen Schwierigkeiten ihrer Beschaffung lagen nun eben darin, daß der Kredit an die Stelle des Eigenkapitals zu treten hatte und die üblichen bankmäßigen Sicherheiten fehlten, weshalb die Banken meistens eine Kreditzusage verweigerten. Außerdem waren die üblichen bankmäßigen Zinsen für einen solchen langfristigen Kredit zu hoch. Ein Ausweg aus diesem Dilemma konnte sein, sich bei Verwandten und Bekannten – so man einen solventen Onkel oder einen wohlmeinenden Freund im Westen hatte – Geld zu leihen. Da dieser Weg jedoch nur einer Minderzahl offen stand, war der Großteil der Existenzgründer von staatlicher Hilfe abhängig (Dok. 10).

---

[3] Siehe dazu die Akte HHStA Wi 507/1171.
[4] Erker 1988, S. 66.

Als Folge einer Entwicklung, die aufgrund der zeitbedingten außergewöhnlichen Umstände kein klares, einheitliches Konzept zuließ, wurde die Kreditgewährung an die Unternehmer aus dem Kreis der Vertriebenen sehr stark aufgesplittert. So war es wohl seinerzeit kaum jemandem noch möglich, einen vollständigen Überblick über die verschiedenen Kreditarten und Verfahrenswege – man hat von mehr als 40 gesprochen – zu behalten. Der einzelne Unternehmer, der Fremdmittel in Anspruch nehmen wollte, war hier oft überfordert. In jedem Fall mußte er sich daran gewöhnen, die Finanzierung seines Vorhabens mosaikartig zusammenzusetzen, zum Teil auch deswegen, weil die einzelnen Programme jeweils nur über unzureichende Gesamtmittel verfügten. Dementsprechend war auch die im Einzelfall gewährte Summe in der Regel zu gering.[5]

Grundsätzlich muß unterschieden werden zwischen kurzfristig wirksamen Hilfen (Soforthilfen) und den langfristig angelegten Investitionsprogrammen. Hinsichtlich der Kreditvergabe ist zu unterscheiden zwischen Mitteln aus Hilfs- und Förderprogrammen des Landes Hessen, der Bundesrepublik und des Marshallplans (ERP-Kredite). Die Kreditverwaltung und -überwachung übernahm die Hessische Treuhandverwaltung GmbH (HTV). Ursprünglich gegründet, um die Rückerstattung jüdischen Vermögens abzuwickeln, übernahm sie ab 1952 die Aufgabe, die Versorgung der Neubürgerbetriebe mit Krediten zu organisieren. Als selbständige Institution richtete sie Kreditausschüsse ein, in denen über die Vergabe von Krediten entschieden wurde; später erstattete sie Gutachten über die wirtschaftliche Eingliederung gemäß § 13 des Bundesvertriebenengesetzes.[6] Für die Verwaltung der auf der Bundesebene aufgebrachten Mittel war die Bank für Vertriebene und Geschädigte AG (Lastenausgleichsbank) zuständig, für ERP-Mittel die Kreditanstalt für den Wiederaufbau.

Bei den Krediten des Landes Hessen handelt es sich im wesentlichen um Kleinkredite zur Förderung mittlerer und kleinerer Existenzen. Die Laufzeit der Kredite lag bei etwa 5 bis 8 Jahren, die Zinsen wurden von ursprünglich 8 Prozent auf 5 Prozent gesenkt. Die Kreditaktionen des Bundes waren zugeschnitten auf Arbeitsbeschaffungs- und Sanierungsprogramme für strukturschwache Regionen; insofern war hier der Regierungsbezirk Kassel besonders betroffen. Bei den ERP-Krediten aus dem Europäischen Hilfsprogramm, initiiert durch den Marshallplan, handelte es sich vor allem um Investitionskredite. Wegen ihrer niedrigen Zinsen (2,5 Prozent bis 4 Prozent) und den langen Laufzeiten (8 bis 17 Jahre) kamen sie den Bedürfnissen der Vertriebenen-Betriebe besonders entgegen. Schließlich konnte man Mittel aus der sog. Gemeinschaftshilfe nach dem Soforthilfegesetz von 1949 (SHG), Arbeitsplatzdarlehen nach dem Lastenausgleichsgesetz (LAG) und Betriebsmittelkredite aus Mitteln der Lastenausgleichsbank beantragen, nicht zu vergessen die Kredite aus Mitteln des Hessenplans.[7]

---

[5] Vgl. dazu Baier, in: Lemberg/Edding 1959, S. 380.

[6] Zur Organisation und Aufgabenstellung der HTV siehe den Beitrag von G. Boley, in: 15 Jahre VHW/IOB 1966, S. 11–25.

[7] Vgl. dazu: BVD, Zehn Jahre Geschichte (des LV Hessen), 1959, S. 31 f.

Der Landrat
I FlK.

Bad Hersfeld,den 27.9. 1950.

An den
Herrn Regierungspräsidenten,Abtlg.I/5
in Kassel.

Betr.: Neubürgerbetrieb Fa.███████████, Atelier auserlesener
ungarischer Modelle,Schenklengsfeld – Übernahme der Staats-
bürgschaft.

Bezug: Verfügung vom 29.8.1950,Az.58 d 06/15 – 3o Hers.-

Alleiniger Inhaber des Betriebes ist Herr ███████████████.
Der Betrieb wurde Anfang 1948 in Schenklengsfeld eröffnet,wo sich
auch jetzt noch das Büro und ein Lagerraum befinden. In der Haupt-
sache werden die Arbeiten von ungarischen Volksdeutschen in Mans-
bach,Kreis Hünfeld,als Heimarbeit ausgeführt. *mit Gehunt*
In den letzten drei Monaten wurden Umsätze von DM 70.000.--erzielt.

Es werden hergestellt ungarische Trachten,speziell Blusen,Jacken
und Mäntel für Damen und Kinder.Nebenbei werden auch Filzhandschuhe
nach ungarischer Mode fabriziert und entsprechend bestickt. Belie-
fert werden alle einschlägigen Geschäfte in Westdeutschland und
Berlin.

Im Büro – und Lagerraum werden 5 Personen
als Heimarbeiter ....3o Personen

zusammen ....4o Personen

beschäftigt.Davon sind 38 Flüchtlinge.

DM 1.200.-- des Darlehens sollen zur Beschaffung von Näh-und anderen
Maschinen und DM 1.800.-- zum Einkauf von Roh-und anderem Material
verwendet werden.

Die Firma beabsichtigt nach Beschickung der Herbstmesse in Frankfurt
Exportgeschäfte mit der USA.und der Schweiz aufzunehmen.

Über das Geschäftsgebaren der Firma ███████████ ist Nachteiliges
nicht bekannt geworden. *Die empfiehlt fürsorgebehördig.*

[Unterschrift]

---

10 Kredite bekamen Flüchtlingsbetriebe fast nur, wenn der Staat für die Rückzahlung
bürgte

Das grundsätzliche Problem bei der kaum noch zu überschauenden Vielzahl von Finanzquellen für Kreditmittel war, daß sie zu einer breiten Streuung von zu geringfügigen Krediten beitrugen, die letztlich keine großen wirtschaftlichen Wirkungen hatten. Statt mit Kleinkrediten sog. Kümmerexistenzen zu stützen, die auf Dauer dann doch nicht lebensfähig waren, wäre es wohl besser gewesen, bestimmte zukunftsträchtige Unternehmungen gezielt mit ausreichenden Kreditmitteln zu versorgen. Aufmerksamen Zeitgenossen drängte sich schon damals der Verdacht auf, daß die anfängliche Streuung vieler kleiner Kredite eine politische Maßnahme gewesen sei, um die Flüchtlinge zunächst zu beruhigen.[8]

Die Maßnahmen im einzelnen

Im[9] Zusammenhang mit der Wiederaufbauförderung hatte der hessische Staat schon im Juni 1946 50 Millionen Reichsmark in Form von Staatsbürgschaften bereitgestellt. Die hessische Staatsbürgschaft, eine Ausfallbürgschaft, diente ausdrücklich dazu, den Heimatvertriebenen die Eingliederung in das Wirtschaftsleben zu erleichtern. Da diese Mittel vor der Währungsreform nur im geringen Umfang in Anspruch genommen wurden (bis 1948 lediglich 6 Millionen RM), wurde der Rest auf DM umgestellt und dann den Verhältnissen entsprechend erhöht. Bis Ende 1952 wurden in 3134 Fällen Bürgschaften in einer Höhe von etwa 88 Millionen DM übernommen.[10] Die durchschnittliche Höhe einer Staatsbürgschaft war nach der Währungsreform erheblich zurückgegangen. Während vor der Währungsreform auf eine Staatsbürgschaft ein Betrag von rund 55 000 RM kam, entfiel nach der Währungsreform auf eine Bürgschaft im Durchschnitt eine Summe von ca. 11 600 DM.[11]

Die Staatsbürgschaft, so willkommen sie war, konnte jedoch niemals das Eigenkapital ersetzen. Zwar schlug sie eine Brücke zur Inanspruchnahme von Bankkrediten durch Flüchtlinge und Vertriebene, doch waren diese Kredite relativ teuer (8,5 bis 11 Prozent) und meist zu kurzfristig. Um die Zinslast zu senken, wurden in geringem Umfang aus den Haushalten Mittel zur Zinsverbilligung bereitgestellt; bis 1953 waren es knapp 1 Million DM. Für die Entscheidung über Anträge auf Zinsverbilligung, die in individueller Staffelung bis zum Höchstbetrag von 4 Prozent gewährt werden konnte, galten strenge Maßstäbe. In Frage kamen nur Betriebe, die an sich lebensfähig waren und gute Zukunftsaussichten hatten, die aber durch die normale Zinslast im wirtschaftlichen Wettbewerb und in ihrer Ertragsfähigkeit benachteiligt waren. Zur Überwindung der Anfangsschwierigkeiten gewährte Hessen zudem im geringen Umfang noch sog. verlorene Zuschüsse. Sie wurden gewerblichen Unternehmungen von Flüchtlingen aus Haushaltsmitteln zur Verfügung gestellt und beliefen sich bis September 1952 lediglich auf rund 370 000 DM. Im Einzelfall betrug der zur Verfügung gestellte Betrag durchschnittlich nur etwa 1000 DM (Dok. 11–13).

---

[8] Siehe dazu HHStA Wi 507/3736.
[9] Die Zahlenangaben beziehen sich, wenn nicht anders vermerkt, auf ganz Hessen.
[10] Vgl. dazu Albrecht 1954, S. 121 f.; dort auch zum folgenden.
[11] Vgl. dazu Die hessische Wirtschaft nach dem Kriege, S. 76, HHStA Wi 507/4184.

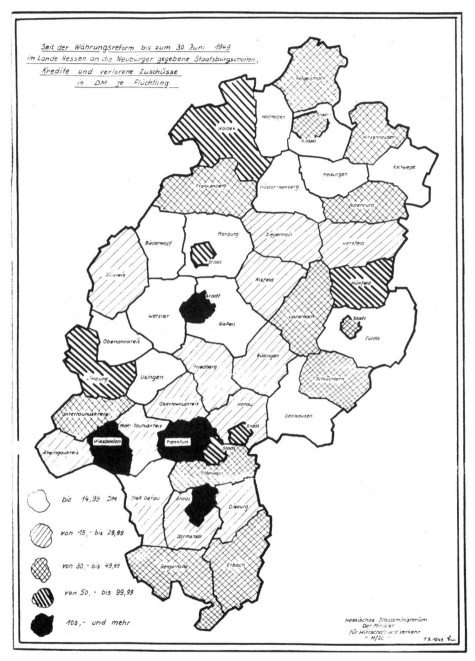

11 Umgerechnet auf den einzelnen Flüchtling war die staatliche Förderung im Rhein-Main-Gebiet besonders hoch

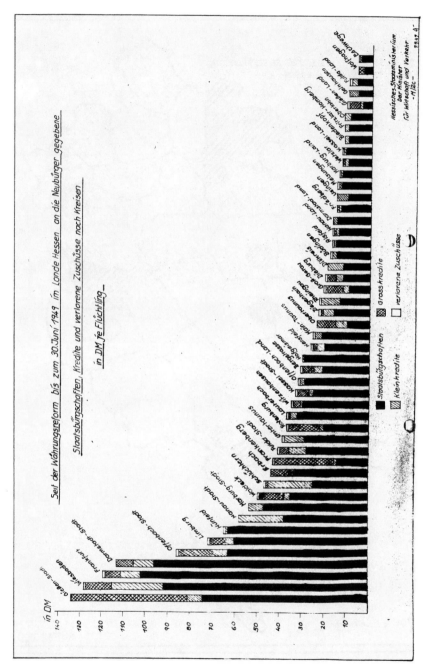

12 *Nur wenn der Staat bürgte, liehen die Banken Geld. Staatsbürgschaften spielten bei der Förderung der Flüchtlingsbetriebe eine große Rolle.*

50

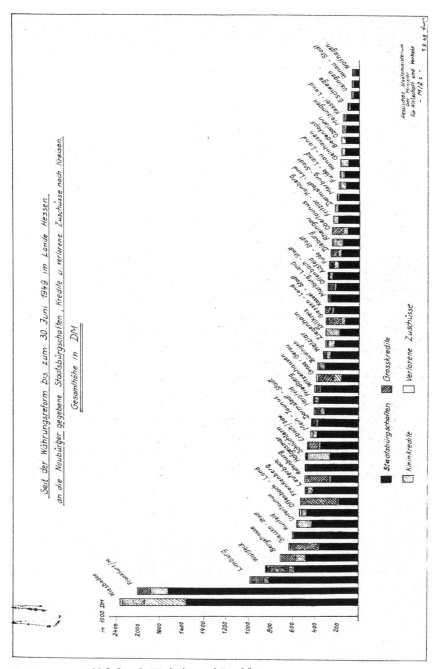

13 Das meiste Geld floß nach Wiesbaden und Frankfurt

51

Um der chronischen Finanznot gerade auch der kleinen Flüchtlingsbetriebe entgegenzuwirken, hatte der hessische Staat seit 1949 zudem Haushaltsmittel zur Gewährung von Kleinkrediten zur Verfügung gestellt. Sie wurden als sog. Finanzierungshilfe für Flüchtlinge gewährt und betrugen in der Regel bis zu 5000 DM bei einer Verzinsung von 6 Prozent.[12] Bis Ende 1952 wurden dafür knapp 10 Millionen DM in Anspruch genommen. Bis zum gleichen Zeitpunkt waren in 72 Fällen Großkredite im Betrag von etwa 3 Millionen DM gewährt worden.

Aus Mitteln des Bundes kamen die Aufbaudarlehen für die gewerbliche Wirtschaft, deren gesetzliche Grundlage das Soforthilfe-Gesetz von 1949 bildete. Als Eingliederungskredite wurden sie mit Inkrafttreten des Lastenausgleichsgesetzes von 1952 übernommen. Diese sog. Existenzaufbauhilfe war zur Finanzierung einer neuen wirtschaftlichen Lebensbasis der durch den Krieg Geschädigten bestimmt; in den Genuß kamen vor allem Heimatvertriebene, die sich eine neue selbständige Existenz aufbauen wollten. Die Bewilligung der Darlehen wurde allerdings von der Voraussetzung abhängig gemacht, daß die Mittel, die dem Vertriebenen zur Verfügung gestellt werden konnten, zum Aufbau eines wirtschaftlich lebensfähigen Betriebes ausreichten.

Im Rahmen eines großangelegten Arbeitsbeschaffungsprogramms stellte der Bund seit 1950 noch 300 Millionen Mark für die finanzschwachen Länder bereit; auf Hessen entfielen dabei 15 Millionen DM. Diese sog. Arbeitsplatzdarlehen kamen vor allem Unternehmen im strukturschwachen Nordhessen zugute, darunter auch den Neubürger-Betrieben. Die Arbeitsplätze mußten für die Laufzeit des Darlehens, mindestens aber für acht Jahre geschaffen werden und waren – neben Spätheimkehrern, Sachgeschädigten und politisch Verfolgten – Flüchtlingen und Vertriebenen vorbehalten. Kritik rührte sich allerdings wegen der scharfen Sicherungsbedingungen und der hohen Zinssätze sowohl für Industriekredite als auch für Flüchtlingskredite. Vielen in den Kreditlisten aufgeführten Firmen war es deshalb unmöglich, von diesen Krediten Gebrauch zu machen.[13] Die Leistungen, die aus diesen Finanzhilfen des Bundes den nach Hessen zugewanderten Heimatvertriebenen zuflossen, betrugen bis Ende 1952 27,5 Millionen DM (Aufbauhilfe) bzw. 4,2 Millionen DM (Arbeitsplatzdarlehen). Dabei kamen die Aufbauhilfe-Darlehen in erster Linie Handwerk und Handel zugute: Während das Handwerk 44,1 Prozent und der Handel 37 Prozent der Mittel erhielten, entfielen auf die freien Berufe 15 Prozent und auf die Industrie lediglich 3,9 Prozent (Dok. 14).[14]

Aufgabe der Hessenplan-Kredite war die Schaffung zusätzlicher Arbeitsplätze in den Notstandsgebieten, vor allem im strukturschwachen Norden des Landes. Das Programm, das im Jahre 1951 anlief, war nicht speziell auf die Vertriebenenunternehmen, sondern auf die Arbeitnehmer zugeschnitten. Unter der Auflage, vorzugsweise Flüchtlinge und Vertriebene einzustellen, kam das Pro-

---

[12] Zu den Ausführungsbestimmungen der Kleinkredithilfen für Flüchtlinge siehe HHStA Wi 507/1494.

[13] Vgl. dazu HHStA Wi 507/4257.

[14] Vgl. dazu Albrecht 1954, S. 132.

Finanzhilfen für selbständige Vertriebene und Sowjetzonenflüchtlinge

in der gewerblichen Wirtschaft und in freien Berufen von 1948 (Währungsreform) bis 31. 12. 1964

Kredite

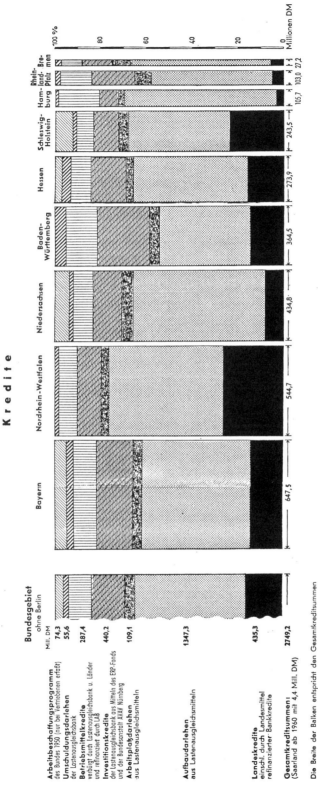

Bundesgebiet
ohne Berlin
Mill. DM

Arbeitsbeschaffungsprogramm
des Bundes 1950 (nur bei Vertriebenen erfaßt) — 74,3

Umschuldungsdarlehen
der Lastenausgleichsbank — 55,6

Betriebsmittelkredite
verbürgt durch Lastenausgleichsbank u. Länder
und refinanziert durch LAB — 287,4

Investitionskredite
der Lastenausgleichsbank aus Mitteln des ERP-Fonds
und der Bundesanstalt AVAV Nürnberg — 440,2

Arbeitsplatzdarlehen
aus Lastenausgleichsmitteln — 109,1

Aufbaudarlehen
aus Lastenausgleichsmitteln — 1347,3

Landeskredite
einschl. durch Landesmittel
refinanzierter Bankkredite — 435,3

Gesamtkreditsummen:
(Saarland ab 1960 mit 4,4 Mill. DM) — 2749,2

Die Breite der Balken entspricht den Gesamtkreditsummen

14 Nach Gründung der Bundesrepublik förderte der Bund Flüchtlingsbetriebe mit Aufbaudarlehen aus Lastenausgleichsmitteln

Tabelle 1: Übersicht über die Finanzierungsmittel, die vom Land Hessen bis zum 31. 12. 1962 für Vertriebene und Flüchtlinge bereitgestellt wurden[15]

A. Bürgschaften für Kredite aus privaten und öffentlichen Mitteln		
a) staatsverbürgte Bankkredite		50 712 000 DM
b) Arbeitsbeschaffungsprogramm für die Zonenrandgebiete		3 245 000 DM
c) Sanierungsprogramm (desgl.)		260 000 DM
d) Notstandsprogramm für Zonenrandgebiete		2 077 000 DM
e) ERP-Kredite		25 972 000 DM
f) Gemeinschaftshilfedarlehen		566 000 DM
g) Arbeitsplatzdarlehen		886 000 DM
h) Betriebsmittelkredite der Lastenausgleichsbank		4 054 000 DM
i) Umschuldungsdarlehen		3 444 000 DM
k) Kreditgarantiegemeinschaft Handel		637 000 DM
l) Kreditgarantiegemeinschaft Handwerk		5 800 000 DM
m) Kreditgarantiegemeinschaft Hotel- und Gaststättengewerbe		700 000 DM
n) Kreditgarantiegemeinschaft Erwerbsgartenbau		78 000 DM
In 3607 Fällen	zusammen	98 431 000 DM
B. Gewährung unmittelbarer staatlicher Kredite		
a) Hessenplan und Strukturverbesserungsprogramm		20 660 000 DM
b) Großkredite		3 208 000 DM
c) Kleinkredite		13 008 000 DM
d) Übergangshilfen		167 000 DM
e) Katastrophenkredite		154 000 DM
In 2851 Fällen	zusammem	37 197 000 DM
C. Zinsverbilligung und verlorene Zuschüsse		
a) Zinsverbilligungen	ca.	3 000 000 DM
b) verlorene Zuschüsse	ca.	800 000 DM
	zusammen	3 800 000 DM
Insgesamt in 6458 Fällen		139 428 000 DM

gramm aber auch Flüchtlingsbetrieben zugute. So erhielten sie bis 1962 in 126 Fällen rund 20 Millionen DM. Damit war der Anteil, den Industrie, Handel und Handwerk Nordhessens an den gesamten Kreditaktionen hatte, seit 1950 kontinuierlich angewachsen.[16]

Der Umfang der staatlichen Kredit- und Finanzierungshilfen war also, in absoluten Zahlen gesehen, durchaus eindrucksvoll, wie es Tabelle 1 zeigt. Setzt man den Betrag in Relation zu der Zahl der davon Betroffenen, so ergibt sich ein durchschnittlicher Wert von ca. 21 500 DM pro Einzelfall. Folgt man G. Albrecht, so kamen damit ca. zwei Drittel der heimatvertriebenen Selbständigen

---

[15] Angaben nach: 15 Jahre VHW/IOB in Hessen, 1966, S. 18.
[16] Genauere Zahlenangaben dazu im Bericht des Hessischen Ministers für Arbeit, Landwirtschaft und Wirtschaft von 1950 über „das nordhessische Notstandsgebiet", S. 8 ff. HHStA Wi 507/4186.

Hessens in den Genuß öffentlicher Kredithilfen.[17] Über dieser eindrucksvollen Gesamtbilanz sollte man allerdings nicht vergessen, daß die Beträge, die man staatlicherseits der Flüchtlingswirtschaft zur Verfügung gestellt hat, nur geliehenes Geld war. Kein heimatvertriebener Unternehmer bekam auch nur eine Mark davon geschenkt. Die Rückzahlungen, die penibel überprüft wurden, dauerten bis in die späten 70er Jahre an. Auch sollte man nicht übersehen, daß sich ein Großteil der staatlichen Finanzhilfen für Flüchtlinge und Vertriebene darauf beschränkte, durch gewisse Sicherungen – eben durch die Übernahme einer Bürgschaft – die Banken dazu zu bringen, den Neubürgern überhaupt einen Kredit einzuräumen. Tatsächlich gezahlt werden mußte ja nur, wenn der Bürgschaftsfall eintrat, und das war verhältnismäßig selten der Fall. Nach Untersuchungen der Lastenausgleichsbank auf Bundesebene waren bis 1954 rund 12 Prozent der Empfänger von ERP-Investitionskrediten in Zahlungsschwierigkeiten geraten. Bei den mit Lastenausgleichsmitteln geförderten selbständigen Existenzen betrug die Ausfallquote bis zum September 1956 im Bundesdurchschnitt 10,1 Prozent; in Hessen waren es 10,7 Prozent, wobei die Quoten in den einzelnen Wirtschaftsbereichen Handwerk (10,4 Prozent), Handel und Verkehr (11,1 Prozent), Industrie (11,7 Prozent) und freie Berufe (9,8 Prozent) ähnlich waren.[18]

Im Gegensatz zur populären Meinung, daß man seinerzeit den Vertriebenen das Geld förmlich „nachgeworfen" habe, stand die Praxis der Kreditvergabe. So war es für den einzelnen sehr schwer, an solche Gelder überhaupt heranzukommen. Jeder, der öffentliche Kredite haben wollte, mußte seine Eignung als Unternehmer genauestens nachweisen. Dann begannen die strengen Prüfungen der Kreditwürdigkeit der Person und des betrieblichen Vorhabens. In jedem Fall mußte er eine komplizierte Prozedur über sich ergehen lassen und viel Geduld aufbringen, bis er den Zuschlag bekam. Das war in der Regel ein langwieriger Weg. Am Verfahren – vom Antrag über die Prüfung bis zur Entscheidung – waren so viele Stellen beteiligt, daß sich die ganze Angelegenheit bis zu zwei Jahren hinziehen konnte. Wollte beispielsweise ein Kleinunternehmer aus dem Regierungsbezirk Kassel einen Kredit von 2500 DM aus dem 1952 angelaufenen Sanierungsprogramm für Nordhessen, so hatte er ausführliche Begründungen und Nachweise beizubringen. Hatte er alle diese Unterlagen beisammen, wurde der Antrag von der IHK oder der Handwerkskammer in Kassel, vom Bürgermeister der Gemeinde und vom zuständigen Landrat begutachtet und mit einer Stellungnahme versehen. Beurteilungskriterien waren dabei

- die Person des Antragstellers: Alter, Leumund, Lebenswandel, Ausbildung, Fleiß;
- der Standort des Betriebes: Konkurrenzsituation, Abnahmechancen etc.
- Auftragsdeckung und Lohnintensivität;
- Kreditabsicherungs-Möglichkeiten;
- Zukunftsaussichten des Betriebes (Dok. 15).

---

[17] Albrecht 1954, S. 132 f.
[18] Vgl. dazu Albers, in: Lemberg/Edding 1959, S. 468.

Erst dann wurde über den Antrag bei der zuständigen Kreditbewilligungs-Stelle entschieden, sei es beim Regierungspräsidium in Kassel oder bei der HTV in Wiesbaden. War eine Staatsbürgschaft erforderlich, wurde der Kreditantrag dem zuständigen Bürgschaftsausschuß zugeleitet, der ihn dann vielleicht – meist mit deutlichen Abstrichen gegenüber der beantragten Kreditsumme – genehmigte.

Da der Anteil der Ablehnungen hoch war – im Jahre 1962 registrierte die HTV einen Bewilligungssatz von 65,5 Prozent der eingereichten Anträge – kam viel Kritik bei den Betroffenen auf. Sie richtete sich vor allem gegen die strengen Beurteilungskriterien und die leidige Sicherheitenfrage. So wurde argumentiert, daß ein Betrieb, der bereits konsolidiert sei, die Finanzierungshilfe nicht mehr benötige, ein Betrieb mit ungünstigen betriebswirtschaftlichen Kennzahlen dagegen für den kreditgewährenden Ausschuß „zu schlecht" sei, so daß sich das ganze im Kreise drehe. Dem tüchtigen Unternehmer, dessen Betrieb sich noch im Aufbau befinde, sei damit nicht geholfen. Hatte ein heimatvertriebener Unternehmer aber alle Hürden genommen und einen Kredit erlangt, unterlag auch dessen Verwendung einer strengen Kontrolle. So war er gezwungen, in kurzen Abständen einen Bericht über die Entwicklung seines Unternehmens zu geben. Schließlich nahm das Wirtschaftsministerium selbst mit Hilfe von Betriebsprüfungen eine Erfolgsauswertung der staatlichen Finanzhilfen vor. [19]

Bei einer im Sommer 1951 durchgeführten Befragung von Betriebsinhabern aus dem Kreis der Flüchtlinge und Vertriebenen berichteten diese über ihre Erfahrungen mit den staatlichen Kredithilfen. [20] Faßt man die Ergebnisse der Studie zusammen, so wurde vor allem über die Zersplitterung der Finanzhilfen, die Höhe der Zinsen und die zu kurzen Laufzeiten geklagt. Da beispielsweise die staatsverbürgten Bankkredite mit durchschnittlich 10 Prozent zu verzinsen waren – auch die mittelfristigen Kredite für den Anlagebedarf waren mit 7 bis 8,5 Prozent noch sehr teuer – war die Belastung durch den Schuldendienst für viele Unternehmungen zu hoch. Das galt gerade auch für die langfristigeren Investitionskredite, so daß ein solcher Kredit wirtschaftlich kaum noch tragbar erschien. Um einesteils den Verpflichtungen an die Banken nachkommen zu können, andererseits allmählich auch Eigenkapital bilden zu können, sei es nötig, die Kredite zusammenzufassen und eine Umschuldung vorzunehmen. [21] Die Eigenkapitalbildung, von der auf Dauer die Existenzfähigkeit der Flüchtlingsunternehmen abhing, blieb auch weiterhin die zentrale Frage. Noch 1974 wurde in einer Denkschrift des Bundesverbandes der „Vertretung der heimatvertriebenen Wirtschaft/VHW" zur Lage der heimatvertriebenen Wirtschaft festgestellt, daß von einer finanziellen Konsolidierung dieser Betriebe nicht die Rede sein könne, da der Anteil des Eigenkapitals an der Bilanzsumme bei den Vertriebenenbetrie-

---

[19] Siehe dazu die umfangreiche Aktenüberlieferung HHStA Wi 507/4189.

[20] Rainer Burchard, Die Flüchtlingsindustrien in Hessen, ungedruckt, Oktober 1951, hier nach Albrecht 1954, S. 135 ff.

[21] Tatsächlich führten die jahrelangen Bemühungen der VHW/IOB schließlich dazu, daß eine solche Umschuldungs-Aktion im Jahre 1956 durchgeführt wurde. Siehe dazu Baier, in: Lemberg/Edding 1959, S. 381 ff. Zur Abwicklung in Hessen siehe HHStA Wi 507/3735.

12.9.49 - 19243/49

Der Siedlungsvorsteher.

Trutzhain,den 26.10.1949.

An

Herr   Landrat   58d·06/15- 18 Zie.-

in Z i e g e n h a i n .
=======================================

Betr.: Neubürgerbetrieb Josef ████████████ in Trutzhain.

        Zur Verfügung vom 17.10.1949 - F.VII - 58c 04/49 Ho./Gr.

        Nachdem der Betrieb im besten Anlaufen war, brannte
am 28. März 1949 die Siederei ab und es wurden die darin vorhandenen
Maschinen und dort lagernden Rohmaterialien vernichtet. Der
Schaden an Maschinen und Rohmaterialien war durch eine Versicherung
zum größten Teil gedeckt. Das Gebäude war nicht versichert, weil
es dem Hessischen Staat gehört und dieser seine Gebäude grundsätzlich nicht versichert. Der Gebäudeteil ist auch bis heute noch
nicht wieder aufgebaut.

        Die Fabrikation an Seife, Seifenpulver usw. wurde einige
Tage nach dem Brand wieder fortgesetzt. Infolge starker Konkurenz
alter bekannter Seifenfirmen hat Herr ████████ mit größten Absatzschwierigkeiten zu kämpfen. langsam entwickelt sich der Betrieb
aber weiter aufwärts. Z.Zt. werden 12 Personen, sämtlich Flüchtlinge, beschäftigt. Aus einer vorgelegten Bilanz läßt sich erkennen, dass der Betrieb trotz der geschilderten Schwierigkeiten bei
steigender Entwicklung in den letzten Monaten noch einen Reinertrag
von einigen Tausend DM herausgearbeitet hat. Herr ████████ selbst
hat sich von Anfang an für die Entwicklung der Siedlung sehr eingesetzt und ist auch als gewählter Siedlungsvertreter nach wie vor
aktiver Mitarbeiter.

        Seine persönlichen Qualitäten als Mensch und Geschäftsmann
dürften ihn, nach meinem Dafürhalten, durchaus befähigen, die
weitere gute Entwicklung seines Betriebes zu gewährleisten. Der
ihm bereits eingeräumte weitere Kredit wurde bisher von Herrn ████
████ noch nicht in Anspruch genommen und soll nunmehr der weiteren
technischen und geschäftlichen Entwicklung dienen.

F.d.R.d.A.:   gez.: Lumpe

Angestellter.   Beglaubigt:
                                   gez.: Putzke.

15 *Wer einen Kredit erhalten wollte, mußte viele positive Stellungnahmen und noch mehr*
    Geduld mitbringen

ben im Durchschnitt um etwa 30 bis 40 Prozent geringer sei als bei einheimischen Betrieben (Dok. 16).[22]

Den Aktivitäten des rührigen Verbandes hatten es die Vertriebenenunternehmen wohl auch zu verdanken, wenn es neben den Kredithilfen im Laufe der Zeit eine ganze Reihe weiterer Einzelmaßnahmen gab, um ihre Eingliederung in die Wirtschaft zu fördern. So besagte § 74 des Bundesvertriebenengesetzes von 1952, daß Vertriebene und Flüchtlinge bei der Vergabe öffentlicher Aufträge bevorzugt zu berücksichtigen seien. Ab 1953 wurden noch gewisse steuerliche Vergünstigungen ebenso festgelegt wie zeitlich befristete Abschreibungserleichterungen.[23]

3.2 Der Lastenausgleich

Die Konzeption des Lastenausgleichs, an den sich seitens der Flüchtlinge und Vertriebenen hohe Erwartungen geknüpft hatten, war zweigleisig. Einerseits war er als Eingliederungshilfe gedacht, andererseits als Entschädigungsleistung. Das Gesetz vom August 1952 unterschied zwischen Vertreibungsschäden (Verluste an Vermögen), Ostschäden (Verlust der Existenz, der Erwerbstätigkeit sowie des Hausrats) und Kriegsschäden. Im Mittelpunkt der Leistungen stand die Hauptentschädigung (bzw. deren Vorfinanzierung), die den einzelnen für das verlorene individuelle Vermögen entschädigen sollte.[24]

Für den heimatvertriebenen Unternehmer ging es dabei darum, so schnell wie möglich seine Hauptentschädigung flüssig machen zu können, da er das Geld entweder für Investitionen in seinem Betrieb oder zu dessen Entschuldung brauchte. Doch die Prozedur vom Antrag bis zum Bescheid war kompliziert und währte dementsprechend lange. Ständige Änderungen der ersten Ausgleichsbestimmungen, eine Fülle von Gesetzesänderungen, neuen Rechtsordnungen und Ausführungsbestimmungen führten dazu, daß selbst die Ausgleichsämter kaum noch den Überblick behielten.[25] Für den einzelnen Antragsteller

---

[22] Denkschrift des VHW zur Lage der heimatvertriebenen und mitteldeutschen Wirtschaft und Vollzugsprogramm der Eingliederung und des Lastenausgleichs, Bonn 1974. Archiv des BdV, LV Hessen.

[23] Vgl. dazu Baier, in: Lemberg/Edding 1955, S. 384.

[24] Zur Bedeutung des Lastenausgleichs für die Eingliederung der Vertriebenen und Flüchtlinge siehe u.a. den Beitrag von Abelshauser in Schulze, Brelie-Lewien, Grebing (Hrsg.) 1987, S. 229–238.

[25] Im Verwaltungsbericht der Stadt Kassel 1954/55 bis 1959/60 heißt es beispielsweise dazu: „Bisher sind 11 Gesetze zur Änderung des Lastenausgleichsgesetzes erlassen worden; hinzu kommen noch 14 Durchführungsverordnungen und eine Rechtsverordnung des Präsidenten des Bundesausgleichsamtes. Zum Feststellungsgesetz sind bisher 12 Durchführungsverordnungen der Bundesregierung und 5 Rechtsverordnungen des Präsidenten des Bundesausgleichsamtes ergangen, zum Währungsausgleichsgesetz 7 Durchführungsverordnungen der Bundesregierung, zum Alterssparergesetz 5 Durchführungsverordnungen der Bundesregierung und 2 Rechtsverordnungen des Präsidenten des Bundesausgleichsamtes ... Allein über 3000 Einzelerlasse des Hessischen Ministers des Inneren – Lastenausgleichsamt – sind bis zum Ende der Berichtszeit ergangen."

VERTRETUNG
DER
HEIMATVERTRIEBENEN WIRTSCHAFT E.V.

INTERESSENGEMEINSCHAFT DER
IN DER OSTZONE
ENTEIGNETEN BETRIEBE E.V.

Konsolidierungsprogramm für die
Vertriebenen-Wirtschaft

Einleitung

Das Vollzugsprogramm der Eingliederung vom November 1953 stellte die Forderungen zusammen, deren Erfüllung die VHW/JOB als Voraussetzung dafür erachtete, daß die Eingliederung der Vertriebenen und Flüchtlinge auf dem Gebiete der gewerblichen Wirtschaft zu einem guten Ende geführt würde. Diese Eingliederung, die keinesfalls einer Einschmelzung gleichzusetzen ist, berührt selbstverständlich nicht den sehnlichsten Wunsch aller Deutscher auf Wiedervereinigung und das brennende Verlangen der Heimatvertriebenen nach Rückkehr in ihre Heimat. Diese Forderungen sind und bleiben unabdinglich: daß sie eines Tages Wirklichkeit werden, ist vordringlichste Aufgabe der verantwortlichen politischen Instanzen. Für die wirtschaftliche Eingliederung aber ist festzustellen: trotz aller Bemühungen haben sich die geforderten Voraussetzungen doch nur teilweise erfüllt.

Im Zuge der allgemeinen Konjunktur konnten die Betriebe der Vertriebenen-Wirtschaft in den vergangenen 4 Jahren allen Schwierigkeiten zum Trotz ihren relativen Anteil am Markt aufrechterhalten. Wäre es anders, dann würde dies ein vernichtendes Urteil über alle staatlichen Maßnahmen und alle unternehmerischen Bemühungen bedeuten.

Aber die Erhaltung des Marktanteils über die Ausweitung der Betriebsgrundlagen – selbstverständlich erfolgte während dieser Zeit auch ein Zugang neuer Betriebe infolge des weiteren Einströmens von Heimatvertriebenen und Flüchtlingen – eilte den finanziellen Möglichkeiten, insbesondere der Konsolidierung der Finanzstruktur, weit voraus. So stehen bis heute die Betriebe auf einer schwankenden Grundlage.

Mit aller Deutlichkeit hat dies zunächst für den Ablauf bis 1953 die Ende 1956 herausgegebene Untersuchung des Bundeswirtschaftsministeriums aufgedeckt, die 1957 nachfolgende Testuntersuchung, die die Entwicklung bis 1955 verfolgt, hat es bestätigt: Im weiten Abstand zur übrigen Wirtschaft bemüht sich die Vertriebenen-Wirtschaft mit einem Eigenkapitalanteil, der im Durchschnitt der Betriebe um 20 % liegt, und mit einer Verschuldung, die zu mehr als 50 % ganz kurzfristig ist, den Aufbau ihrer Betriebe im immer schwieriger werdenden Konkurrenzkampf weiterzuführen. Gerade dieser Abstand aber ist es, der dies so erschwert, denn er drückt sich in einer wesentlichen Erhöhung der Kosten gegenüber dem unter normalen finanziellen Verhältnissen arbeitenden Konkurrenten aus. Wenn der Bundeswirtschaftsminister seinerzeit anerkannte, daß diese ungleichen Startbedingungen einen Ausgleich erforderten, so ist durch die dafür erfolgten Maßnahmen der notwendig bleibende Erfolg aber noch nicht gesichert worden.

*16 Noch 1958 standen die Flüchtlingsbetriebe „auf einer schwankenden Grundlage" –
das ergaben Untersuchungen des Bundeswirtschaftsministeriums (Auszug)*

hieß das, sich im Laufe der Jahre mit einer verwirrenden Vielzahl von Vordruk-ken und Bescheiden auseinandersetzen zu müssen. Bis von den Behörden schließlich gezahlt wurde, vergingen somit viele Jahre. Tatsächlich wurden die ersten Leistungen aus der Hauptentschädigung erst Ende der 50er Jahre wirk-sam. Viele Leistungen, mit denen bis 1979 rund 22 Prozent der anerkannten Vermögensverluste von Vertriebenen ausgeglichen werden konnten, gingen des-halb schon an die Erben. Hinzu kam, daß die Leistungen den tatsächlichen Ver-lust nur zu einem kleinen Teil ersetzen konnten, was schon in Anbetracht der außerordentlich hohen Schadenssumme und den Problemen der Aufbringungs-seite verständlich ist. Ohne hier auf die komplizierten Beweissicherungs- und Feststellungsverfahren einzugehen, so dürfte die Behauptung zutreffen, daß der Prozentsatz der Entschädigung bei Verlust eines Gewerbebetriebes mittlerer Größe zwischen 30 und 10 Prozent lag.[26] Auch wenn der Lastenausgleich damit nicht alle in ihn gesteckten Erwartungen erfüllen konnte, so behielt er doch seine wichtige Funktion als Starthilfe für Existenzgründer.

Sieht man sich die absoluten Zahlen an, so fällt die Leistungsbilanz des La-stenausgleichs in Hessen durchaus eindrucksvoll aus. Insgesamt wurden bis Ende 1962 im Rahmen der Hauptentschädigung 425 Millionen DM an Vertrie-bene erfüllt. Nur ein Teil davon, nämlich knapp 300 Millionen DM, wurden bar ausgezahlt, während 41 Millionen DM direkt an die Banken flossen. Mit diesem Betrag wurden bereits gewährte Kredite für die gewerbliche Wirtschaft umgewandelt bzw. abgelöst. Insofern trug der Lastenausgleich auch zu einer ge-wissen Entschuldung der Vertriebenenbetriebe bei (Dok. 17 und 18).[27]

Zum Ausgleich der Kriegsverluste und -folgen sah das Lastenausgleichsgesetz auch die Gewährung von Aufbaudarlehen für die gewerbliche Wirtschaft und freien Berufe vor. Hierbei beliefen sich die Leistungen, die in Hessen bis Ende 1962 aus dem Ausgleichsfond zur Verfügung gestellt wurden, auf insgesamt 97 Millionen DM; davon gingen rd. 71 Millionen DM an Vertriebene und der Rest an Sowjetzonenflüchtlinge. Die Gliederung nach Berufsgruppen ist aus Tabelle 2 ersichtlich.[28]

Gliedert man diese Zahlen danach auf, in welchen Berufsgruppen mit diesen Mitteln selbständige Existenzen gegründet, gefördert und auch gefestigt worden sind, so ergibt sich das in Tabelle 3 dargestellte Bild.

Auf die Frage, welche Bedeutung der Lastenausgleich im Hinblick auf die In-tegration der Vertriebenen und die Förderung der selbständig Gewerbetreiben-den unter ihnen hatte, ist noch keine eindeutige Aussage möglich. Hier sind umfangreiche Untersuchungen nötig, die sich auf eine ungeheure Fülle an Ak-ten und Statistiken aus den Lastenausgleichsämtern stützen können, aber nach Möglichkeit auch noch die Betroffenen selbst zu Wort kommen lassen sollten.

---

[26] Vgl. dazu die Denkschrift der VHW vom Februar 1974, S. 12. Eine Modell-Rechnung hin-sichtlich des Vermögensausgleichs am Beispiel der Stadt Graslitz findet sich bei Schmidt 1983, S. 240ff.

[27] Zu den Leistungen der Ausgleichsämter des Landes Hessen, Stand 1961, siehe den Sonder-druck im HHStA Wi 503/430.

[28] Nach Puhalla, Die Heimatvertriebenen und der Lastenausgleich in Hessen, in: 15 Jahre VHW, LV Hessen, S. 26ff. Dr. Puhalla war Leiter des Landesausgleichsamtes in Hessen.

Tabelle 2: Aufbaudarlehen in Hessen nach Berufsgruppen (1962)

Berufsgruppe	Vertriebene	Flüchtlinge
Handel	34 584 400 DM	11 176 700 DM
Handwerk	22 943 700 DM	6 808 200 DM
Industrie	5 388 700 DM	2 693 800 DM
Freie Berufe	9 017 800 DM	4 394 000 DM
insgesamt	71 934 600 DM	25 072 700 DM

Tabelle 3: Selbständige Existenzgründungen aus Aufbaudarlehen in Hessen (1962)

Berufsgruppe	Existenzen für Vertriebene	Existenzen für Flüchtlinge
Handel	3635 DM	780 DM
Handwerk	2774 DM	470 DM
Industrie	312 DM	122 DM
Freie Berufe	1128 DM	375 DM
insgesamt	7849 DM	1747 DM

Die erste umfangreiche empirische Studie über die Integration der Vertriebenen in die Bundesrepublik hat am Beispiel des Hausbesitzes jedenfalls gezeigt, daß der Lastenausgleich auch langfristig gesehen nicht verhindern konnte, daß die Vertriebenen wesentlich höhere Quoten an Besitzverlust aufwiesen als die Einheimischen. Insofern waren die Bemühungen um den Ausgleich der sozialen Lasten und des Besitzverlustes – gemessen am Hausbesitz 1971 und am Hausbesitz der Einheimischen – nicht erfolgreich.[29]
Folgt man Theoderich Schmidt, der der Frage nach den langfristigen Folgen des Lastenausgleichs anhand einer Befragung der vertriebenen Bürger der sudetendeutschen Stadt Graslitz nachgegangen ist, so bejahten nur knapp die Hälfte von ihnen (48 Prozent) die positive Bedeutung der Hauptentschädigung für die Eingliederung. Bei den Selbständigen unter den Graslitzern war der Anteil mit 65 Prozent allerdings deutlich höher. Dies kann dann nicht verwundern, wenn man bedenkt, daß gerade sie es waren, die von der Hauptentschädigung profitierten, aufgrund ihres verlorenen Eigentums an Grundstücken, Häusern und vor allem an ihren Betrieben.[30] Insofern hatte der Lastenausgleich neben seiner

---

[29] Vgl. dazu Lüttinger 1989, S. 169 f.
[30] Schmidt 1983, S. 140 f. Einen Siedlungsschwerpunkt der Graslitzer Bürger nach ihrer Vertreibung bildete Nordhessen, genauer das Gebiet nördlich und südlich von Kassel mit Hofgeismar, Frankenberg, Melsungen.

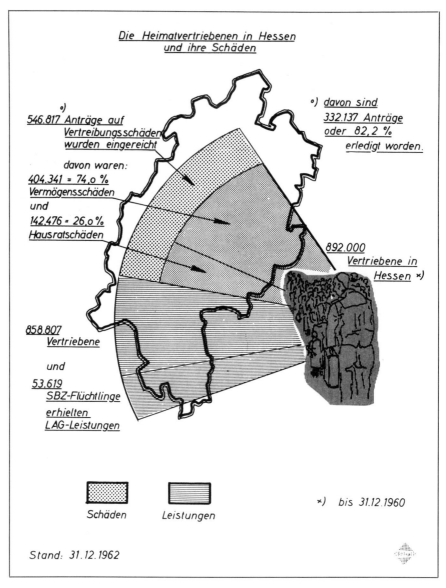

Die Heimatvertriebenen in Hessen
und ihre Schäden

°)
546.817 Anträge auf
Vertreibungsschäden
wurden eingereicht

davon waren:
404.341 = 74,0 %
Vermögensschäden
und
142.476 = 26,0 %
Hausratschäden

°) davon sind
332.137 Anträge
oder 82,2 %
erledigt worden.

892.000
Vertriebene in
Hessen ×)

858.807
Vertriebene

und

53.619
SBZ-Flüchtlinge

erhielten
LAG-Leistungen

Schäden   Leistungen   ×)   bis 31.12.1960

Stand: 31.12.1962

17 Kein vollwertiger Ersatz für den Verlust des alten Betriebes, aber eine gute Starthilfe waren die
Aufbauhilfen aus dem Lastenausgleichsgesetz

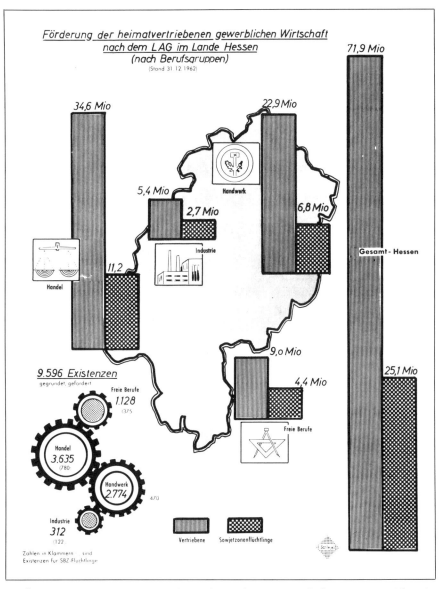

Förderung der heimatvertriebenen gewerblichen Wirtschaft
nach dem LAG im Lande Hessen
(nach Berufsgruppen)
(Stand 31.12.1962)

34,6 Mio

5,4 Mio

2,7 Mio

71,9 Mio

22,9 Mio

Handwerk

6,8 Mio

Industrie

Handel

11,2

Gesamt - Hessen

9.596 Existenzen
gegründet, gefördert

Freie Berufe
1.128
(375

9,0 Mio

4,4 Mio

Handel
3.635
(780)

Handwerk
2.774

Freie Berufe

470

25,1 Mio

Industrie
312
(122

Vertriebene   Sowjetzonenflüchtlinge

Schlegel

Zahlen in Klammern   sind
Existenzen für SBZ-Flüchtlinge

18 Über 425 Millionen DM wurden im Rahmen der Hauptentschädigung an Vertriebene in
Hessen gezahlt – oft allerdings erst an die Erben

63

sozialpolitischen Seite auch eine sozialstrukturelle Dimension, indem er dazu beitrug, daß die Vermögensunterschiede, die vor 1945 in den Herkunftsgebieten geherrscht hatten, auch in der neuen Heimat nicht gänzlich verschwanden.[31]

3.3 Zur Reaktion auf die Staatshilfen

In dem Maße, wie sich in den 50er Jahren die Eingliederungshilfen für Flüchtlinge und Vertriebene vermehrt hatten, wuchs auch die Kritik daran. In der öffentlichen Meinung kam zusehends ins Gerede, daß man die Neubürger über Gebühr bevorzuge, und daß dies zu Lasten der Einheimischen gehe. Am radikalsten vertrat diese Position ein sog. Bund der Westdeutschen. Er protestierte lauthals gegen „unlautere Vorrechte und unmäßige Ansprüche der Flüchtlinge, welche die einheimische Bevölkerung übervorteilen und ausnutzen", gegen die „übermäßig bevorzugte Stellenbesetzung, Wohnungszuteilung, Kreditausschüttung, Gewerbezulassung, Steuervergünstigung usw. an Flüchtlinge und Vertriebene". Nach dieser Leseart schien ein Klassenkampf zwischen Alt- und Neubürgern bevorzustehen.[32] In krasser Form bestätigte sich hier die Erkenntnis, daß häufig nicht die Fakten das Entscheidende sind, sondern die Vorstellung, die sich die Menschen von den Fakten machen.

Aber es gab auch andere, sachlichere Kritik an den Fördermaßnahmen. In einem Artikel der „Kurhessischen Wirtschaft", dem Organ der IHK Kassel, stand 1952 zu lesen: „Es wird vielfach der Vorwurf erhoben, daß die dem Aufbau der Vertriebenenwirtschaft dienende Kreditpolitik verfehlt sei, da ein großer Teil der damit ins Leben gerufenen Betriebe doch wieder eingehe und daher die aufgewandten Geldmittel zum Fenster hinausgeworfen seien."[33]

Kritik dieser Art war nicht neu. Schon kurz nach der Währungsreform hatte ein britischer Wirtschaftsexperte im Hinblick auf die Flüchtlingsindustrien in Deutschland gemeint, es erscheine fraglich, ob in Anbetracht der Tatsache, daß eine beträchtliche Zahl der neuen Unternehmen unter normalen Verhältnissen nicht lebensfähig sein werden, Deutschland sich diese Methoden des Experimentierens und Scheiterns leisten könne. „Ihr einziges Kapital ist normalerweise ihre Berufserfahrung, ihre Handwerkskunst und die Fähigkeit, die Behörden zu überzeugen, daß ihr Objekt besser ist als das des Konkurrenten und deshalb Priorität verdient. Das Risiko wird weitgehend von der Gemeinde getragen, die nur sehr indirekt die Gewinne sieht. Die Anleihen, die den neuen Unternehmen gewährt werden, würden natürlich verloren sein, wenn es schief geht, aber viel

---

[31] Nach Schmidt, ebd. S. 169, hatten die selbständigen Graslitzer ihren damals mit 86 Prozent sehr hohen Stand an Haus- und Grundbesitz mit 79 Prozent zwar 1978 noch nicht ganz erreicht, aber sie lagen wieder vor den Arbeitern (72 Prozent) und Angestellten (65 Prozent), die beide in Graslitz einen weit geringeren Besitzstand aufwiesen. Die Arbeiter hatten demnach in Hinblick auf den Hausbesitz den in Graslitz fast doppelt so häufigen Grundbesitz der Selbständigen fast eingeholt.

[32] Vgl. dazu Frankfurter Rundschau vom 18. 8. 1951.

[33] Kurhessische Wirtschaft Nr. 24, 1952, S. 406.

INDUSTRIE- UND HANDELSKAMMER KASSEL

Herrn
Regierungsrat a.D. Knoll   35 KASSEL, den 6. Mai 1964

62 W i e s b a d e n
Friedrichstr. 35/III

Betr.: Gemeinsame Besichtigungsfahrt mit der Vertretung der
       heimatvertriebenen Wirtschaft, Landesverband Hessen,
       in den Raum Ziegenhain unter dem Thema "Flüchtlings-
       und Heimatvertriebenenunternehmen in Nordhessen"

Am 14. Mai 1964 veranstaltet die Industrie- und Handelskammer Kassel in Zusammenarbeit mit der Vertretung der heimatvertriebenen Wirtschaft, Landesverband Hessen, und der Pres-
sestelle hessischer Kammern und Verbände, Frankfurt, eine
Besichtigungsfahrt in den Raum Ziegenhain.

Die Fahrt, an der auch Vertreter der überregionalen und regionalen Presse teilnehmen, wird unter dem Thema "Flücht-
lings- und Heimatvertriebenenunternehmen in Nordhessen"
stattfinden und soll zeigen, welchen Beitrag diese Unternehmen zur wirtschaftlichen Entwicklung nach 1945 in Nordhessen
geleistet haben. Ferner wollen wir zeigen, unter welchen Voraussetzungen die Betriebe der geflüchteten und heimatvertriebenen Unternehmer angesiedelt wurden, wie sie sich entwickel-
ten und mit welchen Problemen sie heute konfrontiert werden.

Wir glauben, daß die Problemstellung Ihr Interesse finden
wird und laden Sie - zugleich im Auftrag der Vertretung der
heimatvertriebenen Wirtschaft - zu der Besichtigungsfahrt
ein. Wir würden uns sehr freuen, wenn wir Sie am

                 14. Mai 1964 um 10 Uhr

                 im "Ziegenhainer Hof"
                 in Ziegenhain Bez. Kassel

begrüßen könnten. Einzelheiten über das Programm bitten wir,
dem beigefügten Zeitplan zu entnehmen.

                    Mit vorzüglicher Hochachtung
                 Industrie- und Handelskammer Kassel
                 Der stellv.Hauptgeschäftsführer

                 Dr.

Anlagen:
1 Antwortkarte
1 Zeitplan

19 Eine Besichtigungsfahrt als Antwort auf zunehmende Kritik an der Subventionierung der Flüchtlingsindustrie

wichtiger wären die Fehlinvestitionen, wenn mangelnde Rohmaterialien, Maschinen und Industriegebäude Industrien zugeteilt würden, die nicht lebensfähig sind." Um solchen Fehlentwicklungen vorzubeugen, forderte er in seinem Untersuchungsbericht einen länderübergreifenden allgemeinen Aufbauplan, in den der Aufbau der Flüchtlingsindustrien integriert sein müsse.[34]

Obschon es nicht zu einem solchen Generalplan kam, erwies sich eine pessimistische Prognose wie diese als zu skeptisch. Auch die Vertriebenen-Wirtschaft hatte Teil am allgemeinen Konjunkturaufschwung der 50er Jahre, wenn auch nicht jede Branche gleichermaßen davon profitierte. Im Zuge der allgemeinen Normalisierung der wirtschaftlichen Verhältnisse wuchs allerdings auch der Ruf nach einem Ende der besonderen Fördermaßnahmen für die heimatvertriebene Wirtschaft, nach einem Ende auch für deren steuerliche „Privilegien", die nicht mehr in das Bild der freien Marktwirtschaft hineinpaßten. In dem System pauschaler Hilfen sahen manche nun eine Art versteckter Subventionierung, die letztlich auf Kosten der Allgemeinheit gingen, ohne daß diese entsprechende Kontrollmöglichkeiten hätte, ob diese Gelder auch sinnvoll eingesetzt würden. Kritisiert wurde auch, daß die Vertriebenenverbände eine möglichst auf die Prozentzahl genaue Wiederherstellung der vor der Vertreibung bestehenden Sozialstruktur verlangt hätten, und daß diese Forderung auch oftmals Grund für die entstandenen „Kümmerexistenzen" seien.[35]

Um sich der Frage zu stellen, was die Vertriebenen mit all den Staatshilfen machten, rief die Vertretung der heimatvertriebenen Wirtschaft in Hessen 1960 eine Aktion unter dem Motto „Die offene Betriebstür" ins Leben. Als Beitrag der heimatvertriebenen Wirtschaft zum Weltflüchtlingsjahr gedacht, sah der VHW darin eine gute Gelegenheit, der Öffentlichkeit die Leistungen der Neubürger-Betriebe vor Augen zu führen und damit Rechenschaft darüber abzulegen, wie diese mit den Krediten aus öffentlichen Mitteln umgegangen seien. Um zu demonstrieren, daß man dort die Gelder gut angelegt und diese Investition sich somit für Staat und Allgemeinheit gelohnt habe, wurden auf regionaler und auf Landesebene pressewirksame Betriebsbesichtigungen durchgeführt (Dok. 19). Der Erfolg blieb nicht aus. Die Presse berichtete wohlwollend darüber (Dok. Anhang D).

---

[34] Vgl. dazu den Bericht von Dr. Julius Isaac, Die Assimilierung der Flüchtlinge in Deutschland, 1948 (ungedruckt), S. 8ff. Archiv der Frankfurter Rundschau.
[35] Vgl. dazu Deutsche Wirtschaftszeitung vom 9. 10. 1957: „Flüchtlingshilfe im alten Gleis".

4 Zwischen Krise und Konsolidierung – Zur Entwicklung der Vertriebenen- und Flüchtlingsbetriebe unter marktwirtschaftlichen Bedingungen

4.1 Gewerbefreiheit und Konjunkturaufschwung

Am 3. Februar 1949 verkündete die US-Militärregierung die Einführung der Gewerbefreiheit. Diese Maßnahme wurde von den Neubürgern besonders begrüßt, die sich davon neue Existenzmöglichkeiten ohne behördliche Einschränkung erhofften. Auch konnten sie jetzt im sich rasch entfaltenden Wettbewerb zeigen, daß ihre wirschaftlichen Leistungen denjenigen der Einheimischen ebenbürtig waren. Während der Schwarzmarkt mit seiner Inflations-Konjunktur das Integrationsproblem mehr verdeckt als gelöst hatte, begann mit der marktmäßigen Eingliederung nunmehr die Phase der wirtschaftlichen Integration, die zwar für die Vertriebenen und Flüchtlinge große Härten brachte und die sich über einen längeren Zeitraum hinzog, die aber letztlich zum Erfolg führte. Dem in den fünfziger Jahren einsetzenden Konjunkturaufschwung kam damit die alles entscheidende Bedeutung für die Eingliederung der Vertriebenen und Flüchtlinge zu. Das galt in besonderem Maße auch für die Selbständigen unter ihnen.

Infolge der Einführung der Gewerbefreiheit nahmen die Betriebsgründungen bei den Neubürgern noch einmal zu. Während am 31. 12. 1948 in Hessen insgesamt 7343 gewerbliche Betriebe registriert waren, waren es Ende April 1949 bereits 8800. Den größten Zuwachs verbuchten dabei Handel und Industrie.[1] So mancher sah jetzt seine Chance gekommen, frei von behördlicher Bevormundung seinen eigenen Betrieb aufzubauen oder sein eigenes Geschäft zu eröffnen. Obwohl auch einige größere Betriebe darunter waren, handelte es sich dabei meist um sehr kleine Unternehmungen in Gewerbezweigen, die konsumnah waren und wenig Startkapital erforderten. Unübersehbar war, daß auch jetzt wieder viele Kümmerbetriebe entstanden, die auf Dauer kaum lebensfähig waren.

Die einheimischen Kaufleute und Handwerker waren von diesem neuen Schub von Gewerbezulassungen, wie man sich denken kann, wenig begeistert. Sie hatten schon gegen die Einführung der Gewerbefreiheit heftig protestiert und wandten sich jetzt immer lauter gegen eine drohende Überbesetzung einzelner Gewerbezweige infolge der Flut neuer Konkurrenten. Zum Leidwesen der Regierung in Wiesbaden machte sich auch manche nachgeordnete Behörde diese Sichtweise zu eigen. Damit geriet sie in den Verdacht, den Besitzstand derer zu verteidigen, die nun einmal von Anfang an da waren. So war beispielsweise ein Kleinkreditantrag eines Vertriebenen, der sich um die Errichtung eines Mehl- und Kohlehandels bemüht hatte, mit der Begründung abgelehnt worden, daß

---

[1] Vgl. dazu die Schrift „Hessen und das Flüchtlingsproblem", S. 31.

durch die Gewerbefreiheit der Zwischenhandel derart aufgebläht worden sei, daß es unverantwortlich sei, wenn der Staat diese Entwicklung durch die Vergabe von Krediten noch begünstige. Der hessische Innenminister nahm diesen Fall zum Anlaß, den Regierungspräsidenten die grundsätzliche Haltung der hessischen Regierung zu dieser Frage zu verdeutlichen:

„Die von der hessischen Regierung bisher verfolgte Eingliederungspolitik geht darauf aus, den Vertriebenen in allen Sparten des Erwerbslebens einen ihrem Anteil an der Gesamtbevölkerung entsprechenden Platz zu sichern. Daß sich hieraus volkswirtschaftlich ungünstige Übersetzungen von Berufszweigen ergeben können, ist bekannt. Diese sollen aus einer rein schematischen Handhabung der Eingliederungspolitik heraus nicht gefördert werden. Die Vermeidung der Übersetzung kann jedoch nicht nur dadurch geschehen, daß den Vertriebenen unter Berufung auf den beklagenswerten Zustand die Erfüllung ihres Anspruches versagt wird; solange uns infolge der Gewerbefreiheit die Möglichkeit fehlt, bestimmte Drosselungen durchzuführen, dürfen die Vorteile der Gewerbefreiheit nicht nur auf der Seite jener liegen, die infolge von Kapital und Beziehungen in der Lage sind, sich zu etablieren ...“[2] (vgl. Dok. Anhang E).

Was die Frage der Konkurrenzfähigkeit der Vertriebenenbetriebe betraf, so wurden die Probleme rasch deutlich: Sie hatten ein zu geringes Eigenkapital, waren stark exportorientiert und daher krisenanfällig, sie hatten meist einen ungünstigen Standort und besaßen in der Regel eine wenig maschinelle, dafür sehr arbeitsintensive Fertigung. Vor allem der chronische Kapitalmangel nagte an ihrer Wettbewerbsfähigkeit. Wie schon gezeigt wurde, waren viele Unternehmer gezwungen, den Aufbau ihres Betriebes mit kurzfristigen und teuren Krediten zu finanzieren. Die Gefahren, die darin lagen, wurden zunächst durch das Tempo des wirtschaftlichen Aufbaus etwas überdeckt. Vor allem die exportorientierten Zweige der Flüchtlingsindustrie verzeichneten im Gefolge der Korea-Krise 1950/51 vorübergehend einen deutlichen Aufschwung. Als der Aufbau der Wirtschaft aber so weit fortgeschritten war, daß die Produktion, vor allem der Konsumgüterindustrien, der die Vertriebenenbetriebe überwiegend angehörten, die Nachfrage einigermaßen befriedigen konnte, traten die typischen Probleme der Neubürger-Betriebe immer deutlicher zutage.

Im einsetzenden Konkurrenzkampf sanken die Gewinnspannen der Unternehmen, die bis dahin relativ hoch gewesen waren. Während die Preise unter dem Druck des Wettbewerbs sanken, stiegen die Kosten, vor allem die Rohstoffpreise. In dem sich nun immer mehr verschärfenden Konkurrenzkampf mußten die Chancen für ein Unternehmen um so besser sein, je weniger es von den Folgen des Krieges betroffen war. Die durch den Wettbewerb notwendigen laufenden Verbesserungen der Betriebsausstattung setzte nämlich immer höhere Kapitalinvestitionen voraus. Von einer soliden Kapitaldecke aus ließen sich diese Investitionen aus den Gewinnen finanzieren. Bei Einsatz von überwiegendem Fremdkapital, wie das bei den Vertriebenenbetrieben üblich war, stieß man jedoch bald an die Grenze der Möglichkeiten, weil die Verzinsung sich dann nicht

---

[2] Schreiben des hessischen Innenministers an die Regierungspräsidenten vom 16. 11. 1950, StA Ma 401/17 Nr. 29.

mehr rechnete. Hier machte sich das Fehlen des für eine rationelle Produktion notwendigen Kapitalpolsters bemerkbar. So blieben viele der vor und nach der Währungsreform gegründeten Unternehmen auch in Zeiten allgemeinen wirtschaftlichen Aufschwungs am Rande der Konjunktur. Da bei dem scharfen Wettbewerb immer höhere Kapitalbeträge notwendig waren, um lebensfähige neue Betriebe zu schaffen, blieb auch für spätere Neugründungen wenig Platz.[3]

Wenn sich Neubürger erst nach Jahren selbständig machten, so geschah dies meist nicht durch Neugründung, sondern durch die Übernahme eines bereits bestehenden Betriebes, sei es durch Heirat oder durch Kauf. Damit waren die Ausgangsbedingungen für einen Start in die Selbständigkeit natürlich weitaus günstiger. Ein Beispiel hierfür ist die Firma Signaplast in Eschwege, die sich auf die Herstellung von Kunststoffschildern u. ä. spezialisiert hat. Der Betrieb, der im Jahre 1950 von einem Flüchtling aus Ungarn gegründet worden war, hatte mit Etiketten für den Apothekerbedarf eine Marktlücke entdeckt, dann seine Produktpalette rasch erweitert. Nachdem sich der Firmengründer 1960 aus dem Betrieb zurückzog und seine Frau, die das kleine Unternehmen zunächst alleine weitergeführt hatte, fünf Jahre später ebenfalls aus dem Betrieb ausschied, fiel der Besitz an die Tochter, die im gleichen Jahr Walter Sandner aus Schönbach bei Eger heiratete.

Mit seinem Ersparten erwarb Sandner, dessen Familie 1946 enteignet und vertrieben worden war, den kleinen kunststoffverarbeitenden Betrieb. Der gelernte Industriekaufmann baute das Unternehmen Zug um Zug aus, wobei er sich auf die Mithilfe aller Familienangehörigen stützen konnte. Heutzutage ist die Firma Signaplast ein kleiner, leistungsfähiger Spezialbetrieb mit 12 Dauerarbeitsbeschäftigten und 20 bis 30 Teilzeitkräften, unter ihnen immer noch ein Gutteil Heimatvertriebener.[4]

Aufbaujahre im sich verschärfenden Wettbewerb

Wenn bisher von den Vertriebenen- und Flüchtlingsbetrieben und deren Strukturproblemen die Rede war, so richtete sich der Blick auf die Gesamtheit der Betriebe und ihre entstehungsbedingten Gemeinsamkeiten. Sieht man jedoch genauer hin und schlüsselt das Gesamtbild auf, so lassen sich recht unterschiedliche Entwicklungen erkennen. Neben Unternehmungen, die nie über den Stand eines Ein-Mann-Betriebes hinausgelangten und die den Inhaber mehr schlecht als recht ernährten, standen blühende mittelständische Betriebe mit mehreren Hundert Beschäftigten; beide werden in den einschlägigen Statistiken unter der Rubrik „Flüchtlingsgewerbe" geführt. So gelang es einer ganzen Reihe von Neubürger-Betrieben durchaus, sich rechtzeitig auf die neue Wirtschaftslage einzustellen. Sie kämpften sich erfolgreich durch die Anfangsschwierigkeiten und setzten sich schließlich auf dem Markt durch.

---

[3] Vgl. dazu die 1955 von der Lastenausgleichsbank herausgegebene Broschüre „Die gewerblichen Vertriebenen- und Flüchtlingsbetriebe", S. 24 ff.

[4] Nach den persönlichen Aufzeichnungen von Frau E. E. Zahn und W. Sandner vom Januar/ Februar 1991.

Das gelang in ganz besonderem Maße einer Firma aus dem sächsisch-erzgebirgischen Raum, in der seit sieben Generationen Strümpfe hergestellt wurden: ERGEE. Sie gehört heute zu den leistungsfähigsten Strumpffabriken in Europa – und fing doch 1949 in Neustadt, Kreis Marburg, als Flüchtlings-Betrieb an. Folgt man der Familienchronik der Rösslers, so wirkten ihre Vorfahren bereits seit 1859 Strümpfe, eine traditionelle sächsisch-erzgebirgische Fertigkeit. 1901 wurden die ersten Cotton-Maschinen in Gelenau aufgestellt, 1927 ein Zweigbetrieb in Falkenbach gegründet. 1936 beschäftigte der Betrieb schon 705 Mitarbeiter, 1939 in beiden Werken sogar 1600. Das florierende Unternehmen exportierte Damen- und Kinderstrümpfe in alle Welt. 1948 wurde der Betrieb, der bei Kriegsende teilweise zerstört worden war, enteignet; mit sechs Cotton-Maschinen erfolgte 1949 der neue Start in Neustadt. Da die Produktion rationell und die Nachfrage groß war, ging es mit dem Unternehmen rasch aufwärts. Nachdem in Sonthofen im Allgäu zusätzlich eine moderne Großproduktionsstätte eingerichtet worden war, beschäftigte der rasch expandierende Betrieb 1953 bereits wieder 1300 Mitarbeiter. Zu diesem Zeitpunkt exportierten die ERGEE-Feinstrumpfwerke in 21 Länder.[5]

Manche der Betriebe, die in den frühen fünfziger Jahren einen hoffnungsvollen wirtschaftlichen Neuanfang darstellten, kamen allerdings über die ersten Aufbaujahre nicht hinaus. Schon bei den ersten Anzeichen einer Branchenkrise brachen sie zusammen. In Nordhessen war das beispielsweise die Firma Central-Glaswerke GmbH in Hessisch-Lichtenau. Hervorgegangen aus der ehemaligen Aktiengesellschaft Glashüttenwerk Adlerhütten in Penzig, Schlesien, entschloß sich der Vorstand nach der Vertreibung zum Aufbau einer neuen Hütte in Hessen. In dem Gelände eines ehemaligen Sprengstoffwerkes, das demontiert wurde, fand man ein geeignetes Betriebsgrundstück. Bereits vor der Währungsreform hatte der hessische Staat eine Ausfallbürgschaft für einen Kredit in Höhe von 400 000 RM übernommen, der auch nach der Währungsumstellung aufrechterhalten und in DM umgewandelt wurde. 1949 begann die Fertigung mit der Erzeugung von Hohl- und Preßglas; 1950 beschäftigte der Betrieb bereits 88 Arbeiter und Angestellte. Obwohl das Unternehmen sowohl in technischer als auch in kaufmännischer Hinsicht als „äußerst gut geführt" bezeichnet wurde und noch 1950 seine Zukunftsaussichten als sehr gut eingeschätzt wurden, mußte der Betrieb bereits 1952 wieder schließen. Alle Hoffnungen, in dem nordhessischen Kleinstädtchen einen florierenden Flüchtlings-Exportbetrieb anzusiedeln zu haben, waren damit rasch zerstoben.[6]

Einen hoffnungsvollen wirtschaftlichen Neuanfang stellte auch die Firma Richard Hüttmann dar. Ursprünglich im Sudetenland beheimatet, ließ sich Hüttmann zunächst in Kirchhain nieder. 1947 zog er nach Allendorf, wo er in ehemaligen Wehrmachtsbaracken des vormaligen Munitionsgeländes die Fabrikation von Elektrogeräten aufnahm (Dok. 20).

---

[5] Vgl. dazu die näheren Einzelheiten in Kap. 4.3.
[6] Vgl. dazu den Firmenbericht in dem Manuskript „Aufbauleistungen der hessischen Wirtschaft nach 1945", HHStA Wi 502/1438. Telefonische Auskunft Hr. Lang, Stadtverwaltung Hessisch-Lichtenau vom 15. 5. 1991.

A b s c h r i f t

Elektroindustrie

Richard H ü t t m a n n, Allendorf, Kreis Marburg/Lahn

O.g. Firma wurde im Jahre 1929 in Bodenbach a.E. (Sudetenland),
Tschechoslowakei, von H. Hüttmann gegründet.

Hergestellt wurden

    elektrische Friseur- u. Haushaltsgeräte und
    Ventilatoren (Trockenhauben, Waschmaschinen,
    Staubsauger usw.)

Beschäftigt wurden dortselbst 160 Personen.

1945 erfolgt die zwangsweise Aussiedlung. H. Hüttmann liess sich
als Flüchtling in Kirchhain, Hessen, nieder und fing in einer
Holzbaracke lange vor der Währungsreform mit bescheidensten
Mitteln und zehn Mann wieder an.

Da er auch in dieser Zeit schon mit der Lieferung seiner als erst-
klassig bekannten Trockenhaube begann, sicherte er sich die Kundschaft für die Zukunft.
1947 wurde der Betrieb, der höchst notdürftig untergebracht war,
nach Allendorf, Kreis Marburg/Lahn, in ein ehemaliges Munitions-
gelände verlagert.
Das Unternehmen ist jetzt in mehreren ehemaligen Wehrmachtsbaracken
die weit auseinanderliegen, untergebracht.
Heute werden schon wieder 108 Personen beschäftigt.

Während 1947 der Jahresumsatz   16 302.-- RM betrug,
stieg er 1949 auf   1162 975.-- DM.

Im Jahre 1950 lief der Export an; für 29 510 DM Waren wurden aus-
geführt. Ein Vielfaches dieser Summe liegt an weiteren Exportauf-
trägen vor.
Dieser Aufschwung eines Flüchtlingsunternehmen, dessen gesamtes
Vermögen in der Heimat verloren gegangen war, hat nur wenige
Beispiele.

Die derzeitige dezentralisierte Produktion ist unrationell. Es
wird versucht, ein grosses Gebäude zu erhalten.

Zur Steigerung des Exportes muss die Ware verbilligt werden. Erforderlich sind also Geldmittel, um eine wirklich rationelle
Produktion aufzuziehen, nachdem bis jetzt 26 000 DM für Instand-
setzungsarbeiten aufgewandt worden sind.

F.d.R.d.A.

(Angestellte)

20 *Manche Flüchtlingsbetriebe setzten sich auch rasant durch – so z.B. Richard Hüttmann, der*
    elektrische Friseur- und Haushaltsgeräte herstellte (1950)

Dem rauhen Wind der Marktwirtschaft hielt auf Dauer nur der Betrieb stand, der leistungsfähig war, rationell produzierte und insgesamt rentabel wirtschaftete. Das galt für das alteingesessene Unternehmen ebenso wie für den Neubürger-Betrieb; beide waren dem Ausleseprozeß unterworfen. Letzterer aber trat im Wettbewerb mit einem erheblichen Handicap an, einer Vorbelastung aufgrund der besonderen Ausgangslage und den daraus resultierenden Wettbewerbsnachteilen – wie schlechter Standort, Eigenkapitalmangel, fehlende Geschäftsverbindungen etc. Der sich verschärfende Wettbewerb machte aber nicht nur diesen Unterschied sichtbar, sondern er deckte auch die Unterschiede auf, die zwischen Vertriebenenbetrieben einerseits und Flüchtlingsbetrieben andererseits bestanden. Da letztere insgesamt etwas günstigere Startchancen hatten, waren sie in der Regel auch erfolgreicher, zumindest im Hinblick auf die Lebensfähigkeit des Betriebs. So zeigt eine Statistik der Konkurse und Vergleichsverfahren für die Jahre von 1957 bis 1959, daß bundesweit auf die Vertriebenenbetriebe 7,8 Prozent aller Konkurse entfielen, während die „Zugewanderten" – in der großen Mehrzahl SBZ-Flüchtlinge – nur 3,9 Prozent stellten. Auch die hessische Konkursstatistik bestätigt diesen Trend: Während dort für 1959 der Anteil der zusammengebrochenen Vertriebenenbetriebe mit 6,9 Prozent angegeben wird, sind es bei den Flüchtlingen nur 3,4 Prozent; bemerkenswerterweise lagen beide damit unter dem Bundesdurchschnitt.[7]

Die besondere Situation bei den Betrieben der SBZ-Flüchtlinge

Ausgelöst wurde die Fluchtwelle von Selbständigen und Unternehmern aus der SBZ durch die seit 1947/48 erfolgten Enteignungen und Verstaatlichungen. Manche Inhaber arbeiteten zwar noch eine zeitlang als Geschäftsführer in ihrer Firma, sie wurden aber bald entlassen und mußten sich als Hilfsarbeiter oder dergleichen durchschlagen. Da es im Zuge der allgemeinen Verstaatlichungen für Selbständige keine Perspektiven mehr gab, faßten viele den Plan, im Westen neu zu beginnen. Noch im gleichen Jahr begann deshalb der Exodus aus der SBZ; Jahr für Jahr siedelten mehr enteignete ehemalige Unternehmer in den Westen über und machten sich dort gezielt auf die Suche nach einem geeigneten Standort für den geplanten Neubeginn ihres Unternehmens. Bei der Ortswahl, bei der unter anderem auch die Frage alter Geschäftsbeziehungen eine Rolle spielte, halfen oft Verwandte, die schon zuvor in den Westen übergesiedelt waren. Für einen Standort in Hessen, speziell in dem jetzt Grenzland gewordenen Nordhessen, entschieden sich deshalb vor allem ehemalige Unternehmer und Führungskräfte aus den Nachbarländern Thüringen und Sachsen.
Da der Neubeginn in der Regel erst ab 1949/50 erfolgte, fing man gleich unter marktwirtschaftlichen Bedingungen an. Die Zäsur, die bei den Vertriebenen

---

[7] Vgl. dazu Mitteilungen für Flüchtlinge und Vertriebene, Heft 8/9, 1960, HHStA Wi 503/430, sowie Informationen über die Lage der Heimatvertriebenen- und Flüchtlingsbetriebe, 1964, Sudetendeutsches Archiv München, B 25/120.

in dem Akt der Vertreibung lag, war hier also nicht in der Schärfe gegeben. Darin liegt wohl ein maßgeblicher Grund für die insgesamt günstigere Situation dieser Flüchtlingsbetriebe gegenüber den Vertriebenenbetrieben. Ablesen kann man dies auch daran, daß gerade bei Industriebetrieben das Eingliederungsergebnis für SBZ-Flüchtlinge deutlich günstiger lag als für die Vertriebenen. Während im Jahre 1961 die Flüchtlinge bei einem Bevölkerungsanteil von 6,5 Prozent schon 4,9 Prozent aller Industrie-Unternehmen innehatten, waren es bei den Vertriebenen bei einem Bevölkerungsanteil von 18,1 Prozent nur 7,2 Prozent. Hinzu kam, daß die Flüchtlingsbetriebe im Durchschnitt mehr Menschen beschäftigten und einen höheren Umsatz erzielten als die Vertriebenenbetriebe.[8]

Folgt man dem Volkswirtschaftler W. Albers, dann dürfte das vor allem auf zwei Faktoren zurückzuführen sein:

„1. Viele Unternehmer, die ihre Produktion aus der SBZ nach der Bundesrepublik verlagert hatten, konnten sich vorher eine, wenn auch häufig nur bescheidene Basis für den Start im Westen schaffen. Ein gutes Beispiel sind die 1945 aus Thüringen vor der Räumung der Amerikaner nach dem Westen verlagerten Betriebe.

2. Aus der SBZ kamen vor allem die Inhaber größerer Betriebe nach dem Westen, weil sie politisch dem stärksten Druck ausgesetzt waren. Das Bestreben, auch in der Bundesrepublik wieder größere Betriebe zu errichten, war bei ihnen in vielen Fällen stärker als bei den Vertriebenen, die in den überwiegend agrarischen Vertreibungsgebieten zum größten Teil dem Kleingewerbe angehört hatten; denn die Wiedergewinnung der früher innegehabten Position spielt häufig eine entscheidende Rolle für die Verhaltensweise. Soweit dies zutrifft, ist nicht nur der Finanzierungsengpaß, sondern auch die verschiedene Wirtschaftsstruktur in den Heimatgebieten für die Unterschiede in der Betriebsgrößenstruktur zwischen den Vertriebenen- und den Zugewandertenbetrieben sowie aber auch den einheimischen Betrieben verantwortlich."[9]

Ein gutes Beispiel hierfür ist die schon erwähnte Strumpffabrik ERGEE, die ihren Stammsitz im sächsischen Gelenau hatte. Tatsächlich wurde auf die Unternehmerfamilie Rössler seit 1945 politischer Druck ausgeübt, zuerst seitens der sowjetischen Besatzungsmacht, dann durch die SBZ-Behörden. Darunter hatte insbesondere Emil Rössler, Geschäftsführer des Unternehmens, zu leiden. So wurde er Anfang 1947 zum wiederholten Mal in Haft genommen. Es gab Nachtverhöre und Schikanen der unterschiedlichsten Art. Nach einer zehnwöchigen Überprüfung, die nichts zutage brachte, wurde Rössler wieder aus dem Gefängnis entlassen. Da sie in der SBZ keine Perspektive mehr für sich sahen, entschlossen sich die Söhne, beides diplomierte Textilingenieure, 1949 nach dem Westen zu gehen. In Neustadt/Kreis Marburg gelang ihnen dann der unternehmerische Neustart. Währenddessen war der Vater, Emil Rössler, in Gelenau weiteren Schikanen ausgesetzt; einer neuerlichen Verhaftung durch die Staatssicherheit entzog er sich durch die Flucht in den Westen. Lediglich der Seniorchef

---

[8] Vgl. dazu Mitteilungen für Vertriebene, Heft 1, 1963, S. 35.
[9] Albers in: Lemberg/Edding Bd. II 1959, S. 505.

blieb mit seiner Frau in Gelenau, wohl weil beide der erzgebirgischen Heimat so verbunden waren, daß sie sich einen Neuanfang anderswo nicht mehr vorstellen konnten. Ihnen wurde von den Behörden untersagt, das Werksgelände zu betreten. Das Werk selbst wurde schließlich zum „Volkseigentum" erklärt. So trieb man eine erfolgreiche Unternehmerfamilie aus dem Land. Was der Exodus solcher Spitzenkräfte für die DDR wirtschaftlich bedeutete, liegt auf der Hand. Es wäre vermutlich interessant, dies einmal genauer zu untersuchen.[10]

Ein anderes Beispiel ist die bis heute florierende Felo-Werkzeugfabrik in Neustadt. Sie ist aus einer 1878 gegründeten Hammermühle hervorgegangen, die ihren Sitz in Steinbach-Hallenberg in Thüringen hatte. In vorwiegend handwerklicher Fertigungsweise wurden dort Schraubendreher, Meißel, Hämmer und dergleichen Handwerkzeuge hergestellt; 1935 beschäftigte der Betrieb ca. 100 Personen. 1947 wurde die Firma durch die sowjetische Militäradministration enteignet, was die bisherigen Inhaber dazu veranlaßte, 1948/49 nach Westdeutschland überzusiedeln. Zunächst gingen sie nach Remscheid, bekamen dort aber den Tip, daß im hessischen Allendorf bzw. im nahegelegenen Neustadt Gebäude zur zivilen Nutzung freigegeben seien. Daraufhin kamen sie 1949 nach Neustadt und beschlossen, sich dort niederzulassen, nicht zuletzt deshalb, weil der damalige Bürgermeister des Ortes sich aktiv für die Ansiedlung eingesetzt hatte. Da dem Betrieb zunächst alle notwendigen Maschinen fehlten, begann die Produktion in Nachtarbeit an leihweise überlassenen Maschinen. Mit einem ERP-Kredit von 25 000 DM wurden schließlich die ersten eigenen Maschinen eingekauft. Nachdem es gelungen war, frühere Kunden der Hammermühle in den USA und Canada wieder zu gewinnen – später kamen Exportaufträge aus Australien und England dazu – expandierte der Betrieb rasch. Ein Problem war allerdings, daß es in dieser Zeit keine Fachkräfte gab, da es in Neustadt bis dahin keine metallverarbeitende Industrie gegeben hatte. Deshalb mußte der Inhaber zunächst sein Fachwissen an die Familienangehörigen und neuen Mitarbeiter weitergeben. Mittlerweile hat der Betrieb fast 150 Mitarbeiter.[11]

Zum Stand der Eingliederung in den 60er Jahren

Damit, daß sie relativ rasch den Anschluß an die allgemeine wirtschaftliche Entwicklung gefunden hatten, gehörten Unternehmen dieser Art zu der kleinen Gruppe von Vertriebenen- und Flüchtlingsbetrieben, die schon Anfang der sechziger Jahre als konsolidiert und damit als wirtschaftlich eingegliedert galten. Ein wichtiges Kriterium dafür war der Stand der Kapitalbildung: Der Eigenkapital-Anteil sollte mindestens 40 Prozent erreicht haben. Es waren vor allem Flüchtlingsunternehmen aus der SBZ und aus Berlin, aber auch einige Vertriebenenbetriebe, die aufgrund günstigerer finanzieller Startbedingungen, örtlichen und branchenmäßigen Vorteilen schon in einem frühen Aufbaustadium rentabel arbeiten konnten. Auch Betriebe, die frühzeitig öffentliche Starthilfen in ausrei-

---

[10] Die Angaben folgen hier der Darstellung in der Firmenchronik der ERGEE-Werke.
[11] Aus „Firmengeschichte Felo-Werkzeugfabrik", Eigendruck.

chender Höhe und zu günstigen Konditionen erhalten hatten, gehörten zu dieser Gruppe. Wurde ein Betrieb von den Behörden nach §13 des Bundesvertriebenengesetzes (BVG) als eingliedert eingestuft, so hieß das, daß dieses Unternehmen keine Rechte und Vergünstigungen nach dem BVG mehr in Anspruch nehmen konnte.[12] Nach Angaben der VHW-Hessen galten am Ende der sechziger Jahre, also 20 Jahre nach dem Neustart, ca. 30 Prozent der Vertriebenen-Betriebe als voll etabliert und damit „ausgesteuert", während 30 Prozent den Anschluß verloren hatten und vom Markt wieder verschwunden waren. Der Rest gehörte zu den Unternehmen, die immer noch zu kämpfen hatten und für die der VHW deshalb eine Fortsetzung der staatlichen Förderung und Unterstützung verlangte.[13]

Die Mehrzahl der Betriebe gehörte also zu der Gruppe von Vertriebenen- und Flüchtlingsunternehmen, die sich zwar über die schwierigen Aufbaujahre hinweg halten konnten, die aber dauernd mit dem Problem der Unterkapitalisierung zu kämpfen hatten, da ihre Eigenkapitalbasis zu schwach war. Nach klassischen betriebswirtschaftlichen Maßstäben hätte eigentlich kaum eine dieser Firmen gegründet werden dürfen, da sie von vorneherein über eine völlig unzureichende Kapitalausstattung verfügten. Auch nach Jahren waren sie noch immer viel zu hoch verschuldet, noch dazu mit Krediten, die im Durchschnitt zu mehr als 50 Prozent kurzfristig waren.[14]

Firmenzusammenbrüche und deren Ursachen

Schon bei der ersten Absatzkrise gerieten dann auch etliche von ihnen in Zahlungsschwierigkeiten. Bei denjenigen Unternehmen, die aufgrund gravierender betriebswirtschaftlicher Mängel schon von vorneherein kaum Aussicht hatten, den harten Wettbewerb zu überstehen, mußte das zum Zusammenbruch führen. Nach einer vom Bundeswirtschaftsministerium durchgeführten Untersuchung über die häufigsten Ursachen für Firmenzusammenbrüche unter den Vertriebenen- und Flüchtlingsbetrieben aus dem Jahre 1955 waren es Kapitalmangel, Absatzschwierigkeiten in übersetzten Branchen, Konjunktureinbrüche, Illiquidität aufgrund von Investitionen, die die Finanzkraft des Unternehmens überstiegen, Forderungsverluste, vor allem beim Zusammenbruch anderer Vertriebenenbetriebe und ein ungünstiger Standort. Auch in der Person des Unternehmers konnte natürlich die Ursache für das Scheitern liegen, nicht zuletzt da

---

[12] Das Urteil, ob ein Vertriebener oder Flüchtling als eingegliedert galt und daher von weiteren Hilfen der öffentlichen Hand auszuschließen war, war stets schwer zu fällen. Nach den Richtlinien zu § 13 BVG durften Vertriebene und Sowjetzonenflüchtlinge Rechte und Vergünstigungen nach dem Gesetz „nicht mehr in Anspruch nehmen, wenn sie in das wirtschaftliche und soziale Leben in einem nach ihren früheren wirtschaftlichen und sozialen Verhältnissen zumutbaren Maße eingegliedert sind." In der Verwaltungspraxis kam es daher wesentlich auf die Auslegung der Begriffe „zumutbar" und „eingegliedert" an.

[13] Vgl. dazu die Ansprache des Vorsitzenden der VHW-Hessen, Heinrich, anläßlich des 20jährigen Jubiläums des Landesverbandes; Archiv des BdV, LV Hessen.

[14] Vgl. dazu das „Konsolidierungsprogramm für die Vertriebenen-Wirtschaft" des VHW/IOB von 1958.

manche von ihnen versuchten, ihren Betrieb wieder genau so aufzubauen, wie sie ihn in der alten Heimat verloren hatten und dabei die gänzlich anderen Verhältnisse in Westdeutschland nicht richtig einschätzten.[15] Es war zudem so, daß bei Flucht und Vertreibung ja nicht immer ein blühendes Unternehmen zurückgelassen worden war. Im Gegenteil: Ein Gutteil der sudetendeutschen Industrien – allen voran die Textilindustrie – befand sich schon vorher in einer Absatzkrise, so daß ein schwarfer Wettbewerb auch dort zu etlichen Firmenzusammenbrüchen geführt hätte.[16]

Überhaupt stammten manche der Probleme der in Hessen neugegründeten Vertriebenenbetriebe noch aus der alten Heimat. Schon dort war nicht unproblematisch, daß sie als Spezialbetriebe sehr stark exportorientiert und daher sehr von der Entwicklung auf dem Weltmarkt bzw. den Konjunkturschwankungen abhängig waren. Hinzu kam, daß schon die sudetendeutschen Industrien vor allem in Konsumgüterbereich tätig gewesen waren, ein Bereich mit häufig sehr arbeitsintensiven und damit auch lohnintensiven Fertigungsweisen. Die Folge war, daß bei steigenden Löhnen, wie das seit Anfang der 60er Jahre der Fall war, der Lohnkosten-Anteil überproportional zunahm. Dem Rationalisierungsdruck, der hieraus entstand, waren aber nur Firmen gewachsen, die über die nötigen Finanzmittel verfügten, um die in der Regel teuren Investitionen in neue Maschinen vornehmen zu können. Da etliche der Vertriebenenbetriebe aber dazu finanziell nicht in der Lage waren, versuchten sie mit ihrem treuen alten Mitarbeiter-Stamm, der oftmals zu untertariflichen Löhnen arbeitete, und inzwischen völlig veralteten Produktionsmethoden auf dem Markt zu bestehen. Verständlicherweise hatten viele von ihnen im Laufe der Zeit mit Fachkräftemangel zu kämpfen. Betriebe dieser Art stellten gleichsam Inseln einer Wirtschaftssubkultur dar, die – trotz ihrer antiquierten Produktionsweisen – inmitten einer sich grundsätzlich wandelnden modernen Industrie mit ihren rationellen Produktionsweisen weitermachten, so gut – oder schlecht – es eben ging.[17]

Vertriebenenbetriebe und Strukturwandel

Ein Beispiel dafür ist die auch heute noch existierende Firma Ernst Langhammer in Burgwald, Landkreis Waldeck-Frankenberg, die Metallblasinstrumente herstellt. Die Stammfirma wurde bereits 1869 in Graslitz, Sudetenland gegründet. 1945 wurde der Betrieb durch den tschechischen Konzern AMATI übernommen, der Besitzer enteignet. Ernst Langhammer und sein Sohn, damals 22 Jahre alt, wurden zu Angestellten in ihrem eigenen Betrieb. Da man Fachkräfte wie die beiden Langhammers weiterhin brauchte, wollte man sie nicht ziehen lassen. So scheiterten in der Folgezeit mehrere Versuche der Familie, in den Westen zu gelangen. Im September 1946 gelang schließlich doch die Flucht, die über Dessau nach Frankenberg führte. Das Wertvollste, was sich im Fluchtgepäck befand, waren ca. 150 Schnittmuster; das sind äußerst exakte Baupläne für Blech-

[15] Vgl. die Schrift „Die gewerblichen Vertriebenen- und Flüchtlingsbetriebe", 1955, S. 28 f.
[16] Vgl. dazu Dittrich in: Lemberg/Edding 1959, Band II, S. 301 ff.
[17] Vgl. dazu Erker 1988, S. 82 f.

blasinstrumente. Die Familie betrachtete schon damals die Flucht als endgültig; Ernst Langhammer jun. würde auch heute keinesfalls mehr nach Graslitz zurückkehren.

In einem Dorf bei Frankenberg, wo man zunächst bei Bauern untergebracht war, begann Langhammer 1946 mit seinem Sohn mit einfachen Reparaturarbeiten in der Dorfschmiede. Durch Vermittlung des Landrats, der die Langhammers als Spezialisten gerne im Kreis halten wollte, bekam man 1948 ein bunkerähnliches Gebäude auf dem ehemaligen Muna-Gelände Burgwald. Noch im gleichen Jahr gründete Langhammer zusammen mit seinem Sohn Ernst dort die neue Firma, erhielt bald darauf einen Kredit der hessischen Landesregierung über DM 5000,— und kaufte sich damit Kleinwerkzeuge. Da es gelang, alte Geschäftsverbindungen – vor allem in die USA – wieder aufzunehmen, nahm das Unternehmen in den 50er Jahren einen Aufschwung. Die Belegschaft bestand zu dieser Zeit aus bis zu 50 Mitarbeitern, die aus den in Hessen und Bayern verstreut lebenden Graslitzern zusammengeholt worden waren. Ab 1960 machte sich dann die zunehmende Konkurrenz aus Fernost bemerkbar, die mit preiswerteren Angeboten den internationalen Markt eroberte. Da die Lohnquote bei der weit überwiegend handwerklichen Produktionsweise im Instrumentenbau hierzulande bei über 50 Prozent lag und – bei nach wie vor relativ niedrigen Löhnen – Fachkräfte zunehmend rarer wurden, konnte die Firma ihre Stellung am Markt nicht behaupten; Entlassungen wurden unumgänglich. Heutzutage, da die Firma sich wieder konsolidiert hat, zählt die Belegschaft noch 10 Beschäftigte, die nach wie vor in vorwiegend handwerklicher Arbeitsweise Blechblasinstrumente herstellen.[18]

Kennzeichnend für diesen Vertriebenenbetrieb ist seine überwiegend handwerkliche Produktionsweise, die er bis heute beibehalten hat. Das ist nicht untypisch, wenn man sich die Entwicklung der gewerblichen Vertriebenen- und Flüchtlingsunternehmen insgesamt ansieht. Hierbei lassen sich nämlich deutlich zwei Gruppen unterscheiden: Zur ersten gehören Betriebe mit überwiegend handwerklichem Charakter, die unter Mithilfe von Familienangehörigen Erzeugnisse von hoher Qualität herstellten. Da man auf einen festen Kundenstamm baute, waren die Absatzaktivitäten dieser Betriebe eher gering. Änderte sich der Markt oder traten Branchenkrisen auf, erlitten Betriebe dieser Art überdurchschnittliche Einbußen, die unter Umständen auch zum Zusammenbruch führen konnten.

Zur zweiten Gruppe zählen dagegen Betriebe industriellen Charakters, die, mit ausgesprochener Unternehmerinitiative geführt, nach einer Produktionsausweitung strebten und ständig bemüht waren, sich den aktuellen Entwicklungen des Marktes anzupassen und dabei ihren Marktanteil zu vergrößern. Betriebe dieser Art waren eher in der Lage, durch laufende Rationalisierung und Modernisierungsmaßnahmen auch im verschärften Wettbewerb zu bestehen. Ein Beispiel dafür ist die Firma Monopolwerk Usbeck & Söhne in Marburg/Lahn. Der Ursprung des Unternehmens war ein handwerklicher Betrieb, der 1879 von

---

[18] Interview mit Ernst Langhammer jun. vom 29. 11. 1990. Vgl. dazu auch die Dokumentation „Heimatvertriebene im Landkreis Waldeck-Frankenberg", 1990, S. 137 f.

dem Schlossermeister Usbeck in Steinbach, Thüringen gegründet worden war und der Kleineisenwaren wie Korkenzieher und kleine Handwerkszeuge herstellte. In den 20er Jahren vollzog sich die Umstellung auf industrielle Fertigungsweisen, so daß die Firma nunmehr rasch expandierte. Basis des Erfolgs waren dabei Neuheiten, die man auf den Markt brachte, wie beispielsweise ein patentierter Dosenöffner, der in Großserie gefertigt und in viele Länder exportiert wurde. Die Belegschaft wuchs rasch an; gegen Ende des Krieges, als man auch Rüstungsaufträge ausführte, beschäftigte der Betrieb 220 Mitarbeiter. Obwohl der Betrieb 1945/46 weitgehend demontiert wurde, gelang es bis 1948, im kleinen Rahmen die Produktion von Haushaltsartikeln wieder anlaufen zu lassen. Im Juni 1948 kam dann doch das endgültige Aus: Die Firma wurde enteignet, die Familie des Firmeninhabers des Kreises verwiesen. Nach der Flucht in den Westen begann man unter sehr primitiven und behelfsmäßigen Voraussetzungen in einem stillgelegten Güterschuppen des Bahnhofes von Breitscheid/Dillkreis mit dem Aufbau eines neuen Betriebes. Ein ERP-Kredit gab den Ausschlag dafür, daß das Unternehmen, das 1950 etwa 20 Mitarbeiter beschäftigte, nach Marburg verlegt wurde. In der Firmenchronik heißt es dazu: „Dieser von dem ehemaligen Bundestagsabgeordneten Dr. Ludwig Preiß vermittelte Kredit des Bundesarbeitsministeriums wurde zur Schaffung von Arbeitsplätzen gewährt, er war an Nordhessen gebunden und zwar an industriearme Orte – und das war Marburg. Der Magistrat der Universitätsstadt suchte Leichtindustrie und hatte also in unserer Firma den geeigneten Partner.“[19]

Mit einem erweiterten Maschinenpark konnte 1952 die Produktion in Marburg anlaufen. Da die Nachfrage ständig stieg, expandierte der Betrieb rasch. Ende 1955 wurden bereits 75 Mitarbeiter beschäftigt; dabei spielten Exportaufträge eine immer größere Rolle: der Exportanteil betrug zeitweilig bis zu 50 Prozent. Dem immer härter werdenden Konkurrenz- und Kostendruck in der Branche begegnete man durch laufende Modernisierungsmaßnahmen und Kapazitätsausweitungen. So entstand im Laufe der Zeit ein moderner mittelständischer Betrieb, der im Jahre 1979 175 Mitarbeiter beschäftigte. Der Exportanteil betrug unter dem verschärften Wettkampf mit in- und ausländischen Konkurrenten nunmehr etwa 25 Prozent.

Wie die übrige Wirtschaft, so geriet auch die „heimatvertriebene Wirtschaft“ im Laufe der 60er und 70er Jahre zunehmend in den Sog des allgemeinen ökonomischen Wandels. Gekennzeichnet war dieser Strukturwandel vor allem durch die Entstehung kettenartiger Großbetriebe und Konzerne, die aufgrund ihrer finanziellen Möglichkeiten in großem Maßstab in moderne Technologien investieren konnten. Für die meist den Mittel- und Kleinbetrieben zugeordneten gewerblichen Unternehmungen der Flüchtlinge und Vertriebenen machte sich das in Form eines schärferen Wettbewerbs- und Konkurrenzdrucks bemerkbar, dem nicht wenige dieser Betriebe nicht gewachsen waren. Dementsprechend ging ihre Zahl bundesweit insgesamt zurück.[20]

---

[19] Aus der Firmenchronik der Fa. Monopolwerke Usbeck & Söhne, Marburg 1979.
[20] Zu diesen Entwicklungen und ihrem zahlenmäßigen Niederschlag für das Gebiet der (alten) Bundesrepublik siehe Reichling 1989, v.a. S. 78 ff.

4.2 Gewerbezweige und Branchen

Nach dem Stand von 1961, als im Rahmen der Volks- und Berufszählung auch eine allgemeine Arbeitsstättenzählung durchgeführt wurde, existierten in Hessen knapp 20 000 Unternehmen von Heimatvertriebenen und 4500 Unternehmen von SBZ-Flüchtlingen.[1] Der Anteil an der Gesamtzahl der erfaßten Unternehmen Hessens betrug bei der ersten Gruppe 9,8 Prozent, bei der zweiten 2,2 Prozent. In den Unternehmen der Heimatvertriebenen wurden knapp 90 000 Beschäftigte, in denen der SBZ-Flüchtlinge knapp 39 000 gezählt. Wie Tabelle 4 zeigt, handelte es sich dabei in der großen Mehrzahl um sehr kleine Betriebe.[2]

Tabelle 4: Unternehmen von Heimatvertriebenen und SBZ-Flüchtlingen in Hessen (1961)

	Vertriebene	SBZ-Flüchtlinge
Unternehmen mit		
1 bis 9 Beschäftigten	18 695	3950
10 bis 49 Beschäftigten	1 059	484
50 bis 99 Beschäftigten	108	70
100 bis 499 Beschäftigten	72	56
500 und mehr Beschäftigten	2	3
Unternehmen insgesamt	19 936	4563

Die gleichzeitig durchgeführte Untersuchung der Rechtsform dieser Betriebe zeigte, daß nahezu 90 Prozent eine Person als Inhaber hatten, so daß Kommanditgesellschaften, OHGs und Kapitalgesellschaften eher die Ausnahme bildeten. Differenziert man nach Gewerbezweigen, so zeigt sich, daß der größte Teil der Unternehmen auf den Handel entfiel; den Großteil davon bildete wiederum der Einzelhandel. Danach folgte das Dienstleistungsgewerbe, gefolgt vom verarbeitenden Gewerbe in Industrie und Handwerk. Deutlich geringer war der Anteil von selbständigen Flüchtlingen und Vertriebenen in den Bereichen Baugewerbe, Verkehrswesen sowie Kreditinstitute und Versicherungswesen. Sieht man sich die Entwicklung in den einzelnen Branchen genauer an, so wird deutlich, worin die spezifischen Probleme der Vertriebenen- und Flüchtlingswirtschaft und ihrer Entwicklung in den ersten beiden Jahrzehnten nach dem Kriege lagen.

---

[1] Die Zahlenangaben, die in der einschlägigen Literatur zu finden sind, weichen z. T. erheblich von den hier genannten ab. So spricht H. Schwarz in einem Beitrag für die Schrift zum 15jährigen Bestehen des VHW-Hessen von insgesamt 14 000 Betrieben der Vertriebenen und Flüchtlinge mit über 80 000 Beschäftigten; vgl. dazu 15 Jahre VHW/IOB in Hessen, 1966, S. 32 ff.
[2] Vgl. dazu Mitteilungen für Vertriebene 1964/2, S. 54.

Die Industrie

Wie groß die Erwartungen waren, die seinerzeit mit der Neuansiedlung von Industrie durch Heimatvertriebenen und „Zugewanderte"[3] verbunden waren, macht ein Blick auf zeitgenössische Darstellungen deutlich. So stand beispielsweise in einem Bericht über „Die Flüchtlingsindustrie in Hessen" aus dem Jahre 1952 zu lesen: „Die Veränderungen der industriellen Struktur in der Nachkriegszeit sind zu einem großen Teil von der sogenannten Flüchtlingsindustrie getragen worden."[4] Die Hoffnungen richteten sich dabei vor allem auf die Industriezweige, die früher nicht oder nur in Ansätzen im Lande vertreten waren, also die Glasindustrie und den Musikinstrumentenbau. Daneben gab man Anfang der fünfziger Jahre auch der neu angesiedelten Textilindustrie gute Chancen, sich trotz der reichlich vorhandenen Konkurrenz einheimischer Firmen am Markt behaupten zu können. Ein Gesichtspunkt, der zu den optimistischen Prognosen beitrug, war, daß man davon ausging, daß die Neubürger-Betriebe von ihrer Größe und ihrer branchenmäßigen Gliederung her insgesamt gut in die hessische Industrielandschaft paßten und sie volkswirtschaftlich sinnvoll ergänzten.

Kennzeichnend für die Industriestruktur Hessens ist, daß die weiterverarbeitenden Industriezweige gegenüber den Grundstoffindustrien überwiegen. Dabei ist die Industrie in den hessischen Landschaften traditionell recht vielfältig, auf Qualitätserzeugnisse und auf den Export ausgerichtet, und sie wird – abgesehen von einigen Großkonzernen, die fast ausschließlich in Südhessen und im Raum Frankfurt in größter Verdichtung angesiedelt ist – bestimmt von Klein- und Mittelbetrieben. Damit fügten sich die Vertriebenen- und Flüchtlingsunternehmen, die in ihrer großen Mehrzahl eher klein waren, tatsächlich gut in die hessische Industrielandschaft ein. Ein Blick auf die statistischen Unterlagen der Zeit um 1960 zeigt allerdings auch, daß es in einigen Bereichen bemerkenswerte Unterschiede zwischen den Betrieben der Einheimischen und deren der Neubürger gab. Während im Durchschnitt des Landes Hessen auf einen Betrieb 102 Beschäftigte kamen, entfielen auf die Neubürger-Betriebe weniger als die Hälfte. Beim Umsatz je Betrieb ergab sich im Durchschnitt der Industrie ein Betrag von 2,8 Mill. DM, bei den Betrieben von Flüchtlingen und Vertriebenen dagegen nur eine Summe von 1,0 Mill. DM. Die kleinere Betriebsgröße mit dem damit verbundenen relativ hohen Anteil manueller Arbeit führte offensichtlich dazu, daß der Umsatz je Beschäftigten unter dem Durchschnitt der hessischen Industrie lag. Dabei spielte auch eine Rolle, daß es sich bei den Betrieben der Flüchtlinge und Heimatvertriebenen fast durchweg um Spezialbetriebe handelte, die auf einer speziellen handwerklichen Tradition des Heimatgebietes aufbauten.[5]

Ein typisches Beispiel dafür aus Nordhessen ist die Firma Plissee-Lassner in Bad Hersfeld. Der Betrieb, der 1901 in Rybnik/Oberschlesien gegründet worden war, stellte im Eigenbau Plissee-Apparate her. Die Kundschaft für solche

---

[3] Als „Zugewanderte" bezeichnete man die SBZ-Flüchtlinge.
[4] Staat und Wirtschaft in Hessen, Statistische Mitteilungen 2/1952.
[5] Vgl. dazu 15 Jahre VHW/IOB 1966, S. 33.

Geräte fand sich durch die seinerzeit weit verbreiteten oberschlesischen Trachten, zu deren Merkmalen plissierte Röcke und Krausen gehörten. In den Anfangsjahren handelte es sich um einen ausgesprochenen Familienbetrieb mit ausschließlich handwerklicher Produktionsweise. 1922 wurde die Familie das erste Mal vertrieben. In Breslau fing sie 1924 wieder von vorne an, fand aber in der Textilstadt bald wieder Abnehmer für ihre Apparate. Zusätzlich begann man mit dem Aufbau einer eigenen Konfektion. Zu der Zeit beschäftigte der Betrieb ca. 15 Mitarbeiter. Nach der Machtübernahme der Nationalsozialisten wurde der Betrieb von der Tochter des Betriebsgründers übernommen. Der Grund: Der Vater war als überzeugter Sozialdemokrat erklärter Hitler-Gegner – damit war er nicht nur selbst gefährdet, sondern auch sein Betrieb. Die Umstellung klappte: Auch während der Kriegsjahre florierte der Betrieb, da man sich nunmehr vor allem auf Trauerkleidung spezialisierte.

1945 wurde der Betrieb völlig ausgebombt. Die Familie stand einmal mehr vor dem Nichts. 1946 geriet Elfriede Lassner nach Bad Hersfeld, wo sie zusammen mit ihrer Familie, die sich ein Jahr später dort wieder zusammenfand, in einer kleinen Dachwohnung mit kleinen Ausbesserungs- und Näharbeiten begann. Ein alter Breslauer Geschäftsfreund hatte ihnen dazu eine kleine Kettelmaschine und eine Stickmaschine überlassen. 1947/48 erhielt Frau Lassner auch die behördliche Genehmigung zur Herstellung von Bekleidungsstücken. Abnehmer waren vor allem sudetendeutsche und schlesische Flüchtlinge, denn „die brauchten doch einfach wieder was zum Anziehen" (Elfriede Lassner). Mit dem Umzug innerhalb Hersfelds in größere Betriebsräume – bei der Besorgung der Räume hatte der katholische Pfarrer geholfen – konnte die Produktion rasch ausgeweitet werden, so daß man zusätzliche Kräfte brauchte. Man fand die neuen Mitarbeiter größtenteils unter den Flüchtlingen aus Schlesien; zeitweilig beschäftigte der Betrieb bis zu 12 Mitarbeiter. Mit Hilfe der Hauptentschädigung aus dem Lastenausgleich konnte der Betrieb weiter ausgebaut werden; man zog erneut um. Mittlerweile fand auch der weiterentwickelte Plissee-Schrank seine Abnehmer: Die Mode der fünfziger Jahre setzte auf die plissierten Röcke und Kleider. Zwar ließ sich der damit verknüpfte Aufschwung des Betriebs in der Folgezeit nicht fortsetzen, aber durch einige Umstellungen überstand der Betrieb die Krisenjahre der Textilbranche, so daß er auch heute noch produziert.[6]

Ein Merkmal dieser Flüchtlingsindustrien war, daß sie weit überwiegend Verbrauchsgüter herstellten. Das ist darauf zurückzuführen, daß die Konsumgüterfertigung in der Regel weniger Kapitaleinsatz erfordert als die Grundstoff- und Investitionsgüterindustrie. In der Tatsache, daß die Konsumgüterfertigung zumal in Mittel- und Kleinbetrieben arbeits- und damit lohnintensiv ist, steckte allerdings auch eine grundlegende Schwäche der Neubürger-Betriebe. Ein weiteres Problem war, daß der Konjunkturaufschwung der 50er und 60er Jahre der Verbrauchsgüterindustrie nicht in gleichem Maße zugute kam wie z. B. der Investitionsgüterindustrie. Sieht man sich die Gewerbezweige und ihre jeweilige Entwicklung im einzelnen an, so wird deutlich, warum manche der Hoffnungen, die man in den Aufbau der neuen Betriebe gesetzt hatte, sich nicht erfüllten.

---

[6] Interview mit Frau Elfriede Lassner vom 13. 12. 1990.

Die Textil- und Bekleidungsindustrie

Allen voran war sie der bevorzugte Gewerbezweig für die Heimatvertriebenen und Flüchtlinge, die aus so traditionsreichen Textilgebieten wie dem Sudetenland, Schlesien und Sachsen kamen. Anfänglich hatte diese Branche durch die neuen Betriebe auch durchaus kräftige zusätzliche Impulse erhalten. So hatten sich beispielsweise im nordhessischen Raum einige Textilbetriebe niedergelassen, die vormals zur bekannten Ascher Textilindustrie des Sudetenlandes gehört hatten, die 1946 durch die CSSR verstaatlicht worden war. Auch aus der Sowjetischen Besatzungszone kamen Textilfachleute nach Nordhessen (Dok. 21).

Allerdings konnten die so wiedererrichteten Webereien, Wirkereien und Färbereien in ihrer neuen Umgebung größtenteils nicht recht Fuß fassen, geschweige denn an ihre alte Bedeutung anknüpfen. Zwar gelangen die Betriebsgründungen, jedoch vielfach an Orten, die schlechte Voraussetzungen boten, wo ein Mangel an qualifizierten Arbeitskräften herrschte, die Verkehrsanbindung schlecht, die Kapazitäten zu klein und die Produktionsanlagen letztlich zu unrationell waren. Damit aber war man auf Dauer der einheimischen Konkurrenz nicht gewachsen. Hinzu kam, daß der Markt, der von alteingesessenen Unternehmen ohnehin schon gut besetzt war, Ende der 50er Jahre als übersättigt galt.[7] Der Nachholbedarf an Textilien, der noch aus den Kriegsjahren herrührte, war befriedigt. Als dann noch mit der Liberalisierung des Handels die internationale Konkurrenz auf den Plan trat, die mit preisgünstigeren Angeboten die Märkte eroberte, bedeutete das für etliche der vielen kleinen Neubürger-Textilbetriebe schon das Aus (Dok. 22 und Anhang F).

Die Glasindustrie

Auch auf die Neuansiedlung der Glasindustrie hatte man in Hessen anfänglich große Hoffnungen gesetzt, waren doch mit den schlesischen und sudetendeutschen Vertriebenen viele Glasfachleute ins Land gekommen. Abgesehen von einer kleinen Glashütte in Immenhausen bei Kassel und einigen Flachglasbearbeitungsbetrieben in Frankfurt gab es bis zum Kriegsende praktisch keine Glasindustrie in Hessen.[8] Der hessische Staat, der hier eine Chance für den Neuaufbau eines ganzen Gewerbezweiges sah, förderte entsprechende Projekte. Das Paradebeispiel hierfür, die Glashütte Richard Süßmuth in Immenhausen, wurde an anderer Stelle (Kapitel 2.1) bereits vorgestellt. Eine erste Bilanz Ende der fünfziger Jahre schien den Optimismus zu rechtfertigen: Zehn Jahre nach der Währungsreform gab es rund 60 Glasbetriebe mit nahezu 5000 Arbeitskräften in Hessen; der Exportanteil war mit 28 Prozent überdurchschnittlich. Einige Bereiche wur-

---

[7] Vgl. dazu Kraus, in Lemberg/Edding 1950, S. 131.

[8] Allerdings gab es eine weit zurückreichende Tradition von Glashandwerk in Hessen, das in zahlreichen Glashütten seit dem Mittelalter ausgeübt wurde. Im 16. und 17. Jahrhundert entstanden dann vor allem in Nordhessen etliche Glashütten, die das hessische Glas zeitweilig zu großem Ansehen brachten.

JOSEF RAITH

JORA Kleider- und Wäschefabriken

WITZENHAUSEN

Witzenhausen an der Werra, eine nordhessische Kreisstadt mit schönen Fachwerkhäusern, die durch ihre 1898 in den Gebäuden eines ehemaligen Klosters gegründete Kolonialschule, heute Institut für tropische und subtropische Landwirtschaft, in weiteren Kreisen bekannt wurde, ist seit 1945 der Sitz eines beachtlichen Konfektionsbetriebes, der Firma Jora Kleider- und Wäschefabriken Josef Raith. Mit seinen etwa 300 Beschäftigten spielt dieses Unternehmen neben einer Papierfabrik, zwei Zigarrenfabriken und einigen kleineren Betrieben eine erhebliche Rolle im Wirtschaftsleben der Stadt und des Kreises, das im Jahre 1945 durch Errichtung der Zonengrenze und durch die dadurch erfolgte Abschnürung von ihren früher sehr intensiven Beziehungen zum thüringischen Nachbarraum auf das schwerste getroffen worden war.

Der Alleininhaber des Unternehmens, Josef Raith, kam 1945 aus Cottbus, wo er Gesellschafter-Geschäftsführer der Firma VEWAG gewesen war, die sich mit der Herstellung von Hemden und Blusen beschäftigt hatte. In Witzenhausen bot ihm der Landrat leerstehende Gebäude des ehemaligen Reichsarbeitsdienstes an, die unter größten Schwierigkeiten in einen einigermaßen brauchbaren Zustand versetzt werden konnten. Hier wurde die Firma „Tegro" gegründet, die am 1. Oktober 1945 die Produktion von Damenwäsche aufnahm. Im Jahre 1946 wurde ein neuer Nähsaal mit 35 Nähmaschinen eingerichtet, die Kleiderfabrikation aufgenommen und die Zahl der Beschäftigten bereits auf 125 erhöht. Es waren meistens Heimatvertriebene aus dem Sudetenland und Sowjetzonenflüchtlinge.

21 In Baracken des Reichsarbeitsdienstes entstand eine Textilfabrik mit über dreihundert Mitarbeitern

den dabei fast vollständig von Vertriebenen-Unternehmen beherrscht. So waren Ende 1951 acht von insgesamt zehn Hohlglas-Industriebetrieben und elf von insgesamt fünfzehn Glasveredelungsbetrieben Neubürger-Unternehmen. Ebenso verhielt es sich mit dem Anteil der darin Beschäftigten: Mit 88 Prozent bzw. 77 Prozent war der weitaus größte Teil in Vertriebenenbetrieben beschäftigt. Dabei war wiederum wichtig, wieviele Heimatvertriebene in den neuen Betrieben eine Anstellung gefunden hatten. Auch hier war die Bilanz positiv: Jeder zweite Beschäftigte in der hessischen Glasindustrie war Heimatvertriebener, bei der Glasveredelung waren es sogar mehr als drei Viertel.[9] Das Experiment schien also geglückt.

Unter der Überschrift „Glück und Glas in Hessen" wurde 1953 die bisherige Aufbauarbeit so bilanziert:

„Schon einmal hat Hessen von einem Flüchtlingsstrom profitiert: die weltbekannte Offenbacher Lederindustrie ist eine Gründung der Hugenotten, jener vor gut 250 Jahren aus Frankreich vertriebenen Protestanten. In jüngster Zeit findet sich ein neues Beispiel dafür, wie Heimatvertriebene in Hessen einen be-

---

[9] Staat und Wirtschaft in Hessen, Statistische Mitteilungen 2/1952, S. 87.

deutenden Industriezweig zu neuer Blüte bringen: die Glasindustrie. Aus Schlesien, Thüringen und dem Sudetenland kamen die Glasmacher als Flüchtlinge mit jenen unvergänglichen Gütern: Können und Erfahrung.

Eines Tages, es war Anno 1946, machten sich einige Tatkräftige auf den Weg nach Wiesbaden, direkt ins Wirtschaftsministerium. Es waren geflüchtete Glashüttenbesitzer. Land und Bund halfen den Glashütten und glasverarbeitenden Betrieben mit Krediten, Darlehen, Staatsbürgschaften, ERP- und Soforthilfemitteln insgesamt mit 7,5 Millionen DM.

Nun saßen die alten Glasarbeiter nicht mehr trübsinnig in ihren Flüchtlingsbehausungen, aus Unterstützungsempfängern wurden wieder Facharbeiter. Zwölf Glashütten entstanden im Hessenland und viele Veredelungswerkstätten, insgesamt 50 Betriebe in und um Limburg, im Obertaunuskreis, im Raume Frankfurt, Kassel und Marburg. Die Umgebung spielte bei der Ansiedlung oft eine große Rolle. Man wollte die neue Betriebsstätte in einer der alten Heimat ähnlichen Gegend aufbauen; hier lockte die Hügellandschaft, dort der Wald. Wie außerordentlich stark die hessische Glasindustrie in Flüchtlingshand liegt und wie viele betriebstreue Belegschaftsmitglieder ihrem alten Unternehmer nach hier folgten, sehen wir daran, daß von den 3300 Glasfacharbeitern 80 Prozent heimatvertriebene sind. ...

Die Jahresumsätze der hessischen Glasindustrie erhöhten sich in den vergangenen vier Jahren auf fast das Dreifache, nämlich auf 37,2 Millionen DM. Und diese Firmen haben internationale Bedeutung: sie exportieren 15 bis 20 Prozent ihrer Produktion nach den USA, nach Kanada und Südamerika. Die Qualität des Glases ‚Made in Hessen‘ weiß man aber auch im Nahen Osten zu schätzen. In Limburg wurde ein 95flammiger Leuchter angefertigt – für eine Synagoge in Israel.“ [10]

Allerdings deutete sich schon in den fünfziger Jahren ein Strukturwandel in der Glasbranche an, der schließlich dazu führen sollte, daß die Vertriebenen ihre bedeutende Stellung in der Branche nicht halten konnten. Einige Hütten mußten zumachen, andere wechselten den Besitzer, so daß immer mehr Glasbetriebe von alteingesessenen Unternehmern geführt wurden, während der Anteil der heimatvertriebenen Unternehmer, zumindest in der Glaserzeugung, stetig zurückging: von ursprünglich rund 80 Prozent auf ca. 25 Prozent. 1958 befanden sich nur noch drei Hütten im Besitz von Vertriebenen;[11] die bekannteste davon war die des Schlesiers Richard Süßmuth. An ihrem Beispiel lassen sich gut die Probleme aufzeigen, die die gesamte Glasbranche seit Anfang der 60er Jahre hatte und die zum wirtschaftlichen Abstieg vieler Unternehmen führten.

Zu den Ursachen für die Krise zählte der ständig wachsende Konkurrenzdruck in der Glasindustrie, der die Mundglasfertigung aus einem großen Teil der Märkte verdrängte, weil maschinell und teilmaschinell hergestellte Produkte bedeutend billiger waren als die der sogenannten Handglashütten. Gleichzeitig verschärfte sich die internationale Konkurrenz. Hinzu kam, daß sich der Käu-

---

[10] Der neue Weg, April 1953, S. 6.
[11] Vgl. dazu den Beitrag von H. Bychelberg, Zehn Jahre Glasindustrie in Hessen, in: 10 Jahre Geschichte des BVD, LV Hessen, 1959, S. 49 ff.

84

Vertretung der heimatvertriebenen Wirtschaft

Landesverband Bayern e. V.

in Arbeitsgemeinschaft mit der Interessengemeinschaft der in der Zone enteigneten Betriebe e. V.

München 15, Paul-Heyse-Straße 9/II, Telefon 535171

20. Nov. 1962

München, den 19. November 1962
Dr.K./F - VO 4

An die

Webereien

der heimatvertriebenen

und Flüchtlingswirtschaft !

Zur gefl. Kenntnisnahme!

Sehr geehrte Herren !

Betr.: Rationalisierung durch Arbeitsgemeinschaften

Obige Frage ist in einer am 28. September ds.Js. in Nürnberg statt-
gefundenen Sitzung eingehend erörtert worden. Ausser den bayerischen
Webereien waren auch heimatvertriebene und Flüchtlings-Webereien aus
Baden-Württemberg und Hessen vertreten. Heimatvertriebene Webereien
aus Schleswig-Holstein und Berlin(West) hatten auf schriftlichem
Wege ihr Interesse an der Bildung von Arbeitsgemeinschaften bekundet.

Die Besprechung in Nürnberg führte zu folgendem Ergebnis:

Infolge der preisunterbietenden Einfuhren, insbesondere von Meter-
ware, ist eine gewinnbringende Produktion der deutschen Webereien
ernsthaft in Frage gestellt. Das gilt in besonderem Maße für die
heimatvertriebenen und Flüchtlings-Webereien. Der weiteren Entwicklung
muss angesichts der zu erwartenden Steigerung der Textileinfuhren aus
den Billigpreisländern mit grösster Besorgnis entgegengesehen werden.
Selbsthilfemaßnahmen durch Bildung von Arbeitsgemeinschaften erscheinen daher dringend notwendig. Hierdurch würden folgende Vorteile er-
zielt werden:

1. Verbilligung der Produktion durch Aufteilung des Sortiments
   entsprechend der betrieblichen Leistung, der maschinellen
   Einrichtung und evtl. durch gemeinsamen Einkauf.

2. Vereinfachung der (gemeinsamen) Kollektion.

3. Bessere Ausnutzung der Absatzorganisation, auch durch
   Austausch der Vertreter usw..

4. Bestmöglichste Ausnutzung der Vertretungen im Ausland.

Es wurde beschlossen, baldmöglichst die jeweils gleichartigen Webereien - gleichartig hinsichtlich der erzeugten Artikel als auch der
Kapazität - zu Besprechungen über die Bildung von Arbeitsgemeinschaften einzuladen.

- 2 -

22 Selbsthilfe der Flüchtlings-Webereien gegen Billigeinfuhren (Auszug)

fer-Geschmack wandelte, eine rechtzeitige Anpassung an konsumorientierte Formen aber unterblieb, so daß man schließlich regelrecht am Markt vorbeiproduzierte.

Der Niedergang vieler Glashütten, in die man anfangs so große volkswirtschaftliche und vertriebenenpolitische Hoffnungen gesetzt hatte, begann. Da es zunächst vor allem die kleinen, ‚namenlosen‘ Glasraffinerien waren, die davon betroffen waren, versuchte man ein Exportkartell zusammenzuschmieden, das das „Böhmische Glas" zu einem Markenartikel werden lassen sollte.

Doch letztlich überlebten nur einige wenige größere Unternehmen die Krise, darunter die Glashüttenwerke Limburg des aus dem Sudetenland stammenden Dr. Ing. Walter Heinrich. Die Firma, die 1947 mit einer Belegschaft von 80 Personen, unter ihnen 65 Vertriebene aus dem Sudetenland und Schlesien, ihre Produktion aufgenommen hatte, stellte anfangs Wirtschaftsglas her, begann 1949 mit der Erzeugung von Beleuchtungsglas. Diese Umstellung war eine der Voraussetzungen für den weiteren wirtschaftlichen Aufstieg des Unternehmens. Mitte der 60er Jahre beschäftigte die Glashütte, die mittlerweile als eine der führenden Beleuchtungsglashütten galt, mehr als 600 Mitarbeiter.[12]

Dr. Heinrich, dessen Eltern beide aus der böhmischen Glasindustrie stammten und der ein wissenschaftlich gebildeter, hochrangiger Spezialist auf dem Gebiet der Glasherstellung und -weiterverarbeitung war, zählte wohl zu den erfolgreichsten Unternehmerpersönlichkeiten, die als Heimatvertriebene nach Hessen gekommen waren. Zudem war er Gründungsmitglied des VHW-Landesverbandes Hessen, dessen Vorsitzender er 1961 wurde. Gleichzeitig bekleidete er mehrere Funktionen in Bund und Land: So war er von 1952 bis 1964 Vorstandsmitglied des Vereins der Glasindustrie, langjähriger Vorsitzender des Sozialausschusses der Glasindustrie sowie Mitglied des Sachverständigenausschusses der Hessischen Landesregierung für den Großen Hessenplan. Für seine Verdienste um den Aufbau und die Nachwuchsförderung in der Glasindustrie in Hessen wurde ihm 1964 das Bundesverdienstkreuz verliehen.

Dr. Heinrich war einer der Mitbegründer und der erste Direktor der Staatlichen Glasfachschule in Hadamar. Diese war 1949 auf Initiative der vertriebenen Unternehmer in der hessischen Glasindustrie gegründet worden, um Fachkräfte, die in Hessen fehlten, heranzubilden; dementsprechend diente sie als Ausbildungs- und Lehrstätte für den dringend benötigten Nachwuchs. Da es kaum einheimische Fachkräfte gab, bestand auch das Lehrpersonal der Schule in erster Linie aus Sudetendeutschen und Schlesiern.[13]

Schmuck aus Glas herzustellen, war eine weitere Domäne der Sudetendeutschen. Die weltbekannte Gablonzer Schmuckwarenindustrie – einst der zweitgrößte Devisenbringer für die Tschechoslowakei – wurde nach der Vertreibung vor allem in Bayern ansässig, doch gab es auch einige Betriebe in Hessen. Deren Schwerpunkt lag im südhessischen Raum, genauer gesagt in Oberursel/Taunus. Versuche, die Gablonzer Schmuckwarenindustrie auch im Kasseler Raum anzu-

---

[12] Vgl. dazu den Beitrag in: 15 Jahre VHW/IOB, LV-Hessen 1966, S. 87.
[13] Vgl. dazu Ernst Pfahl, Die staatliche Glasfachschule in Hadamar, in: 10 Jahre Geschichte des BVD, LV Hessen, S. 44 ff.

siedeln, verliefen im Sande.[14] Zu der in Oberursel gegründeten Arbeitsgemeinschaft der Gablonzer gehörten Kristallglasbetriebe und Glasraffinerien, aber auch Unternehmen, die sich auf Kunststoffverarbeitung spezialisiert hatten. Obwohl die Zahl der Betriebe laufend abnahm, waren es Mitte der 60er Jahre immer noch 180, allesamt Kleinunternehmen.[15]

Der Musikinstrumentenbau

Der dritte Schwerpunkt der heimatvertriebenen Industrie Hessens lag im Musikinstrumentenbau. Die Herkunft des für Hessen neuen Gewerbezweiges lag im sogenannten Musikwinkel, einem idyllischen Landstrich im Erzgebirge mit den beiden Hauptorten Graslitz und Schönbach. Dort wurden seit Jahrhunderten Instrumente gebaut: in Schönbach Streich- und Zupfinstrumente, in Graslitz Blech- und Holzblasinstrumente. Die meisten Musikinstrumentenbau-Betriebe waren Kleinbetriebe mit fünf bis zehn Mitarbeitern. Gefertigt wurde in vorwiegend handwerklicher Produktionsweise, allerdings gab es auch schon Ansätze zur fabrikmäßigen Produktion. Die Exportquote war sehr hoch; bei einigen Erzeugnissen betrug sie bis zu 90 Prozent. Der hohe Exportanteil wurde in wirtschaftlichen Krisenzeiten zum Problem, da die Absatzeinbrüche die Branche besonders hart trafen.[16]
Durch die Vertreibung wurden die Musikinstrumentenbauer mit ihren Familien über ganz Süddeutschland verstreut. Pläne, alle Graslitzer Industrien im fränkischen Neustadt/Aisch zusammenzufassen, scheiterten. Allerdings bildeten sich einige Siedlungsschwerpunkte heraus; die größten unter ihnen waren Waldkraiburg in Oberbayern und der Raum Nauheim/Groß Gerau in Südhessen. Der hessische Staat, der Kreis Groß-Gerau und die Gemeinde Nauheim waren an der Niederlassung dieses neuen Gewerbezweiges sehr interessiert und förderten den Aufbau deswegen planvoll.[17] Ausschlaggebend dafür war, daß es sich um eine exportorientierte Industrie handelte. Neben diesen Zentren gab es eine Vielzahl weiterer Standorte, darunter auch im nordhessischen Raum; zu ihnen gehörten Frankenberg/Eder, Rosenthal und Eschwege.
Am Beispiel des Graslitzer Blasinstrumentenbauers Ernst Langhammer in Burgwald, Kreis Frankenberg/Eder, wurden ja bereits die typischen Probleme des Aufbaus der neuen Betriebsstätten dargelegt. Da es zunächst an fast allem fehlte – an Werkzeugen, Räumen und dem nötigen Material ebenso wie an geeigneten Fachkräften – beschränkte man sich in der ersten Zeit weitgehend auf Reparaturarbeiten. Nach und nach begannen die Langhammers, zu denen sich Fachkräfte aus der alten Heimat gesellten, mit dem eigentlichen Instrumenten-

---

[14] Vgl. dazu die Akte im Stadtarchiv Kassel, A 8.80.104.
[15] Vgl. dazu den Beitrag in: 15 Jahre VHW/IOB LV-Hessen 1966, S. 88.
[16] Vgl. dazu Fuchs 1953, S. 30 ff. und Schmidt 1983, S. 29 und S. 40 ff.
[17] Vgl. dazu Schmidt 1983, S. 124 ff. Dort findet sich auch eine eingehendere Darstellung der Ansiedlung und Entwicklung des Kleininstrumentenbaus in Nauheim, auf die hier – wegen anderer regionaler Schwerpunktsetzung – nicht weiter eingegangen wird.

bau. Wichtigste Voraussetzung für den geschäftlichen Wiederaufstieg war, daß es gelang, an die die alten Geschäftsverbindungen anzuknüpfen. Die waren im Falle der Trompeten vor allem in den USA zu finden, dem wichtigsten Absatzmarkt für Blechblasinstrumente.

Ein anderes Beispiel aus Nordhessen ist die Firma Josef und Franz Mosch aus Rosenthal, deren Werdegang typisch für viele der kleinen Musikinstrumentenbetriebe sein dürfte. In einer Dokumentation über die Heimatvertriebenen im Kreis Waldeck/Frankenberg wird über sie berichtet: „Im Gegensatz zur Firma Langhammer ist die Firma Mosch ein reiner Familienbetrieb. Der Gründer, Josef Mosch sen., war schon in Graslitz bei der Firma Bohland & Fuchs, die zu dieser Zeit bereits Weltruf hatte, als Meister im Bereich Waldhornbau beschäftigt. Auch sein Sohn Josef Mosch jun. lernte in dieser Firma den Metallblasinstrumentenbau. Im Herbst 1946 kam die Familie des Sohnes nach Rosenthal. Der Vater wurde als Fachkraft zunächst zurückgehalten, konnte seiner Familie aber 1948 folgen. Es war ihm möglich, in seinem Glück einige wichtige Werkzeuge für den Instrumentenbau mitzubringen. Damit konnte der Grundstock für die spätere Firmengründung gelegt werden.

Josef Mosch jun. war zu dieser Zeit noch als Hornist im Symphonieorchester Marburg und in einigen Kurorchestern tätig. Dadurch ergab es sich, daß er immer wieder Instrumente seiner Kollegen zur Reparatur mitbrachte. 1952 beschloß man, in einem Teil der Wohnung eine kleine Werkstatt einzurichten. Der Kundenkreis wuchs nun stetig, die Werkstatt wurde vergrößert. Aus Altersgründen konnte Josef Mosch sen. die Arbeit jetzt nicht mehr allein bewältigen. So trat der Sohn 1956 in den väterlichen Betrieb ein. In der Zwischenzeit hatte dessen Sohn Franz (jetziger Mitinhaber) Interesse an dem Beruf des Instrumentenbauers gefunden und eine Lehre bei der Firma Langhammer, Industriehof, begonnen. Als Franz Mosch sen. verstarb, trat der Enkel in den eigenen Familienbetrieb ein. 1973 legte er die Meisterprüfung im Metallblasinstrumenten- und Schlagzeugmacherhandwerk ab. So wird nun, fern der sudetendeutschen Heimat, die Kunst des Instrumentenbaus, zu der mehr als nur handwerkliches Geschick gehört, nach alter Graslitzer Tradition in der dritten Generation fortgeführt."[18]

Im Laufe der Entwicklung bildeten sich innerhalb der Musikinstrumenten-Branche deutlich zwei Gruppen heraus. Während es sich bei den Firmen Langhammer und Mosch um Familienbetriebe mit überwiegend handwerklichem Charakter handelte, die ihre geschäftliche Grundlage auf einen kleinen, aber festen Kundenstamm aufbauten, ging die Entwicklung bei anderen Musikinstrumentenbauern hin zu Betrieben industriellen Charakters mit expansiveren Absatzaktivitäten. Zur letzteren Gruppe gehört beispielsweise der in Nauheim ansässige Betrieb Julius Keilwerth. Die Firma, die 1925 in Graslitz gegründet worden war, fing 1946/47 zunächst in zwei Betrieben wieder mit der Herstellung von Saxophonen an. 1964 wurden dann die beiden Betriebe Nauheim und Groß-Gerau zu einem neuen Werk in Nauheim zusammengelegt, was zu einer Rationalisierung der Produktionsabläufe führte. Der Betrieb, der mittlerweile

---

[18] Aus: Heimatvertriebene im Landkreis Frankenberg, 1990, S. 138 f.

zur größten deutschen Saxophonfabrik aufgestiegen war, stellte nun auch Trompeten, Flügelhörner, Klarinetten, Posaunen und Flöten her. Damit spielte – und spielt – das Unternehmen auch auf dem Weltmarkt eine führende Rolle.[19]

Trotz aller sichtbaren Erfolge hatte dieser Gewerbezweig stets mit Problemen zu kämpfen, die vor allem die kleinen Betriebe betrafen. Da ihre Möglichkeiten zu einer rationelleren Produktionsweise begrenzt waren, während gleichzeitig das Lohnniveau laufend anstieg, war auf Dauer ihre nationale und internationale Konkurrenzfähigkeit infrage gestellt. Manche der kleineren Musikinstrumentenbauer überlebten die Rezessionsjahre nur mit einer Rumpfbelegschaft und dadurch, daß sie eine Marktnische besetzten, die ihnen die Großen der Branche gelassen hatten. Eine andere Möglichkeit war, sich zu Produktions- und Absatzgenossenschaften zusammenzuschließen, um Kosten zu sparen und das Risiko auf mehrere kleine Betriebe zu verteilen. Eine solche Zweckgemeinschaft bildete die Musikinstrumenten-Genossenschaft AMATI GmbH bei Eschwege, über die bereits an anderer Stelle berichtet wurde.[20]

Andere Gewerbezweige

Neben den drei Hauptbereichen Textil, Glas und Musikinstrumentenbau haben Heimatvertriebene und Flüchtlinge Unternehmen in noch einer ganzen Reihe weiterer Industriegruppen gegründet. Herausgegriffen seien hier nur einige, so das papier- und das holzverarbeitende Gewerbe, der Werkzeug- und Maschinenbau sowie die Elektrotechnik. Letztere waren in der Regel Gründungen von Flüchtlingen aus der SBZ wie die Felo-Werkzeugfabrik in Neustadt – auf sie wurde bereits eingegangen – und die Firma Georg Koinzer (Geko), Spinnereibedarf, in Bebra.

Als Spezialbetrieb, der Treibriemen und Nadellattenbänder (speziell für Spinnereien) produzierte, ist die Firma Geko auch heute noch nahezu konkurrenzlos in Deutschland. Hervorgegangen ist sie aus einem Unternehmen in der Lausitz, das jedoch im Krieg völlig zerstört worden war. Georg Koinzer, der sich bei Kriegsende zufällig in Hersfeld aufhielt, beschloß, nicht mehr zurückzukehren und einen Neuanfang im Westen zu versuchen. Da er völlig mittellos dastand, waren es wohl seine guten Verbindungen zu Geschäftsfreunden aus der Vorkriegszeit, die ihm für den Anfang halfen. Zu Beginn fertigte er Treibriemen für die Bauern, dafür gab's im Naturaltausch Lebensmittel: Butter gegen Leder. Allmählich kam die Sache in Schwung: Neben Konsumartikeln wie Ledergürtel und -taschen fertigte der Betrieb zunehmend auch technische Lederartikel, die letztlich ausschlaggebend für den geschäftlichen Erfolg waren (Abb. 23). So erfolgte die Herstellung von Friktionsscheiben nach einem Verfahren, das der Firmengründer selbst erfunden und zum Patent angemeldet hatte. Da das Unternehmen in den 50er und 60er Jahren kontinuierlich expandierte, brauchte man

---

[19] Vgl. dazu die Schrift „Musikinstrumente, Made in German", Dokumentation der deutschen Musikinstrumentenhersteller, 1981, S. 40 f.
[20] Vgl. dazu Messerschmidt 1991, S. 201 f.

mehr Platz, den man schließlich in Bebra fand, wohin der Betrieb 1966 umzog. Das Unternehmen wird heute in der zweiten Generation weitergeführt.[21]

Die Kunstblumenfabrik E. W. Lumpe wurde 1927 in Niedereinsiedel im Sudetenland gegründet. Mit 30 bis 40 Betrieben dieser Art war der Ort eine Hochburg der Kunstblumenherstellung. 1939/40 wurde die Firma, die zu diesem Zeitpunkt bereits 24 Mitarbeiter hatte, als „nicht kriegswichtig" eingestuft, der Firmengründer eingezogen und der Betrieb geschlossen. Im März 1945 wurde die Familie Lumpe nach Sachsen ausgewiesen, dann nach Thüringen verbracht, wo der Vater, jetzt 40 Jahre alt, noch einmal von vorne begann. Es gelang: 1947 beschäftigte er in der „Ersten Thüringischen Kunstblumenfabrik" nahezu 100 Mitarbeiter. 1948 wurde der Betrieb verstaatlicht und der Betriebsinhaber wegen der Weigerung, den Betrieb als Angestellter zu leiten, verhaftet. Während eines Hafturlaubes gelang dann die Flucht in den Westen; man ging nach Hessen, weil man dort Verwandte vermutete.

Als am Tag der Währungsreform 1948 das ehemalige Stalag IX A, das jetzige Trutzhain, Stadtteil von Schwalmstadt, zur Besiedlung mit Flüchtlingen freigegeben wurde, siedelte sich die Familie Lumpe dort an. Ausschlaggebend für die Ortswahl waren die vorhandenen Gebäude – leerstehende Kriegsgefangenen-Baracken, die man zu günstigen Bedingungen bekam – und der Umstand, daß es in diesem ländlichen Gebiet genügend Arbeitskräfte gab. So fing man ein zweites Mal von vorne an. Mit Hilfe eines kleinen Aufbau-Darlehens und der Lastenausgleichszahlung, die gleich in den Betrieb investiert wurde, gelang erneut der Aufbau eines Unternehmens, das stark exportorientiert war und so neue Arbeitsplätze schuf. 1960 hatte der Betrieb wieder 24 bis 30 Mitarbeiter, alles Leute aus der hessischen Umgegend.

Heute wird die Kunstblumenfabrik E. W. Lumpe vom Sohn weitergeführt. Über die Eingliederung berichtet er: „Da wir in Trutzhain Flüchtlinge unter uns waren, gab es mit der alteingesessenen Bevölkerung keine Schwierigkeiten. Da viele aus der Umgegend in Trutzhain Arbeit fanden, waren wir bald gut gelitten und angesehen. Die örtliche Geschäftswelt verhielt sich anfänglich abwartend, später kooperativ. Es gab und gibt gute Beispiele von Zusammenarbeit mit Einheimischen. Konkurrenzdenken kam anfangs nicht auf, da wir Flüchtlinge Branchen mitbrachten, die es hier nicht gab. Die Flüchtlingsbehörden und Dienste haben sicher geholfen bei den Heimatvertriebenen, die direkt unter Einheimischen leben mußten; für meinen Betrieb waren sie ohne Bedeutung. Ich bin mitten unter den Einheimischen in vielen Gremien tätig gewesen, bis zum stellvertretenden Bürgermeister der Stadt. Ich fühle mich völlig integriert. Gleichberechtigung ist sicherlich erreicht. Meine Eltern betonten noch etwas stärker ihren Flüchtlingsstatus, aber auch sie fühlten sich in Hessen wohl."[22]

[21] Interview mit Frau Koinzer und Herrn Braun (Prokurist) vom 22. 10. 1990; Chronik zum 25jährigen Bestehen der Firma Koinzer (unveröffentlicht).
[22] Aus den Aufzeichnungen P. A. Lumpes vom 20. 9. 1990.

23 *Blick in die Fertigungshalle eines expandierenden Flüchtlingsunternehmens im Jahre 1948: Georg Koinzer hatte seinen Spezialbetrieb für Spinnereibedarf 1945 in Hersfeld mit der Herstellung von Treibriemen für die Landwirtschaft begonnen.*

Handwerk und Baugewerbe

Ebenso wie bei den Industriebetrieben war die Zahl der von Vertriebenen geführten Handwerksbetriebe auch zwanzig Jahre nach Kriegsende deutlich geringer als es ihrem Bevölkerungsanteil entsprochen hätte. So berichtete das Bundesvertriebenen-Ministerium, daß sich unter den am 1. Januar 1964 im Bundesgebiet registrierten Inhabern von Handwerksbetrieben 9,3 Prozent Vertriebene und Flüchtlinge befanden, während deren Anteil an der Gesamtbevölkerung zu diesem Zeitpunkt 24,6 Prozent betrug. Aus der gleichen Erhebung geht hervor, daß die Quote in Hessen mit 11,7 Prozent etwas höher war.

Gliedert man die im Jahre 1964 in Hessen registrierten 7789 Flüchtlings- und Vertriebenenbetriebe des Handwerks nach Handwerkszweigen auf, so ergibt sich aus Tabelle 5, daß die Vertriebenen und Flüchtlinge hauptsächlich in das Bekleidungshandwerk eindrangen. Die Gründe dafür liegen auf der Hand: Der vergleichsweise geringe Kapitalbedarf im Schneider- und Schuhmacherhandwerk hat hier zur Gründung von besonders vielen Vertriebenenbetrieben geführt, worunter allerdings, wie schon angemerkt, in den Aufbaujahren nicht wenige Kümmerbetriebe waren. Dementsprechend war auch die Fluktuation, also die Zahl der fortlaufenden Zu- und Abgänge, in den Bekleidungshandwerken besonders groß. Der hohe Anteil des Bekleidungshandwerks erklärt sich aber auch

Tabelle 5: Handwerksbetriebe der Flüchtlinge und Vertriebenen in Hessen (1964)

Textil-, Bekleidungs- und Lederhandwerk	30,7%
Metallhandwerk	18,4%
Bauhandwerk	15,7%
Nahrungs- und Genußmittelhandwerk	12,0%
Übrige	23,2%

daraus, daß darin manche Spezialhandwerkszweige enthalten waren, die für das Herkunftsland, insbesondere für das Sudetenland, charakteristisch waren: Weber, Stricker, Wirker, Klöppler, Tuchmacher und Handschuhmacher.[23]

Wie sehr sich die Betriebsgründungen von Flüchtlingen und Vertriebenen zunächst auf Handwerkszweige konzentrierten, die wenig kapitalintensiv und verbrauchernah waren, geht aus der Aufstellung hervor, die G. Albrecht für den Bereich der Handwerkskammer Kassel erstellt hat (Stand 1953). Danach entfielen auf die vier Handwerkszweige Herrenschneider, Damenschneider, Uhrmacher und Friseure allein schon 85 Prozent aller Betriebe (Dok. 24).

Trotz der relativ hohen Anfangsinvestitionen gelang es Flüchtlingen, auch im Baugewerbe Fuß zu fassen. Einer, dem dies ganz besonders gut gelang, ist der Hersfelder Bauunternehmer Hermann Kirchner. 1899 in Kassel geboren, gründete er als 27jähriger im thüringischen Weimar ein Baugeschäft, das sich auf den Straßenbau spezialisierte. Mit dem Bauboom im Straßenbau in den 30er und 40er Jahren wuchs auch das Unternehmen. Wie es mit dem Kriegsende und danach weiterging, schildert er humorvoll in seinen Lebenserinnerungen (Dok. 25).

Sieht man sich die allgemeine Entwicklung im Handwerk seit 1949 an, so fällt auf, daß sich die Zahl der selbständigen Vertriebenen-Handwerker laufend erhöht hat, während gleichzeitig die Gesamtzahl der Handwerksbetriebe zurückging. Allein zwischen 1950 und 1955 stieg die Zahl der in Hessen registrierten Vertriebenen- und Flüchtlingsbetriebe im Handwerk um 34,3 Prozent an, während der allgemeine Trend genau gegenläufig war: 1955 gab es 7,6 Prozent weniger Handwerksbetriebe in Hessen als 1950.[24] Im ganzen entsprach der seit 1949 zu verzeichnende Rückgang der Gesamtzahl der Betriebe einer Tendenz in der Entwicklung des Handwerks in Richtung auf eine Verminderung der Betriebszahl bei Vergrößerung der durchschnittlichen Betriebsgröße mit verstärkter Kapitalausstattung. Kurzum: Die Vielzahl kleiner Handwerksbetriebe schrumpfte zugunsten weniger, aber größerer Betriebe.

Wie erklärt sich nun diese gegenläufige Entwicklung bei den Flüchtlingen und Vertriebenen? Die Vermutung liegt nahe, daß viele von ihnen in den ersten Jahren nach der Flucht bzw. Vertreibung zunächst darum bemüht sein mußten,

---

[23] Vgl. dazu Albrecht 1954, S. 179.
[24] Zahlen aus: Die gewerblichen Vertriebenen- und Flüchtlingsbetriebe, Tabelle S. 19. Vgl. dazu auch Reichling 1989, S. 82 f.

Arbeit zu finden und sich in der neuen Umgebung einzurichten. Erst als das erreicht war, regte sich bei vielen der Wunsch, wieder selbständig zu werden. Die Chance bot sich ihnen, da die Neubürger in die Lücke zwischen dem Be-

**Handwerkszweige mit 10 v. H. und mehr Flüchtlingsbetrieben
im Handwerkskammerbezirk Kassel am 30. 9. 1953**
(Auskunft der Handwerkskammer Kassel, Anteile errechnet*)

Handwerkszweig	in v H aller Betriebe	Zahl der Flüchtl.- Betriebe	Handwerkszweig	in v H aller Betriebe	Zahl der Flüchtl.- Betriebe
I.			Gold- u. Silberschmiede .	17,5	7
Brunnenbauer	40,0	2	Uhrmacher	22,0	49
Platten- u. Fliesenleger ..	13,0	3	Kühlerhersteller	16,7	1
Zentralheizungsbauer ...	10,0	2	**V.**		
Schornsteinfeger	18,0	18	Beizer, Polierer	100,0	1
III.			Boots- u. Schiffbauer ...	100,0	1
Herrenschneider	14,5	268	Modellbauer	20,0	1
Damenschneider	17,7	177	Karosserie-, Fahrzeug-		
Putzmacher	19,1	21	bauer	66,6	2
Stricker	18,2	12	Drechsler, Elfenbeinschn.	17,8	11
Sticker	25,0	4	Spielzeughersteller	100,0	1
Weber u. Wirker	37,3	19	Holzbildhauer	33,3	3
Seiler u. Zeltemacher	13,0	3	Böttcher	11,0	8
Hut- u. Mützenmacher ..	33,3	4	Bürsten- u. Besenmacher	21,4	6
Handschuhmacher	100,0	1	**VI.**		
Tierausstopfer, Präparat.	20,0	1	Bandagisten	20,0	1
Schäftemacher, Stepper .	38,5	5	Zahntechniker	22,2	10
Feintäschner	20,0	1	Friseure	14,1	146
Kurbelsticker	50,0	1	Färber, chem. Reiniger ..	13,6	3
Gerber, Lederglätter	23,8	5	Glas- u. Gebäudereiniger	10,0	2
IV.			**VII.**		
Waagenbauer	25,0	1	Photographen	16,4	21
Schweißer	11,1	1	Töpfer	37,5	6
Maschinenbauer	29,6	8	Glasschleifer, Glasbläser	40,0	4
Zylinder- u. Kurbel-			Kunsthandwerker	50,0	1
wellenschleifer	66,6	2	Glas- u. Porzellanmaler .	66,6	2
Kraftfahrzeugelektriker .	16,6	2	Lackierer	16,0	4
Elektromechaniker	18,7	17	Geigenbauer	50,0	2
Werkzeugmacher	33,3	1	Orgelbauer	25,0	2
Kupferschmiede	15,4	2			

* Handwerkszweige, die zu den 20 größten gehören (die allein schon 85 v. H. aller Betriebe im Lande darstellen), sind unterstrichen!

24 *Je weniger Kapital für eine Betriebsgründung in einem Gewerbe nötig war, um so stärker war der Flüchtlingsanteil und um so höher lag der Anteil der „Kümmerexistenzen"*

stand an Altbetrieben und der Zahl der durch die Bevölkerungszunahme möglichen zusätzlichen Handwerksbetriebe stoßen konnten. Dabei blieb der Zuwachs allerdings unterproportional. Vor allem ältere Handwerker, die vor der Vertreibung selbständig gewesen waren, schafften es meist nicht mehr, in der neuen Heimat wieder als selbständige Handwerker Fuß zu fassen.

Handel, Verkehrs- und Gastgewerbe

Nach der Volks- und Berufszählung von 1961 gab es im hessischen Handel 6995 Vertriebenen- und 1572 Flüchtlingsbetriebe; das waren 10,1 Prozent bzw. 2,3 Prozent aller Betriebe. Nimmt man noch den Dienstleistungssektor hinzu, in dem 5703 (11,0 Prozent) Vertriebenen- und 1586 (3,1 Prozent) Flüchtlingsbetriebe gezählt wurden, so waren in diesem Wirtschaftsbereich die allermeisten Neubürger unternehmerisch tätig. Dabei liegt es nahe, daß der Einzelhandel mit 4635 Vertriebenenbetrieben – das sind zwei Drittel aller Handelsbetriebe – die mit Abstand größte Gruppe darstellte.[25] Die Tatsache, daß man ein Einzelhandelsgeschäft auch mit relativ bescheidenen Mitteln aufziehen konnte, reizte eben viele, sich in diesem Bereich selbständig zu machen, darunter auch Leute ohne jede Erfahrung in diesem Metier. Gerade hier bot sich für rührige Flüchtlinge und Vertriebene eine gute Chance, mit dem Lebensraum auch den Beruf zu wechseln.

Ein Beispiel hierfür ist die Gründung des Reformhauses Dr. Heidl in Fulda, ein Betrieb, der heute in der zweiten Generation weitergeführt wird. Dr. Heidl, der das Geschäft 1951 gründete, stammte aus Bad Königswart im Sudetenland und war ursprünglich Jurist und Syndikus bei der Porzellan-Industriegenossenschaft in Prag. Nach der Vertreibung, die ihn und seine Familie zunächst nach Kassel geführt hatte, übte er verschiedene Berufe aus; unter anderem verdiente er sein Geld als Schreibmaschinen-Vertreter. Da er ein chronisches Leiden hatte, begann er sich für gesunde Ernährung zu interessieren – und beschloß eines Tages, ein Reformhaus zu eröffnen. In einer ehemaligen Buchbinderwerkstatt in Fulda fand man schließlich geeignete Räume und begann in bescheidenem Rahmen als Familienbetrieb. Dr. Heidl, der über keinerlei kaufmännische Ausbildung verfügte, war zu diesem Zeitpunkt 42 Jahre alt. Ein Kleinkredit von 2000,– DM, den man sich mühsam beschafft hatte, half dabei, die Startschwierigkeiten zu überwinden, so daß das Geschäft allmählich in Schwung kam und die fünfköpfige Familie ernährte. Heute beschäftigt der florierende Betrieb, der mittlerweile noch mehrmals den Standort wechseln mußte, acht Mitarbeiter.[26]

Trotz ihrer Vielzahl und ihrer Bedeutung hinsichtlich der Eingliederung der Betroffenen wissen wir insgesamt nur wenig über die Lage und die besonderen Probleme der Neubürger-Betriebe im Handel, im Gaststätten- und im Dienstleistungsgewerbe. Das leigt vor allem daran, daß dieser Gewerbezweig im Gegensatz zu Industrie und Handwerk schon seinerzeit eher beiläufig behandelt wur-

---

[25] Mitteilungen für Vertriebene, Heft 2, 1964, S. 54.
[26] Interview mit Herrn Heidl jun., dem jetzigen Inhaber, vom 10. 12. 1990.

Aus meinem Leben

Ostern 1945 rückten die Amerikaner in Weimar ein.

Neben vielen anderen erhalten gebliebenen Wohnhäusern wurde auch mein Haus sofort requiriert; ich mußte mit Frau und fünf Kindern das Haus unter Mitnahme dessen, was wir auf dem Leibe trugen, verlassen. Wir waren auf die Nächstenliebe guter, alter Freunde, soweit diese überhaupt noch einen Raum hatten, angewiesen.

Und dann strömten die freigelassenen Insassen des KZ Buchenwald in die Stadt. Plötzlich, fast über Nacht, Anfang Juli 1945, verließen die Amerikaner Thüringen und damit auch Weimar, und die Russen hielten Einzug. Alle Betriebe mußten wieder arbeiten. Der meinige im wesentlichen bei der Trümmerbeseitigung.

Meine Belegschaft wurde durch Weimarer Honoratioren vergrößert. Ministerialbeamte, Regierungs-, Oberregierungsräte, Bauräte, Leiter höherer Schulen und vieles, was Rang und Namen hatte in Weimar, wurde plötzlich Hilfsarbeiter mit Pickel und Schaufel bei Kirchner. Sie waren voller Galgenhumor bei ihrer Tätigkeit, denn nur der bekam seine Lebensmittelkarten, sogar mit Schwerarbeiterzulage, der eine körperliche Tätigkeit nachweisen konnte. »Herr Oberregierungsrat gib mir doch mal deine scharfe Kreuzhacke«, das konnte man oft genug hören. Mein Betrieb wurde im Herbst 1945 von den Russen unter Sequester gestellt, wonach die entschädigungslose Enteignung folgte, ohne Rücksicht darauf, ob es sich um Geschäfts-, oder Privatvermögen, einschließlich aller häuslichen Dinge, handelte.

Im Frühjahr 1948 verließ ich Weimar, meine Frau und fünf Kinder bei ihrer Mutter zurücklassend, und ab ging es wieder nach Kassel, in meine Geburts- und Heimatstadt. Hab und Gut hat man mir nehmen können, nicht aber meinen eisernen, lebensbejahenden Willen und den Mut zur Selbsterhaltung. Meine erste Bleibe war in der Familie meiner Schwester. Kassel war zu siebzig Prozent bombenzerstört, meine Aufenthaltsgenehmigung wurde mir nur nach Überwindung größter Schwierigkeiten vorübergehend erteilt, später sanktionierte das Flüchtlingslager Gießen meinen, und nach einiger Zeit auch den Aufenthalt meiner Familie.

Mein mir wohlgesinnter Eggemann, Direktor der »Casseler Basalt-Industrie« bot mir seine Hilfe an. Er wollte mich sofort für die CBI engagieren. Wir besprachen auch die Wiedergründung einer Wegebaugesellschaft. Aber, ich bin heute froh darüber, daß daraus nichts wurde. Wieder Unternehmer zu werden, war meine Losung.

Das erste Geld nach der Währungsreform ergatterte ich durch den Verkauf meines in der Hosentasche verborgenen Brillantringes auf dem schwarzen Markt in der Frankfurter Straße an einen auswandernden Juden. Geld, für die damaligen Verhältnisse – zwei Wochen nach der »Währungsreform« – sogar viel Geld, hatte ich nun. Auf dem zerbombten Grundstück meiner Eltern baute ich ein Behelfsheim und konnte so im Herbst 1948 meine Familie schwarz über die Grenze bei Duderstadt nachkommen lassen. Ich brachte auch in Erfahrung, daß einer meiner Bagger, eine Lokomotive und Feldbahngleise mit Kipploren, die ich zum Kriegseinsatz an die OT abgeben mußte, in der Nähe von Paderborn auf einer Eisenbahnbaustelle seien und bereits einen neuen Liebhaber gefunden hätten. Es gelang mir, alles wieder an Land zu ziehen. Ich verdanke dies einem kleinen Firmenschild, das an einer versteckten Stelle des Weserhütte-Baggers angebracht war. Die von den Amerikanern im Herbst 1948 verkündete Gewerbefreiheit machte mir den Weg zum Unternehmer frei. Wie kam ich nun nach Hersfeld? Mein Freund und Weimarer Landsmann Architekt Ernst Flemming bewarb sich vom US-Lager Kornwestheim aus um die ausgeschriebene Stelle eines Stadtbaumeisters in Hersfeld und wurde als solcher Anfang 1949 tätig. Ich besuchte ihn, und er machte mich mit dem damaligen Bürgermeister Dr. Brühl bekannt. Dr. Brühl empfahl mir, mich als Tiefbauunternehmer in Hersfeld niederzulassen und sagte mir im Beisein seines damaligen 1. Bürobeamten Taubert jede nur mögliche Unterstützung zu. Ich wurde nun Hersfelder. Am 1. Mai 1949 begann ich meine erste Hersfelder Arbeit, die Fortführung und Fertigstellung der Fuldaregulierung im Zuge des Neubaues der Fuldabrücke. Der Abbruch der alten Fulda- und Haunebrücke gehörte zu meinem Auftrag, wie auch der Ausbau der B 27 vom Peterstor zur neuen Fuldabrücke.

Straßenbauarbeiten für das damalige Landesbauamt, heute Hessisches Straßenbauamt Bad Hersfeld, folgten, und auch andere Straßenbauämter konnte ich als Auftraggeber gewinnen.

Mein Schwiegersohn, Jürgen Henschel, kam nach Abschluß seines Studiums in Weimar-Apolda am 1. August 1955 zu mir. Mit seinen Eltern verband meine Frau und mich eine langjährige Weimarer Freundschaft. Im Januar 1964 heiratete er meine jüngste Tochter Heidi.

Mein Sohn Rainer, der bei der Kasseler Straßenbaufirma Riede unter dem Prokuristen Heinrich Debelius, meinem Jugendfreund, eine kaufmännische Ausbildung erfuhr und diese als Industriekaufmann abschloß, trat am 1. April 1957 in den Betrieb ein, wie auch mein Sohn Helmut, der an der Technischen Hochschule Hannover sein Examen als Diplom-Ingenieur machte, anschließend ein Jahr bei der Firma Sager & Wörner arbeitete und am 1. Februar 1965 Betriebsangehöriger meiner Firma wurde.

Gerne bekenne ich, daß die Zusammenarbeit mit meinem Sohn Helmut und meinem Schwiegersohn Jürgen Henschel die denkbar beste ist, beseelt von Kameradschaft und treuer Freundschaft, und daß es mir leicht fiel, beide zu gleichberechtigten Geschäftsführern zu berufen und ihnen am 1. Juli 1966 die Leitung und damit die Geschicke des Unternehmens anvertrauen zu können. Ich übernahm von diesem Tag an die Funktion des Aufsichtsratsvorsitzenden. Am 1. April 1966 konnte die Feier des 40jährigen Bestehens der Firma in einem würdigen Rahmen begangen werden.

Am 9. Januar 1973 wurde mir von Landrat Bährens in einer Feierstunde das vom Bundespräsidenten verliehene Bundesverdienstkreuz überreicht und am 9. Oktober 1974 vom hessischen Ministerpräsidenten Osswald der Ehrenbrief des Landes Hessen.

Glücklich, zufrieden und dankbar bin ich täglich, daß mir das Schicksal in dieser Lebenslage hold war.

Ein Unternehmen wie das meinige auf- und auszubauen, war eine große und harte, aber auch schöne Aufgabe, die ich jedoch nur in gemeinsamem Schaffen mit einer vorbildlichen, fleißigen und betriebstreuen Belegschaft meistern konnte. Ich bin vor allem glücklich auch darüber, daß Pflichteifer und Verantwortungsbewußtsein auf die zweite Generation übergeleitet sind.

Ich schließe meine bisherige Lebensgeschichte mit dem Goethe-Wort »Das ist die größte Kunst auf Erden, mit frohem Herzen alt zu werden«.

25 Als größere Bauunternehmer etablieren konnten sich nur wenige Flüchtlinge. Einer von ihnen ist Hermann Kirchner, der allerdings ein gebürtiger Hesse war. (Auszug)

de. Das Hauptaugenmerk staatlicher und kommunaler Behörden galt der Neuansiedlung von „Produktivgewerbe", während man beim Handel eher die Sorge
vor dessen Überbesetzung hervorhob.

So ist beispielsweise der Handel zumeist nicht in die Bemühungen der Gemeinden um Gewerbesteuer einbezogen worden. Davon unberührt blieb allerdings der Umfang der öffentlichen Fördermaßnahmen für die Vertriebenen und
Flüchtlinge im Handel. Dafür spricht die Tatsache, daß ein hoher Anteil der
staatsverbürgten Kredite dem Handel und seinen verwandten Bereichen – dem
Gaststätten- und Verkehrsgewerbe – zugute kamen.[27] Daneben gab es auch für
diese Gewerbezweige steuerliche Vergünstigungen, die die Kapitalbildung in den
Vertriebenen- und Flüchtlingsbetrieben unterstützen sollten (Dok. 26).[28]

Vor welche speziellen Probleme der Handels- und Dienstleistungssektor gestellt war, wird schnell deutlich, wenn man sich die besondere Situation eines
Vertriebenen oder Flüchtlings vor Augen führt, der irgendwo in einer hessischen Kleinstadt oder in einem Dorf ein Einzelhandelsgeschäft oder eine Gast-
wirtschaft eröffnet hatte. Als Händler oder Gastwirt mußte er natürlich stets
darauf bedacht sein, Kundschaft zu gewinnen und zu halten, was in jedem Fall
ein hohes Maß an Anpassungsbereitschaft erforderte. Lag das Geschäft in oder
nahe bei Flüchtlingslagern oder Vertriebenensiedlungen, so hatte er anfangs sein
Auskommen, denn die Kundschaft aus diesem Kreis war ihm wohl sicher. Allerdings konnte sich seine Lage schlagartig verschlechtern, wenn mit der Auflö-
sung solcher Lager oder mit den Umsiedlungsaktionen viele seiner Kunden ab-
wanderten. So wichtig also die Vertriebenenkunden für diese Geschäfte anfangs
waren, so wenig konnten sie sich auf Dauer allein darauf stützen.

Viel stärker als die in der Industrie tätigen Unternehmer waren die Einzelhändler und die Selbständigen im Dienstleistungsgewerbe also darauf angewiesen, gute Kontakte zur einheimischen Bevölkerung zu bekommen. Das war
nicht immer leicht. Vor allem in den ersten Jahren, in denen es ja viele Vorbe-
halte gegenüber den Ortsfremden gab, hatte da mancher hart mit den Vorurtei-
len seiner Mitbürger zu kämpfen, ganz abgesehen von der Haltung der ortsansässigen Konkurrenz, die manchmal bis hin zu offener Feindseligkeit reichen
konnte. Vor allem auf dem Lande, wo sich ein Gutteil der Bevölkerung gegenüber den Fremden anfangs sehr zurückhaltend, wenn nicht anlehnend verhielt,
hatten die neuen Geschäftsinhaber im Handel und im Gastgewerbe einen schweren Stand. Bis sie sich schließlich etabliert hatten, konnte es lange dauern; Voraussetzung dafür war ein großes Maß an Anpassungsfähigkeit und Robustheit
(Dok. 27 und 28).

Auch wenn die angeführten Beispiele zeigen, daß es einzelnen Vertriebenen
durchaus gelang, florierende Unternehmungen im Dienstleistungsgewerbe aufzubauen, so wurden meist doch nur bescheidene Betriebsgrößen erreicht. Der
typische Einzelhandelsbetrieb eines Vertriebenen oder Flüchtlings war ein kleiner Laden, der vom Inhaber allein oder mit Hilfe seiner Familie geführt wurde,
also ein reines Familienunternehmen darstellte. Dabei war der Inhaber – oft wa-

---

[27] Vgl. dazu beispielsweise die Flüchtlingskredit-Akten HHStA Wi 507/6779.
[28] Seyffert, in: Lemberg/Edding 1959, Bd. II, S. 204 ff.

SIEGFRIED SCHOLZ
Fabriklager · Spezialgroßhandlung · Großkonfektion
FULDA, Heinrichstraße 49

Am 17. März 1963: 25 Jahre selbständiger Textilkaufmann — Firma Siegfried Scholz, Fulda, Ecke Heinrichstr. 49/Rhönstr. 14.
Ein bewegtes und arbeitsreiches Leben liegt hinter diesem Jubiläum.
Der aus Mährisch-Schönberg (Ostsudetenland) stammende Betriebsinhaber hatte in G r o t t a u a. d. Neiße, Hauptstraße 128, am 17. März 1938 zusammen mit seiner Ehefrau Hanni geb. Weber das Modehaus Siegfried Scholz eröffnet.
Vor seiner Selbständigkeit war Herr Siegfried Scholz nach einer gründlichen schulischen wie auch praktischen kaufmännisch-textilen Ausbildung viele Jahre im Groß- und Einzelhandel als Angestellter — Abteilungsleiter und Geschäftsführer — auch im elterlichen Betrieb — tätig. In letzterer Eigenschaft als Geschäftsführer in Grottau a. d. Neiße lernte er seine Frau Hanni kennen, die er am 5. März 1938 ehelichte. Als ebenfalls gelernte Textilkauffrau hatte Frau Scholz während des Zweiten Weltkrieges den offiziellen Auftrag, mit einigen wenigen Mitarbeitern die textile Versorgung der Bevölkerung von Grottau und Umgebung aufrechtzuerhalten.
Auf Grund ihrer Fachkenntnisse und der allgemeinen Beliebtheit sowie des guten persönlichen Kontaktes zur Bevölkerung konnte sie sich bei dieser Aufgabe trotz der Schwere der Zeit der Wertschätzung aller erfreuen.
Nach der Beschlagnahme des Betriebes und der Vertreibung im Jahre 1945 wurde Frau Scholz mit ihrem Sohn von Verwandten in Steinbach, Kreis Hünfeld, im Lande Hessen aufgenommen, wohin auch der Jubilar nach seiner Entlassung aus der Kriegsgefangenschaft nachgefolgt ist.
Hier zunächst mit der handwerklichen Erzeugung und dem gleichzeitigen ambulanten Vertrieb von Hausschuhen beschäftigt, stellte im Anschluß daran Herr Scholz seine langjährigen kaufmännischen Erfahrungen der Wiedereinrichtung einer ebenfalls vertriebenen und verwandten Spirituosenfabrik zur Verfügung.
Mit als erster erwirbt er im Jahre 1949 ein Familien-Eigenheim in Fulda, schlüssel- und bezugsfertig im März 1950, mit der Absicht, hier sein Geschäft wieder neu eröffnen zu können.
In einem ehemaligen Pferdestall beginnend, haben sich nun die Eheleute Scholz in jahrelanger Tag- und auch Nachtarbeit mit sehr viel Fleiß und großer Energie bemüht, ihre alte Firma wieder neu zu begründen und aufzubauen.
Sie ist heute in ihrer modernen Struktur als
                    Bekleidungsgroßhandel und Fabriklager
in eigenen Gebäuden (1200 qm Verkaufsraum), der erste und größte Betrieb seiner Art im osthessischen Raum.

26 Der Sprung in den Großhandel gelang nur wenigen. Im Handelsgewerbe waren die meisten Vertriebenen kleine Einzelhändler. (Auszug)

ren es natürlich auch Frauen – bei der Geschäftseröffnung in der Regel schon relativ alt.[29] Was den Geschäftszweig anbetraf, so waren Vertriebene und Flüchtlinge in praktisch allen Zweigen tätig, von der Gemischtwarenhandlung über die Leihbücherei bis hin zur Imbißstube; bei den Groß- und Einzelhandelsgeschäften fällt die Vielzahl von Betrieben aus dem Textilbereich auf.[30]

---

[29] Vgl. ebd. S. 229.
[30] Vgl. die Liste der Flüchtlingsbetriebe in Nordhessen von 1951, StA Ma, Best. 401/17 Nr. 29.

KADDATZ & LEMKE

Güterfernverkehr

ROTENBURG a. d. Fulda

Im Jahre 1951 machten sich die beiden Halbbrüder Erich Kaddatz und Bruno Lemke mit einem Transportunternehmen in Rotenburg a. d. Fulda selbständig.

Beide stammen aus Bad Polzin, Kreis Belgard, Pommern, und waren durch die Vertreibung nach Rotenburg verschlagen worden. Sie waren in ihrer Heimat als Kraftfahrer tätig gewesen und hatten auch in Rotenburg zunächst als Kraftfahrer bei einem Privatbetrieb angefangen.

Durch Tüchtigkeit, Sparsamkeit und guten Kontakt mit der Kundschaft entwickelte sich das selbständige Transportunternehmen sehr gut; es wurde zunächst mit einem gebrauchten Lastzug angefangen. Im Dezember 1958 wurde ein zweiter Lastzug angeschafft. Heute hat der Betrieb, an dem beide Inhaber zu gleichen Teilen beteiligt sind, zwei neue 20-t-Lastzüge. Beide Lastzüge sind das ganze Jahr über voll ausgelastet; es wird vorwiegend für Großbetriebe im nordhessischen Raum gefahren.

Im Jahre 1960 konnte mit Hilfe eines ERP-Kredites ein etwa 2500 qm großes Grundstück erworben und die darauf befindlichen Gebäude zweckmäßig für Wohnungen, Büro und Betriebsräume ausgebaut werden.

27 Es gab auch Vertriebene, die sich erst im Westen selbständig machten

4.3 Regionale Schwerpunkte des Flüchtlingsgewerbes im nordhessischen Raum

Grundsätzlich waren die Flüchtlings- und Vertriebenenbetriebe über das ganze Land verstreut. Dennoch bildeten sich – ähnlich wie in Bayern – auch in Hessen einzelne lokale bzw. regionale Schwerpunkte, die zu Zentren für die wirtschaftlichen Aktivitäten der Vertriebenen wurden. Die wichtigsten hessischen Schwerpunkte der Neuansiedlung von Flüchtlingsbetrieben waren in Limburg, Oberursel, Nauheim (Kreis Groß-Gerau), Arolsen-Korbach, Hessisch-Lichtenau, Trutzhain, Frankenberg und Wolfhagen, Stadtallendorf und Neustadt (Kreis Marburg). Dabei gelten die beiden letztgenannten als die bedeutendsten der neu entstandenen Industrieansiedlungen Hessens.[1] Dem Ansatz dieser Arbeit entsprechend, wird im folgenden nur von den in Nordhessen gelegenen Schwerpunkten die Rede sein, womit allerdings auch die Siedlungen wegfallen, in denen typische Vertriebenengewerbe in konzentrierter Form ansässig wurden, so wie der Musikinstrumentenbau aus Graslitz in Nauheim oder die Haida-Steinschönauer Glasveredelung in Limburg-Hadamar. Die Neubürger-Gewerbezentren, die in Nordhessen lagen, wiesen dagegen weitgehend eine gemischte

---

[1] Vgl. dazu Albrecht 1954, S. 142f.

98

Färberei
chemische Reinigung
Fortschritt

Inhaber:
Otto Skibowski
(Lyck Ostpr.)
Kirchhain Bez. Kassel

Die Firma wurde vom Vater des Inhabers am 5. 2. 1892 in Lyck, der Hauptstadt Masurens gegründet und seit der Übernahme durch den Färber- und Chemisch-Reinigermeister Otto Skibowski am 1. 4. 1922 zu einem mittleren Industriebetrieb entwickelt.

Ein blühender, sich gut entwickelnder Betrieb wurde 1914 durch den Russeneinbruch in Ostpreußen zerstört — lange Zeit brauchte es, bis er wieder aufgebaut und durch den Sohn des Gründers ausgebaut werden konnte. Im ganzen Ostgebiet Ostpreußens waren 1939 eigene Läden errichtet, auch in der Provinzhauptstadt Königsberg/Pr.

Der Räumungskommissar stellte fest: „Der modernste Betrieb Deutschlands". Nach der Besetzung wurden auch die Betriebsgebäude von den Polen gesprengt — ein großer Schuttberg liegt heute noch da.

Der Aufbau in Hessens Notstandsgebiet war wiederum nicht leicht. Heute hat der Betrieb eigene Läden in Treysa, Kirchhain, Marburg/L., Bad Hersfeld, Alsfeld.

Ein moderner Betrieb wie in Ostpreußen, hat doch der Inhaber an der Entwicklung der neuzeitlichen Reinigungsmaschine seit 1935 persönlich mitgearbeitet.

Färbereibesitzer Otto Skibowski ist heute noch Kreisvertreter Lyck und leitet die Kreisgemeinschaft Lyck e. V. nun schon über 15 Jahre. Er ist Mitbegründer der Landsmannschaft Ostpreußen und hat die erste Flüchtlingsfürsorge (Flensburg) schon 1945 organisiert.

28 *Im Ersten und im Zweiten Weltkrieg wurde dieser Betrieb in Ostpreußen zerstört und schließlich in Nordhessen wieder errichtet*

Struktur auf. Da hier nicht jede industrielle oder gewerbliche Siedlung in Nordhessen mit derselben Intensität behandelt werden kann, sollen einzelne für die Gesamtentwicklung modellhafte Orte etwas ausführlicher dargestellt werden.[2]

Während in vielen Fällen die Standortfrage eines Vertriebenen-Betriebes einfach durch den Zielort eines Flüchtlingstransports und die Unterkunftsmöglichkeiten für seine Insassen ‚gelöst' wurde, gab es bekanntlich schon frühzeitig Initiativen zur planmäßigen Ansiedlung von Flüchtlingsgewerbe. In der ersten Zeit nach dem Kriege, als der Wirkungskreis staatlicher Stellen noch begrenzt war, beschränkten sich solche Initiativen im wesentlichen auf kommunale Stellen. Erst nachdem der hessische Staat allmählich mit Hilfsaktionen und weiterreichenden Programmen auf die riesigen Probleme reagierte, die mit Versorgung, Unterbringung und Eingliederung der Neubürger verbunden waren, schalteten sich zunehmend auch staatliche Stellen ein, wenn es darum ging, Ge-

---

[2] Eine ähnliche Vorgehensweise wurde auch für Bayern gewählt; vgl. dazu Prinz, in: Schulze, Brelie-Lewien, Grebing (Hrsg.) 1987, S. 260.

werbegebiete für die Vertriebenen und Flüchtlinge zu finden und bereitzustellen. Die Einschaltung staatlicher Stellen war ohnehin da nötig, wo es um die gewerbliche Nutzung früherer Wehrmachts- und Munagelände ging, da über deren Verwertung zunächst die Besatzungsmacht, dann aber der hessische Staat zu entscheiden hatte.

Das Interesse, das einzelne Gemeinden oder Kreise daran hatten, in ihrem Ort Industriebetriebe ansässig zu machen, liegt auf der Hand: Die dadurch entstandenen Arbeitsplätze kamen vor allem den arbeitslosen Flüchtlingen und Vertriebenen zugute, die es gerade auf dem flachen Lande in hohem Maße gab. Zur Erinnerung: Der strukturschwache Norden, der innerhalb Hessens ohnehin die höchsten Arbeitslosenzahlen aufwies, hatte auch die höchste Arbeitslosenquote unter den Flüchtlingen und Vertriebenen. Die, die keine Arbeit gefunden hatten, mußten von der Fürsorge leben. So begründete der zuständige Landrat seinen Antrag an die hessische Staatsregierung vom November 1945, das ehemalige Rüstungsgelände Allendorf für wirtschaftliche Nutzung freizugeben:

„Nach vorläufigen Informationen ist damit zu rechnen, daß die Besatzungsarmee in Bälde das Werk, soweit es nicht als Rüstungsbetrieb der Vernichtung unterworfen wird, freigibt. Aus Industriekreisen ist der Wunsch geäußert worden, die Teile des Werks, die nicht vernichtet werden müssen, für die zivile Wirtschaft auszuwerten. Die vorhandenen Anlagen könnten dann ohne nennenswerte Neuinvestierungen für die verschiedensten Industriezweige in den Dienst des zivilen Sektors gestellt werden. ... Sowohl dem Landkreis als auch der Stadt Marburg ist an der Ingangsetzung von Industrieunternehmen in dieser Werksanlage sehr gelegen, insbesondere in Hinsicht darauf, daß mangels sonstiger größerer Industriebetriebe innerhalb dieses Bezirks und dem Zustrom von Flüchtlingen aus den Ostgebieten für die nächste Zeit mit größerer Arbeitslosigkeit zu rechnen ist. Wenn dort Industriebetriebe in Gang gesetzt werden könnten, dann würden dem Stadt- und Landkreis Marburg wesentliche Fürsorgelasten erspart bleiben."[3]

Neben der Aussicht, mit Hilfe der Ansiedlung neuer Industrien die Fürsorgekosten zu senken, lockte auch die Perspektive, kräftige Gewerbesteuerzahler innerhalb der Gemeinde zu haben. Mancher Bürgermeister oder Landrat hatte auch schon frühzeitig erkannt, welchen Wert die Ansiedlung von neuem Gewerbe im Hinblick auf die Verbesserung der Infrastruktur des Ortes bzw. der Region hatte. Teilweise setzt ein regelrechter Wettlauf um die lokale Ansiedlung von Industrien ein, was allerdings auch die Folge hatte, daß vieles dem Zufall überlassen blieb, was der Planung bedurft hätte. So bemerkt Albrecht schon 1954: „Für die starke Streuung der Flüchtlingsindustrien ist in gewissem Umfang auch das Verhalten der einzelnen Kreisverwaltungen verantwortlich zu machen. Neben dem ausgesprochenen Streben z.B. der nordhessischen Landkreise nach Industrialisierung ihrer Gebiete begegnet man auch einem völligen Mangel an Interesse hieran. In beiden Fällen sträuben sich hier und da aber die Kommunalbehörden gleicherweise gegen eine weitgehende Umsiedlung der Flüchtlinge in Gegenden, in denen sie Arbeitsplätze finden können. Sie fürchten dabei eine

---

[3] StA Ma Bestand 180, Nr. 3866; vgl. auch Messerschmidt 1989, S 113f.

Abwanderung lediglich der Arbeitsfähigen, während den Landkreisen bzw. -gemeinden nur die Alten und Arbeitsunfähigen, das sog. ‚Sozialgepäck', bleiben. Ob dieses Argument gegenüber den wirtschaftlichen Notwendigkeiten, die eine gewisse Zentralisation verlangen, anerkannt werden kann, erscheint doch recht zweifelhaft."[4]

Um diese zentrale Steuerung ging es bei dem Hessenplan von 1951, zu dessen Hauptzielen die Schaffung neuer Arbeitsplätze und die damit verbundene planmäßige Ansiedlung von Gewerbe in strukturschwachen Gebieten gehörten. Ein Programmschwerpunkt war die Förderung von industriellen Unternehmen, wobei es zunächst einmal darum ging, den interessierten Unternehmen bei ihrer Suche nach geeigneten Standorten zu helfen. Ehemalige und bereits mehr oder weniger stark demontierte Rüstungsanlagen kamen für eine industrielle Nutzung vor allem deshalb in Betracht, weil sie bereits die notwendige Infrastruktur aufwiesen: Gelände, Baulichkeiten für Betriebsanlagen und Wohnunterkünfte, Licht- und Starkstromanlagen, Wasserzufuhr, Kanalisation, Fernsprechanschluß, fast überall auch Gleisanschluß. Zu diesen speziellen Förderobjekten zählten neben Hessisch-Lichtenau, Eschwege, Schlüchtern, Burgwald/Frankenberg und Grebenhain auch die früheren Rüstungswerke in Allendorf im Landkreis Marburg.[5]

Vom Bauerndorf zur Industriestadt: Das Beispiel Stadtallendorf

Die Entwicklung Allendorfs vom kleinen katholischen Dorf über den Bau der Rüstungswerke bis hin zur Flüchtlings- und Vertriebenensiedlung bzw. Stadtgründung ist andernorts bereits ausführlich dargestellt worden.[6] Hier deshalb nur ein knapper Abriß seiner Geschichte. Sie ist insofern besonders interessant, weil das Projekt einer geschlossenen Ansiedlung von Flüchtlingen und Vertriebenen bei gleichzeitigem Aufbau einer Flüchtlingsindustrie Modellcharakter trug. Vergleichbare Projekte gab es auch in Bayern; die wohl bekanntesten unter ihnen sind Bubenreuth, Neugablonz und Geretsried.

Die Gemeinde Allendorf war bis 1939 ein entlegenes, typisches nordhessisches Bauerndorf mit etwa 1500 Einwohnern, als die deutsche Wehrmacht auf einem nahegelegenen Gelände mit dem Aufbau von Rüstungsbetrieben begann. Seit 1941 bis zum Ende des Krieges wurden von der Dynamit-Aktiengesellschaft (DAG) und einer weiteren Gesellschaft (WASAG) in 400 Gebäuden Sprengstoffe hergestellt; diese Arbeit wurde zum Großteil von Zwangsarbeitern und Kriegsgefangenen geleistet, die dort unter den denkbar schlechtesten Bedingungen zu arbeiten hatten.[7] Nach der Befreiung durch die Amerikaner wurde das

---

[4] Albrecht 1954, S. 155f.
[5] Vgl. dazu Messerschmidt 1989, S. 111.
[6] Zuletzt Messerschmidt 1989, S. 112ff.; dort findet sich auch die weiterführende Literatur. Siehe auch Stadt Allendorf – Verleihung der Stadtrechte, 1960, und die Festschrift zur 10-Jahresfeier der Stadt Allendorf von 1970.
[7] Vgl. dazu Horn 1986, S. 13ff.

Gelände bald zum Flüchtlingslager, deren Insassen bei der Demontage der Werke, die sich bis Ende 1948 hinzogen, Beschäftigung fanden; danach blieb ein Großteil der Flüchtlinge und Vertriebenen in den Barackenlagern wohnen, meist jedoch ohne feste Arbeit. So hatte Allendorf noch 1953 mit 23 Prozent eine der höchsten Arbeitslosenzahlen im gesamten Bundesgebiet.

Zwar hatte der für das Lager zuständige Landrat Eckel schon seit Ende 1945 versucht, die Anlagen vor ihrer restlosen Zerstörung zu bewahren und die noch intakten Gebäude für gewerbliche Nutzung freizubekommen, um dort ein Industrie-Zentrum zu schaffen, aber erst 1948 nahmen die Planungen konkretere Formen an. Als 1949 das Vermögen der Werke an das Land Hessen kam, wurden erste Arbeitsgemeinschaften ins Leben gerufen, doch erst 1954 wurde die Aufbaugesellschaft Allendorf gegründet. Über deren Zielsetzung hieß es: „Durch Schaffung von Arbeitsplätzen, Wohnungen und Gemeinschaftseinrichtungen sollte Allendorf eine neue Heimat für die Heimatvertriebenen und Arbeitsstätten für die kleinbäuerliche, auf Nebenerwerb angewiesene altansässige Landbevölkerung des umliegenden Raumes werden."[8] Mit dem Projekt verbunden waren zugleich siedlungsplanerische und raumordnungspolitische Absichten, wobei letztere auf eine „soziale und wirtschaftliche Aufrüstung" des Dorfes hinzielten. Grundlage für die Finanzierung des Ganzen war der Hessenplan.

Bereits Jahre vorher – noch während die Demontagearbeiten anhielten – hatten sich in manchen Bunkern einzelne Betriebe notdürftig eingerichtet und mit der Produktion begonnen. 1948 beschäftigten diese acht bis zehn Betriebe schon um die 300 Flüchtlinge. Bei diesen Pionierbetrieben, die unter den primitivsten Bedingungen arbeiteten, handelte es sich ausschließlich um Flüchtlingsbetriebe; einheimische Unternehmungen waren zu dieser Zeit aufgrund ungeklärter Rechtsverhältnisse noch nicht bereit, sich in Allendorf niederzulassen. So galt in den ersten Jahren eine 24-Stunden-Klausel, nach der die Betriebe gewärtig sein mußten, die ihnen zugewiesenen Gebäude von einem Tag zum anderen wieder räumen zu müssen, wenn die amerikanische Militärregierung es verlangte (Dok. Anhang G).

Zu den ersten, die noch in den Bunkern zu produzieren begannen, gehörte auch die aus dem Sudetenland stammende Kammgarnspinnerei Max Richter, über deren Geschichte bereits an anderer Stelle berichtet wurde. Ein anderer Pionierbetrieb war die Glasindustriegesellschaft mbH. und Glasvertriebs- und Erzeugungsgesellschaft mbH., deren Heimatunternehmen in Oberschlesien gelegen hatte. Nach und nach zogen dann immer mehr Flüchtlings- und Vertriebenen-Unternehmen in die Bunker ein, so die Elastik-Strumpffabrik, die ursprünglich in Chemnitz beheimatet war, die Bau- und Möbelschreinerei Wenzel Maschke aus dem Sudetenland, die Eisengießerei Fritz Winter, deren Inhaber aus Thüringen kam, und viele andere kleinere und größere Betriebe wie der des Bauunternehmers Karl Splittgerber, den es aus Schwerin nach Allendorf verschlagen hatte (Dok. 29).

---

[8] Geschäftsbericht der Aufbaugesellschaft Allendorf, 1956, hier zit. nach Messerschmidt 1989, S. 116.

Bauunternehmung Karl Splittgerber

Ausführung von Hoch-, Tief- und Eisenbetonbauten

Ende 1946 wurde ich aus französischer Kriegsgefangenschaft entlassen und fand meine Familie in Emsdorf, Kr. Marburg/L. vor. Die Zukunft sah für mich sehr trostlos aus, denn wie so viele Heimatvertriebene hatte auch ich meinen Baubetrieb mit sämtlichen Maschinen und Werkzeugen verloren. In dem kleinen Emsdorf einen Betrieb zu eröffnen, erschien mir im voraus aussichtlos, da bereits zwei Maurer- und ein Zimmereibetrieb vorhanden waren. Auch fehlte die finanzielle Grundlage. Um dieselbe zu erhalten, beantragte ich im Februar 1948 einen Staatskredit. Durch die Währungsreform verzögerte sich die Bewilligung und endlich im August 1948 wurde mein Antrag genehmigt. Nun hieß es einen geeigneten Betriebssitz zu finden, was aber durch den Wohnraummangel und der erforderlichen Zuzugsgenehmigung sehr schwierig war. Endlich gelang es mir in Allendorf bei dem Flüchtling Kloos, welcher eine Baracke erworben hatte, 2 Büroräume und 1 Lagerraum zu mieten und zog somit am 1. Oktober 1948 ohne Zuzugsgenehmigung um. Die Kreissparkasse Marburg stellte mir auf den bewilligten Staatskredit die ersten Gelder zur Verfügung und so konte ich die zunächst erforderlichen Werkzeuge und Geräte anschaffen. Auch wurde es mir möglich, eine Baracke käuflich zu erwerben.

Nun hieß es Aufträge zu bekommen. Bei der seinerzeit laufenden Werksdemontage der D.A.G. wäre es gut möglich gewesen, einen Flüchtlingstbrieb einzuschalten, aber die örtlichen Leiter sowie der Sachbearbeiter bei der Regierundg zeigten mir nicht das geringste Entgegenkommen. Nach Fühlungnahme mit den in der Wasag angesiedelten Flüchtlingsfirmen war es mir dann möglich, kleine Reparaturaufträge zu erhalten. Auch die Montanwerke G.m.b.H. unterstützten mich durch kleine Aufträge, so daß die Existenz notdürftig gesichert war.

Durch den Ausbau der M.-Bunker in der Wasag und den Bau der Herrenwaldsiedlung wurde es 1949 möglich, größere Arbeiten auszuführen und dadurch meinen Betrieb weiter auszubauen. Es konnten Betonmischer und Zimmereimaschinen angeschafft und dadurch die Leistungsfähigkeit gesteigert werden. Die Belegschaftsstärke betrug 1950 im Durchschnitt 36 Mann.

Ich hoffe, daß die Krediteinschränkung die Bautätigkeit in diesem Jahr nicht zu stark behindert, so daß ausreichende Beschäftigung sein wird.

Mein früherer Heimatort war die Kreisstadt Schwerin (Warthe) wo ich seit 1925 ein Beugeschäft für Hoch- und Tiefbau betrieb.

---

29 *Die Rüstungsfabrik Allendorf wurde von der Besatzungsmacht gesprengt –*
   vielen Vertriebenen bot das Gelände trotzdem Unterkunft und Produktionsstätten

Im Laufe der Jahre ließen sich dann mehr und mehr Betriebe auch aus West-deutschland in Allendorf nieder, so daß ihr Anteil an den dortigen Unternehmen kontinuierlich zunahm: Während 1948 noch alle Unternehmungen in Flüchtlingshand waren, waren es 1952 79 Prozent und 1954 ‚nur' noch 65,6 Prozent. So war es in erster Linie der Initiative der Flüchtlingsunternehmer zu verdanken, daß man in Allendorf 1948 überhaupt schon produzierte. Sie, die fast alles verloren hatten, waren eben eher bereit, auch in Zeiten größerer Unsicherheit ein geschäftliches Wagnis einzugehen.[9]

In den folgenden Jahren wuchs das Projekt kontinuierlich, doch erst mit der Gründung der Aufbaugesellschaft 1954 begann die eigentliche Expansionsphase, die durch den allgemein einsetzenden Wirtschaftsaufschwung noch begünstigt wurde (Dok. Anhang H). Ende 1960 war die Gemeinde bereits auf über 10 000 Einwohner angewachsen, so daß ihr vom hessischen Staat die Stadtrechte verliehen wurden. Als die Aufbaugesellschaft 1965 wieder aufgelöst wurde, konnte sie eine stolze Bilanz vorweisen: Zwischen 1954 und 1966 waren in Allendorf 7500 neue Arbeitsplätze geschaffen worden und das Gewerbesteueraufkommen der Gemeinde hatte sich im gleichen Zeitraum von 69 000 DM auf 2 400 000 DM erhöht. Aus dem Bauerndorf war ein Industriezentrum geworden. Welche Bedeutung dieses neue Gewerbegebiet für die ganze Region hatte, geht aus der Tatsache hervor, daß vom gesamten Industrieumsatz im Stadt- und Landkreis Marburg im Jahre 1963 mit 45 Prozent knapp die Hälfte auf Stadtallendorf entfiel (Dok. 30).[10]

Dabei galt Allendorf auch in den 60er Jahren noch als Flüchtlingsstadt, ja sogar als größte Vertriebenensiedlung Deutschlands. Noch 1966 war von den 15 000 Einwohnern jeder zweite entweder Heimatvertriebener oder Flüchtling, der Großteil davon stammte aus dem Sudetenland, aus Ungarn oder aus Schlesien. Das gleiche galt auch für das Wirtschaftsleben der Stadt: Von den 48 Industriebetrieben, die im gleichen Jahr gezählt wurden, waren 22 im Besitz von Vertriebenen. Insgesamt sah es so aus, daß Einheimische 54 Handwerks-, 26 Industrie- und 105 Handelsbetriebe stellten, während Vertriebene und Flüchtlinge 58 Handwerks-, 22 Industrie- und 84 Handelsbetriebe innehatten.[11] Es war den Neubürgern also in allen Gewerbezweigen gelungen, ihre gleichberechtigte Stellung im Wirtschaftsleben der Stadt zu behaupten (Dok. Anhang I).

Der Wandel vom oberhessischen Bauerndorf zur Industriestadt mit gemischter Bevölkerung vollzog sich natürlich nicht reibungslos. Die alteingesessenen Allendorfer, die sich unversehens ab 1952 in der Minderzahl sahen, wehrten sich anfangs vehement gegen das Großprojekt einer Vertriebenensiedlung samt „Gewerbepark" auf dem ehemaligen Rüstungsgelände. Zum einen, weil sie darin die Zerstörung ihrer dörflichen und religiösen Gemeinschaft sahen, zum anderen, weil sie neue Landabgaben fürchteten. So stellte man sich erfolglos gegen die Industrialisierungspläne, wie man überhaupt lange Zeit auf Distanz zu den

---

[9] Vgl. dazu Messerschmidt 1989, S. 115.
[10] Vgl. dazu die Schrift „1953–1963, 10 Jahre Arbeit für Stadt Allendorf", Sonderdruck der sog. HALLO-Hefte, 1963; auch Messerschmidt 1989, S. 117.
[11] Zahlenangaben nach Oberhessische Presse vom 20. 9. 1969.

Industrieentwicklung Stadt Allendorf 1960—1969						
Jahr	Beschäftigte		Bruttosumme der Löhne u. Gehälter		Gesamtumsatz	
	insges.	1960 = 100	insges.	1960 = 100	insges.	1960 = 100
1960	5.271	100	27.054,—	100	103.708,—	100
1961	5.373	101	32.043,—	118	127.976,—	126
1962	5.388	101	35.119,—	130	140.287,—	138
1963	5.620	107	39.401,—	144	170.649,—	169
1964	5.764	109	46.036,—	166	204.406,—	201
1965	5.793	109	53.837,—	196	248.356,—	245
1966	6.206	118	57.777,—	231	247.066,—	244
1967	5.692	108	54.377,—	201	269.475,—	265
1968	6.638	126	63.700,—	235	333.483,—	330
1969	6.896	130	76.698,—	283	408.162,—	403

30 Allendorf gilt als größte Vertriebenensiedlung Deutschlands – doch fanden hier auch immer mehr Einheimische einen Arbeitsplatz

Neubürgern blieb. Erst mit der Erfahrung, daß die jahrelange Aufbauarbeit nicht nur den Vertriebenen und Flüchtlingen zugute kam, sondern letztlich auch die Lebensverhältnisse der Einheimischen verbesserte, entspannte sich auch das Verhältnis zwischen Alt- und Neubürgern.

Neustadt und die Strumpffabrik ERGEE

Ähnlich wie in Allendorf verlief auch die Entwicklung in den Nachbargemeinden Kirchhain und Neustadt. Das besondere an Neustadt und am dortigen Aufbau einer Neubürger-Industrie war, daß mit der Strumpffabrik Neustadt (später ERGEE) ein Großbetrieb angesiedelt werden konnte, der Anfang der fünfziger Jahre schon ca. 500 Arbeitsplätze bot (Dok. Anhang J). Zunächst sollte der Betrieb, der seinen Stammsitz in Gelenau im sächsischen Erzgebirge hatte, in Allendorf seine neue Bleibe finden. Die hessische Landesregierung hatte auf Anfrage erklärt, daß man dem Unternehmen für ein Jahr mietfreie Räume einer ehemaligen Munitionsfabrik zur Verfügung stellen wolle; danach sollte über eine Miete verhandelt werden. Inzwischen war man jedoch darauf aufmerksam geworden, daß sich in dem nahegelegenen Neustadt gut erhaltene Gebäude in der Wohnanlage der ehemaligen Munitionsfabrik „Am Steimbel" befanden, so daß man sich für die Aufnahme der Produktion in Neustadt entschied. Eine Zusage des dortigen Bürgermeisters, daß die Gemeinde für die Dauer von acht Jahren keine Gewerbesteuer erheben würde, dürfte diese Entscheidung zusätzlich erleichtert haben.

Bereits 1949 lief die Produktion von Strümpfen an; die dafür benötigten Fachkräfte waren zunächst meist Vertriebene aus dem Sudetenland. Die Cotton-Maschinen, mit denen die Perlonstrümpfe hergestellt wurden, waren zuvor auf verschlungenen Wegen nach Neustadt gekommen: Die Spezialmaschinen, die in den zwanziger Jahren in die Vereinigten Staaten geliefert worden waren, kamen jetzt, da sie technisch nicht mehr auf dem neuesten Stand waren, im Zuge der Marshall-Plan-Hilfe wieder nach Deutschland zurück, wobei der schwierige Transport von Bremen nach Neustadt von Spezialtransportern der US-Armee durchgeführt wurde. Die Bezahlung sollte durch die Lieferung von Strumpfwaren erfolgen.

Da die Firma ERGEE weltweit als großer Kinderstrumpf-Produzent bekannt war, erhielt man in Neustadt viele Anfragen alter Kunden, die man jedoch aufgrund von Platzmangel im Neustädter Betrieb nicht beliefern konnte. So entschloß sich die Familie Rössler, nach Mietobjekten Ausschau zu halten und wurde in Bayern fündig. Sonthofen und der Freistaat Bayern hatten geeignete Räumlichkeiten in einer ehemaligen Kaserne angeboten, um Arbeitsplätze in der Region zu schaffen. Bereits 1951 übersiedelte dann die Verwaltung des Unternehmens von Neustadt nach Sonthofen. Warum das Land Hessen diesen großen Arbeitgeber und Steuerzahler an das Land Bayern verlor, liest sich in der ERGEE-Firmenchronik so:

„Das war eine außergewöhnliche Maßnahme, für die es allerdings auch außergewöhnliche Gründe gab. Die Familien Rössler hatten bei ihrer Flucht nach Westdeutschland das gesamte Vermögen zurücklassen müssen; das Unternehmen wurde bis zur letzten Schraube enteignet. Wie hoch dieser Verlust war, ließ sich anhand der mitgebrachten Bilanzen, Grundbuchauszüge, Vermögensaufstellungen sowie eines Sachverständigengutachtens über den Versicherungswert der Maschinen und Einrichtungen genau nachweisen. Da in der Bundesrepublik bis etwa 1956 die einzelnen Bundesländer die Finanzhoheit hinsichtlich der Einkommensteuer hatten, beantragten die Familien Rössler beim hessischen Finanzministerium die Anrechenbarkeit dieses Ostzonenverlustes auf den Gewinn des in Westdeutschland neu aufgebauten Unternehmens.

Die Bemühungen endeten nach langjährigen Verhandlungen erfolglos. Die hessische Finanzverwaltung stellte sich auf den Standpunkt, das neue Unternehmen habe mit dem alten Familienunternehmen keine Verbindung, der Ostzonenverlust dürfe deshalb nicht geltend gemacht werden. Im Bundesland Bayern sah man die Sache ein wenig anders ... Die Oberfinanzkasse in München verfügte aufgrund der von den Familien vorgelegten Unterlagen, daß die durch die Enteignung entstandenen Verluste in Westdeutschland angerechnet werden können. Aufgrund dieser Verfügung wurde der Sitz des Unternehmens von Hessen nach Bayern verlegt."[12]

Auch wenn wegen des Entgegenkommens der bayerischen Finanzbehörde der Firmensitz nach Sonthofen verlegt wurde, so blieb doch die Firma ERGEE ein bedeutender Wirtschaftsfaktor für Neustadt und Umgebung und zudem ein wichtiger Arbeitgeber inmitten des nordhessischen Notstandsgebiets. Der Erfolg des Unternehmens beruhte nicht zuletzt darauf, daß tradierte Spezialkenntnisse mit modernen Produktionsweisen kombiniert wurden. Auch war man von vornherein nicht abhängig vom heimischen Markt: Ein Gutteil der Produktion wurde exportiert; im Jahre 1953 wurden ERGEE-Strümpfe bereits in

---

[12] Aus der Firmenchronik der Firma ERGEE, Sonthofen (unveröffentlicht).

*31 Erfolgreiche, zukunftsträchtige Vertriebenenbetriebe wurden umworben. So besuchte auch
der Hessische Ministerpräsident Georg-August Zinn (rechts) die Firma Ergee in Neustadt
(Mitte: Firmeninhaber Emil Rössler)*

32 Für Neustadts wirtschaftliche Entwicklung erwies es sich als Glücksfall, daß in der Wohn-anlage der ehemaligen Munitionsfabrik Platz für die umworbene Strumpffabrik Ergee zur Verfügung stand

21 Länder verkauft. Schließlich sorgte eine geschickte Marketing-Strategie dafür, daß der Name ERGEE international zum Markenzeichen in Sachen Strumpf-mode wurde.

Was eine auf den internationalen Markt zielende Firma wie ERGEE nicht zu kümmern brauchte, wurde anderen, kleineren Betrieben in Nordhessen rasch zum Problem: die Tatsache, daß der Standort des Betriebes nicht nach wirt-schaftlichen Gesichtspunkten gewählt worden war, sondern aufgrund der Zu-weisung in frei gewordenes militärisches Gelände. Ein Beispiel dafür ist Trutz-hain bei Ziegenhain. Hier wurde auf dem Gelände eines ehemaligen Kriegsgefan-genenlagers eine Flüchtlings- und Vertriebenensiedlung errichtet. Im Frühjahr 1948 waren, in einer Art „wilder Instandbesetzung", die ersten Vertriebenen hier eingezogen. Schon im Jahre 1950 erreichten die Lagerbewohner, daß aus dem Lager eine selbständige Gemeinde mit dem Namen „Trutzhain" wurde, die bald über 500 Einwohner zählte und der Region Arbeitsplätze bot.[13]

In Trutzhain wie anderswo zeigten sich aber bald die Probleme, die mit einer wirtschaftlichen Nutzung ehemals militärischen Geländes verbunden waren. So

---

[13] Siehe dazu die „Dokumentation über die Aufnahme und Eingliederung der Vertriebenen im Schwalm-Eder-Kreis", 1984, S. 45ff.; Ausstellungskatalog „Vom Neubürger zum Mit-bürger" 1990, S. 24; eine literarische Aufarbeitung der Geschichte Trutzhains bietet das Buch von Manfred Grzimek, Trutzhain – ein Dorf, München 1984.

berichtete die „Frankfurter Allgemeine Zeitung" anläßlich einer Betriebsbesichtigung in verschiedenen Vertriebenenunternehmen im Jahre 1951: „Von den Betrieben, die besichtigt werden konnten, haben am schwersten die in der Siedlung Trutzhain bei Ziegenhain gelegenen zu kämpfen ... Das Lager, das 650 Vertriebenen und Flüchtlingen, zwölf Betrieben mit insgesamt etwas mehr als hundert Beschäftigten, einer zweiklassigen Schule, einer evangelischen und einer katholischen Kirche, zwei Gasthäusern und einigen Läden Obdach gibt, ist zwar räumlich noch aufnahmefähig, aber die Gemeinde, kommunal seit einiger Zeit selbständig, ist in wirtschaftlicher Hinsicht nicht lebensfähig und könnte sich ohne staatliche Unterstützung nicht halten. Das liegt in erster Linie an der außergewöhnlich ungünstigen Verkehrslage; die nächste Bahnstation (Treysa) ist mehr als sieben Kilometer entfernt. Die Erzeugnisse der Trutzhainer Unternehmen (im wesentlichen Textil- und holzverarbeitende Betriebe) sind mit zu hohen Transportkosten belastet, um konkurrenzfähig zu sein. Einige Betriebe mußten bereits wieder schließen. Die Zukunft der anderen und die der ganzen kleinen Gemeinden wird im wesentlichen davon abhängen, ob es gelingt, die ungünstige Verkehrslage auf irgendeine Weise auszugleichen."[14] (Vgl. Dok. Anhang K).

Besonders im strukturschwachen nordhessischen Raum machte sich die Standortwahl als Vorbelastung bemerkbar, sofern der Betrieb an überregionale Liefer- und Absatzgebiete und den regionalen Arbeitsmarkt angewiesen war. Deshalb wanderten einige dieser Betriebe mit der Zeit aus den neuen Industriesiedlungen wieder ab, um sich in der Nähe wirtschaftlicher Ballungsräume niederzulassen. So suchten etliche Betriebe Nordhessens Anschluß an das Kasseler Industriezentrum.[15]

Der Beitrag der Heimatvertriebenen
zu der Aufbauarbeit im Altkreis Hersfeld

Der Altkreis Hersfeld, der 1972 im Zuge der Kreisreform mit dem Altkreis Rotenburg zum Kreis Hersfeld-Rotenburg zusammengeschlossen wurde, war ursprünglich ländlich geprägt. Von den 72 800 Menschen, die im Jahre 1966 dort ansässig waren, wohnten zwei Drittel in Gemeinden mit weniger als 1000 Einwohnern. Das restliche Drittel der Kreisbevölkerung konzentrierte sich im wesentlichen in der Kreisstadt Bad Hersfeld, die zu diesem Zeitpunkt 23 400 Einwohner hatte. Sowohl seiner Einwohnerzahl als auch seiner Fläche nach war Hersfeld ein Kreis mittlerer Größe; allerdings wies der Kreis eine für Norhessen relativ hohe Bevölkerungsdichte auf (146 Einwohner je qkm). Nur der Landkreis Kassel war zu diesem Zeitpunkt dichter besiedelt. Gegenüber der Vorkriegszeit hatte der Altkreis Hersfeld eine Bevölkerungszunahme von 49 Prozent.

---

[14] Frankfurter Allgemeine Zeitung vom 19. 2. 1951. Über die weitere Entwicklung der neuen Betriebe Trutzhains ist dem Verfasser nur das bekannt, was in der o. g. Dokumentation des Schwalm-Eder-Kreises über die wirtschaftliche Entwicklung bis 1955 zu finden ist.
[15] Vgl. dazu Albrecht 1954, S. 153 f.

Dies war nicht zuletzt auf den enormen Flüchtlingsstrom zurückzuführen, den der Landkreis seit 1945/46 aufgenommen hatte. So waren im Jahre 1946 bereits 14 720 Heimatvertriebene registriert, das waren knapp 20 Prozent der Einwohnerschaft des Landkreises; bis 1952 stieg ihr Anteil auf 22,3 Prozent (16 442). Damit lag der Kreis Hersfeld an 8. Stelle in der Anteilshöhe der Vertriebenen in den hessischen Kreisen (Regierungsbezirk Kassel: 18,9 Prozent). Auch 1961 hatte der Kreis Hersfeld trotz Abwanderung von knapp 3000 Vertriebenen mit 19,5 Prozent der Kreisbevölkerung noch einen deutlich über dem Durchschnitt liegenden Bevölkerungsanteil von Heimatvertriebenen (Regierungsbezirk Kassel: 16,5 Prozent).[16]

Gut die Hälfte der Neubürger (8585) kam aus dem Sudetenland, etwa ein Viertel aus den Gebieten östlich von Oder und Neiße (4782); die übrigen Vertriebenen stammten aus Ungarn, Polen und Jugoslawien.[17] Als 1952 auf thüringischer Seite an der Grenze zu Hessen eine Sperrzone geschaffen wurde, aus der die Bevölkerung evakuiert werden sollte, flohen knapp tausend Thüringer über die Demarkationslinie in den Kreis Hersfeld. Nimmt man noch die im Krieg Evakuierten hinzu, so war jeder vierte Landkreisbewohner ein Neubürger. Im gleichen Ausmaß veränderten sich auch Größe und Bevölkerungszusammensetzung der Stadt Hersfeld. Hatte sie 1939 noch rund 15 000 Einwohner gehabt, so waren es Ende Juli 1946 bereits 19 625. Bis 1955 hatte sich die Zahl auf 23 272 Einwohner erhöht, davon waren 4737 oder 20,4 Prozent Heimatvertriebene.

Wirtschaftlich gesehen bildete der Kreis in der ersten Nachkriegszeit eine Oase inmitten des nordhessischen Notstandsgebiets. Der Grund lag darin, daß der wirtschaftliche Wiederaufbau verhältnismäßig schnell voran ging und dadurch erleichtert wurde, daß die Kriegsschäden an Fabrikgebäuden und Maschinen gering waren. 1950 arbeiteten über 3000 Beschäftigte allein in der Hersfelder Textilindustrie. Der Kalibergbau, der im März 1946 seine Arbeit wieder aufnehmen konnte, wurde bald wieder zum wichtigsten Industriesektor des Kreises. Im September 1950 war im Kreis der Anteil der Arbeitslosigkeit mit 6,4 Prozent weit geringer als in den benachbarten Gebieten Sontra (22,3 Prozent), Eschwege (18,7 Prozent) und Treysa (16,2 Prozent).[18]

Und dennoch war es für die Masse der Vertriebenen schwer, einen ihrer beruflichen Vorbildung entsprechenden Arbeitsplatz zu finden. So waren die meisten zunächst notdürftig in der Land- und Forstwirtschaft untergekommen. Eine Ausnahme bildeten die Textilfachkräfte aus den sudetendeutschen Kreisen Asch, Warnsdorf, Trautenau und Litzmannstadt, die in den Hersfelder Tuchfabriken Arbeit fanden. Ansonsten war die wirtschaftliche Situation der Vertriebenen eher trostlos, was vor allem in ihrer sehr hohen Arbeitslosenrate von 33,7 Prozent im Arbeitsamtsbezirk Hersfeld (Stand Ende September 1951) zum

---

[16] Vgl. dazu Nuhn 1990, S. 27.
[17] Vgl. dazu und zum folgenden den Beitrag von E. Sudau, in: Dokumentation über die Aufnahme und das Wirken der Vertriebenen im Landkreis Hersfeld-Rotenburg, 1989, S. 71 ff. Siehe auch G. Voit: Woher sie kamen – Die Sudetendeutschen im Kreis Hersfeld-Rotenburg, in: Heimatkalender des Kreises Hersfeld-Rotenburg 1990, S. 73 ff.
[18] Ebd. S. 37.

Ausdruck kam; der Landesdurchschnitt betrug zu dieser Zeit 27,2 Prozent. Demnach konnte von einer wirtschaftlichen Eingliederung der Vertriebenen zu diesem Zeitpunkt noch keine Rede sein.

Die ohnehin ungünstige ökonomische Situation der Vertriebenen wurde durch die Randlage des Kreises noch verstärkt. Die Unternehmen, die im Rahmen des Hessenplans nach Hersfeld geholt werden sollten, scheuten die Nähe der Zonengrenze und die weiten Transportwege zu ihren Absatzgebieten. Deshalb kam es auch nicht in dem Ausmaß zur Ansiedlung von neuen Betrieben, wie man es erhofft hatte. Unter denjenigen, die dennoch das Wagnis eingingen, einen Betrieb zu gründen oder ein Geschäft zu eröffnen, waren nicht wenige Vertriebene. Es handelte sich dabei in erster Linie um Kleinbetriebe: Kleine Webereien, Strickereien, Wirkereien, Handschuherzeugungen, glas-, leder- und holzverarbeitende Betriebe sowie einige Bekleidungshersteller. Eine erste Leistungsschau dieser Neubürger-Betriebe fand bereits im Jahr 1949 in Bad Hersfeld statt. An ihr beteiligten sich insgesamt 62 Aussteller aus Industrie, Handel, Handwerk und Dienstleistungsgewerbe. Dabei stellte das Handwerk allein 21 Betriebe. Sieht man sich die Ausstellerliste im industriellen Sektor an, so überwogen dort typisch sudetendeutsche Gewerbezweige aus dem Textil- und Bekleidungssektor; aber auch eine Gablonzer Glas- und Schmuckwarenfabrik und ein Kunstblumenhersteller waren darunter zu finden.[19]

Nicht alle diese Neugründungen überlebten die ersten Aufbaujahre. Neben dem üblichen Mangel an Eigenkapital und der zu hohen Zinsbelastung war es wohl auch mangelnde Marktanpassung, vor allem in der krisenanfälligen Textilindustrie, die zur Schließung etlicher Vertriebenen-Betriebe führte. Insgesamt geriet die traditionsreiche Textilindustrie der Kreisstadt seit Mitte der fünfziger Jahre in erhebliche Schwierigkeiten, die zu vielen Betriebsstillegungen führte. Unter denjenigen Unternehmen, die mit der Zeit Anschluß an den allgemeinen Wirtschaftsaufschwung fanden, waren vor allem Spezialbetriebe zu finden wie die schon erwähnte Firma Georg Koinzer, die sich auf die Herstellung von Leder- und Treibriemen sowie von Ausrüstungsteilen spezialisiert hatte. Ein anderes Beispiel, über das schon berichtet wurde, ist die Firma Plissee-Lassner. Beide Unternehmen, die als typische Mittelstandsbetriebe gelten können, existieren heute noch. Weitere Beispiele aus dem Altkreis Hersfeld ließen sich noch anführen; sie wurden in einer Dokumentation der BdV-Kreisverbände Hersfeld und Rotenburg aber bereits anschaulich dargestellt. Welchen Anteil diese Betriebe daran hatten, daß aus dem einstmals ländlichen Altkreis Hersfeld ein industrialisiertes Gebiet wurde, läßt sich nur schwer abschätzen. Tatsächlich gehörte der Landkreis Hersfeld 1966 zu den industriereichsten des ganzen Landes, rangierte er mit seiner Industriedichte an sechster Stelle unter den hessischen Landkreisen. Den größten Anteil daran hatte der Kali-Bergbau in Heringen und Philippsthal, der den bedeutendsten industriellen Bereich und die zugleich größte Industriegruppe des Kreises darstellte.

---

[19] Vgl. dazu Alfred Mitsch/Alfred Hanke/Vt, Der wirtschaftliche Neuanfang der Vertriebenen in den Altkreisen Hersfeld und Rotenburg, in: Voit (Red.) 1990, S. 80 ff.

Exkurs: Die Geschichte des Gärtnermeisters Karl Kühn

Eine andere, nach außen hin eher unscheinbare Unternehmens-Gründung in Bad Hersfeld sei hier vorgestellt, an der man gut ablesen kann, wie verzwickt im Einzelfall der Aufbau eines Vertriebenen-Betriebes sein konnte und welch langer Atem dazu nötig war, bis es schließlich „lief". Als ein Beispiel für viele sei hier die Lebensgeschichte des Hersfelder Gärtnermeisters Karl Kühn erzählt.

Karl Kühn wurde 1915 in der Nähe von Breslau (Schlesien) geboren; dort absolvierte er auch eine Ausbildung zum Gärtner. 1939 wurde er zur Wehrmacht eingezogen, wo er im Laufe seines Einsatzes verwundet wurde, so daß er

Gemeindeverwaltung
⑬ **Rimbach**
Landkreis Gerolzhofen (Ufr.)

An

Den   9.Juli 1951

Betreff:

Zum Auftrag Nr.

vom   .   194

Der Gärtnermeister Karl K ü h n Rimbach Hsnr. 12 hat während seines Hierseins,1946,in seiner Tätigkeit als Flüchtlingsobmann und Gemeinderat sich durch seine Zuvorkommenheit und seinen einwandfreien Charakter das Vertrauen aller Alt= und Neubürger erworben.
Als forwärtsstrebenden Menschen können wir Herrn Karl K ü h n in jeder Hinsicht empfehlen..

Der II.Bürgermeister.

33 Um einen Kredit zu bekommen und Domänenland pachten zu können, brauchte ein Vertriebener Fürsprecher

112

34 Das erste „Primitivgewächshaus"

schließlich beim Reichsarbeitsdienst (RAD) landete; zuletzt war er dort Ober-
feldmeister. 1944/45 wurde er von seiner Familie getrennt, kam mit den Flücht-
lingstrecks nach Unterfranken und arbeitete dort für ein halbes Jahr als Bauern-
knecht. Zwischenzeitlich fand er dann zwar eine Anstellung als Dorflehrer,
doch blieb dies eine Episode, da er schon nach „ein paar glücklichen Monaten"
vom Standortkommandanten entlassen wurde. Man warf ihm vor, als RAD-
Führer politisch belastet zu sein. Da Kühn viele Fürsprecher fand, die für seine
gänzlich „unpolitische" und tadellose Haltung in der NS-Zeit bürgten, beließ es
die örtliche Spruchkammer bei einer kleinen Geldstrafe (Dok. 33).
    Trotz seiner „politischen Belastung" wurde Karl Kühn in dem unterfränki-
schen Dorf als Flüchtlingsobmann und als Gemeinderat tätig. Im Sommer 1946
hatte er auch seine Familie wiedergefunden. Kühn, der mittlerweile in verschiedenen Gärtnereien in Unterfranken gearbeitet hatte, legte 1949 die Meisterprüfung ab. Da er sich in den einheimischen Betrieben ausgenutzt fühlte, beschloß
er, jetzt 38 Jahre alt, sich nunmehr selbständig zu machen. Auf der Suche nach
geeigneten Objekten fiel seine Wahl auf Bad Hersfeld, wo ab 1953/54 die Domäne Wilhelmshof aufgesiedelt wurde. Er selbst berichtet darüber:
    „Im April 1953 machte ich mich dann unter sehr schwierigen Umständen selb-
ständig. Das erste Siedlungsverfahren mit meinem Vorgänger war gescheitert. Die
dazu eingesetzten Mittel mußte ich ‚selbstschuldnerisch' übernehmen. Der ‚Betrieb'

war total verwildert. Die Bodenverhältnisse waren katastrophal. Einige Bewerber vor mir waren deshalb abgesprungen. Später stellte sich heraus, daß die p.H.-Werte bei 4,4–4,6 lagen. Der Humus-Anteil war gleich Null. Verwendbar waren nur die Frühbeet-Fenster und die verstreut angepflanzten Sauerkirschbüsche. Die Familie (Vater und Schwestern) tat das Äußerste, um über die Anfangsschwierigkeiten hinwegzukommen.

Das allergrößte Problem war die Wohnung. Die dem Vorgänger versprochene Wohnung kam nicht. So hausten wir mit zwei Familien (Vorgänger-Ehepaar mit Enkelsohn, wir mit zwei Kindern) im ausgebauten Eisenbahnwagen. Er ist noch heute als Zeugnis erhalten. Das Kinderbett des Neugeborenen hatte keinen Platz. Es stand mit zwei Füßen im Bett meiner Frau, mit den beiden anderen in meinem. Als der Winter kam, tropfte es vom Ölanstrich des Waggons. Den Kleiderschrank hinterfüllte ich mit Torf, der die Feuchtigkeit aufsaugen sollte. Es half nur kurze Zeit.

Trotz aller Schwierigkeiten behaupteten wir uns, und das wurde vom Leiter des Kulturamtes, Herrn Dr. Rochow, honoriert. Als die Pachtfläche – bis dahin mußte ich monatlich Pacht zahlen – zum Kauf angeboten wurde, erreichte er beim Ministerium telefonisch den Kauf, ehe die Stadt, die an dem Gelände interessiert war, eingreifen konnte.

Im Winter davor war ein anderes Hindernis zu überwinden. Mir war ein Kredit von 5000,– DM zugesagt worden, um ein Gewächshaus erstellen zu können. In Zusammenarbeit mit der Gartenbauberatung strebten wir eine Leichtbauweise an, um möglichst viel Fläche erstellen zu können. Dieses Bestreben wurde vom Ministerium abgelehnt. Man könne nur Typen-Gewächshäuser bezuschussen. Der Winter stand vor der Tür. Unter den Frühbeeten standen Kulturen für die Überwinterung. In der Not erstellte ich mit den vorhandenen Fenstern, mit Doppelkastenzangen und Drahtglas als Stehwand eine primitive ,Hochglasfläche', die nach hinten leicht anstieg. Diese Steigung brauchte ich, um eine Kanalheizung einbauen zu können. Das System kannte ich aus einer Schloßgärtnerei zuhause in Schlesien. Mit den vorhandenen Mitteln – alte Backsteine und Dachziegeln – baute ich den Kanal. Für die Feuerstelle am Anfang des Kanals stellte ein ebenfalls Heimatvertriebener feuerfestes Material zur Verfügung. Woher wir die Rohre für den Schornstein nahmen weiß ich heute nicht mehr; aber die Anlage funktionierte.

Die Nacht vom 30. zum 31. Januar war bitterkalt, mit viel Wind. Gegen Mitternacht feuerte ich noch einmal ein, damit das Haus nicht einfror. Morgens um sechs Uhr wollte ich nachlegen. Ich glaubte an eine Halluzination, sah etwas Glühendes und mußte feststellen, daß mein gesamtes Werk abgebrannt war. Was nicht vom Feuer zerstört und verrußt war, war erfroren. Meine Frau hatte zumindest acht Tage lang Kopfschmerzen. Auch ich war erschüttert. Nach einigem ,Durchatmen' fing ich aber wieder von vorne an. Die Bevölkerung und die Behörden halfen! Die Entwicklung hat mir schließlich Recht gegeben. Der Betrieb entwickelte sich in den Jahren danach."[20]

Tatsächlich entwickelte sich aus diesen bescheidenen Anfängen ein respektabler, moderner Gartenbaubetrieb, der inzwischen zwölf Mitarbeiter beschäftigt,

---

[20] Aus den persönlichen Lebenserinnerungen von Karl Kühn, Manuskript im Besitz des Verfassers.

35 Die Flüchtlingsfamilie Kühn vor ihrer Behausung

36 *„Das erste Betriebsfahrzeug"*

in dem es aber – so Karl Kühn – heute immer noch familiär zugeht. Mehrmals konnte das Unternehmen, das seit 1970 von seinem Sohn weitergeführt wird, Preise bei Fachausstellungen erzielen. Darüber hinaus engagierte sich Kühn auch gesellschaftspolitisch. So war er unter anderem 25 Jahre lang Kreisgärtnermeister, Mitglied des Gebietsagrarausschusses und Fachlehrer an der Berufsschule, außerdem war er BHE-Mitglied und im Siedlerbund. In Würdigung all dieser Verdienste wurde ihm 1990 der Ehrenbrief des Landes Hessen verliehen.

5 Zusammenfassung

Mit den Vertriebenen und Flüchtlingen waren Angehörige der verschiedensten Schichten und Berufe nach Nordhessen gekommen. Ein relativ hoher Anteil davon war bis zur Vertreibung bzw. Flucht selbständiger Gewerbetreibender gewesen, sei es als Handwerker, Kaufmann oder Fabrikant. Sie alle standen vor der ungemein schwierigen Aufgabe, sich in fremder Umgebung unter Menschen fremder Denk- und Lebensart eine neue Existenz aufzubauen. Dabei waren Gegensätze psychologischer, wirtschaftlicher und sozialer Art zwischen ihnen und den Alteingesessenen zu überwinden. So wurden die Vertriebenen anfangs eher als eine Belastung empfunden, weil man in ihnen in erster Linie ein Heer von sozial deklassierten Fürsorgeempfängern sah, lästiges „Sozialgepäck". Vom heimatlosen Neubürger zum anerkannten Mitbürger war es ein weiter Weg.

Dabei repräsentierten die Vertriebenen und Flüchtlinge ein ungemein großes Reservoir an wirtschaftlichen und geistigen Kräften, wie Eugen Lemberg schon 1950 festgestellt hat. Wie dieses Kräftereservoir bestmöglich ausgeschöpft werden könne, beschäftigte von Anfang an die hessische Wirtschafts- und Vertriebenenpolitik, die deshalb unter anderem auch die Gründung von Neubürger-Unternehmen unterstützte. Zwei Hauptmotive, die miteinander nicht immer vereinbar waren, standen dabei im Vordergrund: Zum einen das sozialpolitische Motiv einer angemessenen Eingliederung der Selbständigen in die heimische Wirtschaft, zum anderen versprach man sich – volkswirtschaftlich gesehen – von den neu angesiedelten Unternehmen eine Bereicherung und neue Impulse für das Wirtschaftsleben des Landes.

Was das Eingliederungsergebnis bei den Selbständigen anbelangt, so sprechen die Statistiken hier für sich. Der Anteil, den die Selbständigen unter den Vertriebenen und Flüchtlingen an der Gesamtzahl hatten, blieb auch Ende der 60er Jahre deutlich hinter dem der einheimischen Bevölkerung zurück. Hier zeigte sich, daß das ursprüngliche Ziel, nämlich die Wiederherstellung der alten Selbständigenquote, so wie sie vor der Vertreibung war, nicht erreichbar war. Schon früh hat man übrigens darauf hingewiesen, daß die Möglichkeiten für die Schaffung selbständiger Existenzen durch die volkswirtschaftlichen und finanziellen Gegebenheiten begrenzt waren. Auch die beste Eingliederungspolitik konnte eben nie die alten Zustände wiederherstellen. Das zu fordern, war sicher illusionär.

So wichtig es ist, die allgemeinen Entwicklungstendenzen im Auge zu behalten, so wenig darf dabei der Beitrag des einzelnen vergessen werden. Es sind nicht die statistischen Größen, sondern immer die einzelnen Personen, mit denen wir es letztlich in der Geschichte zu tun haben. Die Aufbauleistung des einzelnen kann nur ermessen, wer sich die besondere Situation vergegenwärtigt, vor die sich der Vertriebene oder der Geflüchtete nach 1945 gestellt sah: nach den oft furchtbaren Erlebnissen von Flucht und Vertreibung, in einem Land, das ihm noch weitgehend fremd war, noch mal von vorne anzufangen. Dieser Entschluß und erst recht seine Ausführung verlangte in jedem Fall einen überdurchschnittlichen persönlichen Einsatz, eine ausgeprägte Anpassungsbereitschaft und ein großes Beharrungsvermögen. Man denke dabei nur an die vielfältigen bürokratischen Hürden, an die oft sehr komplizierten und langatmigen Prozeduren bei der Kreditvergabe, ganz zu schweigen von den widrigen Umständen der Nachkriegszeit und der oft ablehnenden Haltung der einheimischen Bevölkerung. So betrachtet war die Gründung eines Unternehmens tatsächlich eine Art Pionierleistung.

Nicht vergessen sollte man aber auch, daß eine solche Leistung nicht möglich war ohne die aktive Mithilfe der Familienangehörigen, vor allem der Frauen, wenn sie nicht ohnehin selbst das Geschäft führten oder das Unternehmen leiteten. Dann war die Energieleistung, die sie dafür aufbringen mußten, eher noch größer. Heimatvertriebene Frauen hatten es nach dem Krieg sicher noch schwerer als Männer, ein Unternehmen zu gründen. Wenn es ihnen dennoch gelang, sich – zumindest zeitweise – eine eigene Existenz aufzubauen, so handelte es sich dabei meist um Ein-Personen-Betriebe mit geringen Entwicklungsmöglichkeiten, also etwa Nähstuben, Einzelhandelsgeschäfte, Friseursalons und dergleichen.

Die Chancen für den einzelnen waren ohnehin sehr ungleich verteilt. Jüngere Handwerker, technisch versierte Unternehmer, Spezialisten und erfahrene Kaufleute taten sich einfach leichter, unter den schwierigen Verhältnissen einen Neustart zu wagen, als ältere oder weniger gut ausgebildete Kauf- und Geschäftsleute. Sie stellten schließlich das Gros derer, die es letztlich nicht geschafft haben, ihre alte Stellung als Selbständige wieder einzunehmen.

Sich selbständig zu machen, schien angesichts der schlechten Stellung der Heimatvertriebenen auf dem Arbeitsmarkt vielen als der einzige Ausweg, um der drohenden sozialen Deklassierung zu entgehen. Tatsächlich gelang es trotz aller situationsbedingter Vorbelastungen und ungleicher Startchancen gegenüber den alteingesessenen Unternehmungen anfangs nicht wenigen Vertriebenen, eine Existenz zu gründen. Vor allem im Konsumgüterbereich boten sich zunächst viele Möglichkeiten, da der Nachholbedarf nach Waren des täglichen Bedarfs in der Nachkriegszeit groß war und die Schattenwirtschaft der Schwarzmarktzeit viele ökonomische Nischen für Neubürger freiließ, die sich selbständig machen wollten. So setzte 1947/48 ein regelrechter Gründungsboom ein. Viele dieser kleinen Betriebe überlebten freilich die Währungsreform von 1948 nicht lange, da mit der Wiederherstellung der Marktwirtschaft schlagartig ein scharfer Wettbewerb einsetzte, dem etliche der kapitalarmen Kümmerbetriebe nicht gewachsen waren. Zu viele dieser Betriebsgründungen waren – natürlich situationsbedingt – am falschen Ort erfolgt, ohne ausreichende Berücksichtigung der vorhandenen Infrastruktur und der zum Teil völlig andersartigen Gegebenheiten. Von denjenigen Betrieben, die bereits so gefestigt waren, daß sie diesen ersten Härtetest überstanden, oder die erst nach 1948/49 gegründet wurden, fanden die meisten auch den Anschluß an den allgemeinen wirtschaftlichen Aufschwung der fünfziger Jahre. Mit der Verschärfung des internationalen Wettbewerbs wuchs aber auch der Rationalisierungsdruck, dem etliche der nach wie vor kapitalschwachen Firmen nicht gewachsen waren. Den Strukturwandel, der sich seit den sechziger Jahren vor allem im Textil- und Bekleidungssektor vollzog, überstanden viele der kleineren Betriebe nicht oder nur in stark verkleinerter Form. Letztere, meist Familienbetriebe, bewegten sich fortan eher am Rande der Konjunktur. Erfolgreicher waren da schon diejenigen Vertriebenen- und Flüchtlingsbetriebe, die aufgrund ihrer Größe und Kapitalstärke fortlaufend modernisiert und den Marktveränderungen angepaßt wurden. Gemessen an der Vielzahl von Neugründungen nach 1945 handelte es sich hierbei jedoch um eine relativ kleine Gruppe.

So erfüllten sich letztlich manche der Hoffnungen nicht, die man anfangs in die Neubürger-Industrien gesetzt hatte. Sieht man sich die Entwicklung in den einzelnen Branchen an, so wird deutlich, warum die wirtschaftlichen Perspektiven für viele neugegründete Betriebe nicht besonders gut waren. Die drei Pfeiler der heimatvertriebenen Wirtschaft in Hessen waren bekanntlich die Textil- und Bekleidungsindustrie, die Glasindustrie und der Musikinstrumentenbau, sämtlich Spezialindustrien, die für das Sudetenland – zum Teil auch für Schlesien – typisch waren. Alle Neugründungen aus diesen Bereichen gehörten somit traditionsreichen Gewerbzweigen an, die einen hohen Anteil an qualifizierter Arbeit aufwiesen. Die Fachleute, die man dazu brauchte, waren anfangs noch unter den Heimatvertriebenen zu finden; später mußte Nachwuchs gefunden werden, was zunehmend schwerer und auch teurer wurde. Hinzu kam, daß viele dieser Vertriebenenbetriebe dem Konsumgüterbereich und dort vor allem den sogenannten „alten Industrien" angehörten. Damit hatten sie zwar traditionsreiche Wurzeln, sie waren aber auch krisenanfällig. Zudem waren die Wachstumschancen in bestimmten Branchen von vornherein begrenzt, so beispielsweise bei der Textil- und Glasindustrie. Schließlich gerieten alle, auch die an sich lebensfähigen Vertriebenen- und Flüchtlingsbetriebe, in den Sog des allgemeinen ökonomischen Strukturwandels, der die Herausbildung von Großbetrieben und Konzernen beschleunigte, während gleichzeitig die Zahl der Mittel- und Kleinbetriebe, denen die gewerblichen Unternehmungen der Vertriebenen und Flüchtlingen zumeist angehörten, zurückging.

Bleibt die Frage nach der Bedeutung, die die heimatvertriebene Wirtschaft für den nordhessischen Raum und seine Wirtschaftsstruktur gehabt hat, eine Bedeutung, die sicher nicht allein an den statistischen Größenverhältnissen abzulesen ist. So dürfte es kaum zu bezweifeln sein, daß die Vertriebenen- und Flüchtlings-Unternehmer am wirtschaftlichen Aufstieg Nordhessens einen Anteil hatten, der weit über ihren bevölkerungsmäßigen Anteil hinausging. Dabei kam es, trotz beachtlicher Erfolge in einigen Fällen, zu keinem Strukturwandel der nordhessischen Industrie, da die Ansiedlung neuer Gewerbzweige in Sektoren stattfand, die insgesamt wenig zukunftsträchtig waren.

Blickt man dagegen nicht auf die Branchen, sondern auf die regionale Entwicklung im nordhessischen Raum, so wird deutlich, daß von der Ansiedlung der heimatvertriebenen Wirtschaft wichtige Impulse zur wirtschaftlichen Erschließung ausgingen. Wie gezeigt wurde, siedelten sich mehr als drei Viertel aller Betriebe der Vertriebenen und Flüchtlinge in den Landkreisen an, zum Teil in Gebieten, die bis dahin noch reines Bauernland waren, Bauernland, das karge

Böden aufwies und in wirtschaftlicher Hinsicht deshalb arm, rückständig und kaum entwicklungsfähig war. Erst mit der Ansiedlung von Neubürger-Betrieben fand man dort Anschluß an die industriell-gewerbliche Entwicklung. Nicht viel anders verhielt es sich mit den Neugründungen, die auf den meist abgelegenen ehemaligen Muna-Geländen erfolgten, trugen sie doch dazu bei, daß aus diesen düsteren Relikten der NS-Rüstungswirtschaft neue Gewerbezentren für die zivile Produktion entstanden. Mit Hilfe des hessischen Staates, der in einer Dezentralisierung einen wichtigen Beitrag zur allgemeinen Landesentwicklung sah, entstanden daraus neue industrielle Zentren. Das bekannteste Beispiel, Stadtallendorf im Kreis Marburg, hat heute über 20 000 Einwohner und ist eine moderne Industriestadt geworden.

Dadurch, daß weite, ärmliche Agrargebiete im nordhessischen Raum industriell aufgelockert wurden, leisteten die Neubürger einen nicht zu unterschätzenden Beitrag zur Verbesserung der Lebensbedingungen auf dem Lande. Damit profitierten auch die Einheimischen, die der Entwicklung anfänglich eher skeptisch gegenüberstanden hatten, von der Aufbauarbeit der heimatvertriebenen Wirtschaft. Auch sie fanden jetzt Arbeit in den neuen Betrieben, brachten mehr Geld mit nach Hause und hatten damit zunehmend Teil am allgemein wachsenden Wohlstand. Insofern war der Prozeß der wirtschaftlichen Eingliederung der Vertriebenen und Flüchtlinge zugleich Teil eines allgemeinen Prozesses gesellschaftlicher und wirtschaftlicher Modernisierung.

Einen nicht zu unterschätzenden Beitrag leisteten die Neubürger-Unternehmen schließlich auch bei der sozialen und wirtschaftlichen Eingliederung der heimatvertriebenen und zur Flucht getriebenen Arbeitnehmer. Bekanntlich bestand ein Großteil der Belegschaft eines Flüchtlingsbetriebs aus Schicksalsgenossen. Gar nicht so selten war es, daß der vertriebene Unternehmer den neuen Betrieb mit seiner alten Belegschaft wieder aufbaute. Dadurch ergab sich zwischen allen Beteiligten naturgemäß ein ganz besonderes Verhältnis: Während die herkömmlichen Interessengegensätze zwischen Unternehmer und Arbeitnehmer zurücktraten, spielte das Gefühl, im Vertriebenen-Betrieb einer Schicksalsgemeinschaft anzugehören, eine große Rolle. In vielen Aussagen wird denn auch von einem besonderen Betriebsklima in diesen Unternehmen gesprochen, in denen es eher familiär zugegangen sei, denn auch der Chef sei eben „einer von unsre Leut". So schuf dieses Zusammengehörigkeitsgefühl eine große Bindung der Belegschaft an den Betrieb, der ein Stück alte Heimat repräsentierte, dadurch eine gewisse Geborgenheit bot, zugleich aber eine Brücke zur neuen Heimat schlug, indem er dort die Sicherung der Existenz gewährleistete. Damit wurde der Arbeitsplatz zum wichtigsten Ort der Integration, trug das feste Beschäftigungsverhältnis entscheidend dazu bei, daß aus dem Neubürger im Laufe der Zeit ein Mitbürger wurde, der sich in seiner neuen Heimat eingelebt hatte.

Dokumentenanhang

Dok. A

Eine kleine Flüchtlingsgenossenschaft arbeitet in den Grauzonen der Schattenwirtschaft

Reportage über eine Töpferei-Werkstatt auf einem ehemaligen Muna-Gelände „irgendwo auf dem hessischen Lande" – Badische Zeitung vom 9. 4. 1948 (Auszug)

Die Fremden im Dorfe

… Vier Kilometer vom Dorf entfernt liegt in einer Waldlichtung verborgen die ehemalige „Muna", die Munitionsanstalt. 1943 war ihr Bau in Angriff genommen worden mit achthundert Arbeitern, mit Zementmaschinen und Transportkolonnen, mit Eisenträgern und Beton. 1944, im Sommer, kurz vor der Fertigstellung, war er zerstört worden. Acht Minuten hatte der Bombenangriff gedauert, dann war nur noch ein Haufen zerfetzten, auseinandergerissenen, übereinandergetürmten Gesteins übriggeblieben. Drei Jahre haben die Trümmer verlassen gelegen. Jetzt, seit vier Wochen, raucht ein behelfsmäßig aufgemauerter Schornstein aus dem mittleren, von den Bomben am wenigsten zerstörten Gebäude der ehemaligen Fabrik. Und an dem zerfallenen Tor steht auf einer kleinen hölzernen Tafel in schwarzer Farbe angeschrieben: „Töpferei-Werkstatt".

Die Töpfer im Walde

Es ist ein Flüchtlingsbetrieb mit sieben Arbeitskräften. Vier davon sind Mädchen. Der „Chef" der Firma, ein sechsundfünfzigjähriger Mann mit grauem Haare, schweren, vornübergeneigten Schultern und hellen Augen, war einst technischer Leiter einer Glashütte im Erzgebirge. Die ältere seiner beiden Töchter hat vor fünf Jahren die Kunstgewerbeschule besucht. Dort hat sie das Töpfern erlernt. Heute ist sie mit ihren 27 Jahren die Meisterin des Betriebes und die Lehrherrin der drei Jüngeren. Ihre Schwester hat einmal drei Semester Philologie studiert, sie wollte Lehrerin werden. Heute hat sie weder Zeit noch Geld, ihr Studium zu beenden. Sie formt Milchtöpfe und Kaffeekannen, Tassen und Teller. Ihre Freundin hat sich ihnen bei der großen Flucht in Schlesien angeschlossen, nachdem sie ihre Eltern auf dem Treck verloren hatte. Und die Jüngste der vier ist eine zwanzigjährige Bauerntochter aus Böhmen, die mit ihren beiden kranken Eltern aus der Tschechoslowakei ausgewiesen worden war. Ihren Verlobten haben die Tschechen als Facharbeiter zurückbehalten. Er gehört zu jenen 150 000, die dort geblieben sind, ungefragt und ungenannt.

Vier Mädchen im Alter von 20 bis zu 27 Jahren, das ist die „Arbeiterschaft". Sie schleppen Säcke und brechen Steine, sie mauern und nageln und rühren Lehm, sie tragen Kohlen und lernen dabei noch das Töpferhandwerk, von morgens sieben Uhr bis abends um sechs. Sie haben rissige Hände bekommen und eine rauhe Haut. Ihre Haare sind strähnig geworden von dem herumfliegenden

Staub, und die wenigen hübschen Kleider, die sie noch besitzen, hängen seit Monaten unbenutzt im Schrank. Sie sehen den jungen Burschen nicht mehr nach, wenn sie auf der Straße vorübergehen, und warten nicht mehr, daß einer sie heiraten soll. Sie wissen, daß auf hundert Männer hundertdreißig und noch mehr Frauen kommen, daß vielleicht nur jede zweite die Chance hat, einen Mann zu bekommen.

Ohne Genehmigung

Vor einem Jahre haben sie mit dem Aufbau ihrer Werkstatt begonnen. Der Bürgermeister hat ihren Antrag auf Zuweisung und Ausbaugenehmigung für einen ehemaligen Kalkofen abgelehnt, da die Gemeinde kein Interesse an einer Töpferei habe. Der Landrat hat die Erlaubnis zur Benutzung der zerstörten „Muna" nicht erteilt, da er nicht zuständig sei. Auch die beantragte Gewerbegenehmigung haben sie bis heute nicht erhalten. Zwar gibt es eine Verordnung der Landesregierung, die die Einschaltung der Flüchtlinge in die gewerbliche Wirtschaft anstrebt, es sind Listen aufgestellt, Kennziffern festgelegt, auf 500 Flüchtlinge soll ein Flüchtlingsschuster, auf 50000 ein Seifensieder zugelassen werden. Aber das ist nur das Soll. In den Ortschaften und Kreisen, in den Ausschüssen und Verbänden wehren sich oft die Einheimischen. Und ein Drittel der Sollzahlen ist bisher erst erreicht.

Auf 10000 Flüchtlinge entfällt nach der Liste ein Töpfereibetrieb. 9200 zählen die in Frage kommenden drei Gemeinden. So ist ihr Antrag nicht genehmigt worden. Auf ihre Beschwerde wurde ein Gutachten der Handwerkskammer eingeholt. Es wies nach, daß die vorhandenen Unternehmungen durchaus in der Lage seien, den Bedarf der Bevölkerung an Geschirr und Tonwaren zu decken, wenn sie genügend Arbeitskräfte, Rohstoffe und Kohlen erhielten. Vergebens hat der ehemalige Glashüttendirektor auf das „Eßgeschirr" der Breslauer Flüchtlingsfamilie hingewiesen. Hierfür sei der Flüchtlingskommissar zuständig, hat man ihm geantwortet.

So haben sie ohne Genehmigung angefangen. Sie haben den größten Teil ihres Familienschmucks auf dem Schwarzen Markt verkauft, gegen Schamottsteine und einen Brennofen, gegen Fuhrlöhne und Glas, gegen Kohlen, Holz und Zigaretten, um die Handwerker zu gewinnen. Sie haben getauscht und kompensiert, ein Jahr lang. Aber jetzt arbeitet der Betrieb, ohne Genehmigung. Heute nachmittag sind die ersten 62 Kisten mit Tongeschirr hinausgegangen, mit Kannen und Töpfen, mit Tellern und Tassen. Noch sind sie nicht zu verkaufen. Sie gehen an die Kohlenzeche und an die Zementfabrik, an das Sägewerk und an den Installateur. Aber sie bedeuten weitere Arbeitsmöglichkeit und einmal auch Geschirr für diejenigen, die es brauchen. Und sie bedeuten Verdienst und eine Existenz für ein Dutzend Menschen, die alles verloren haben, was sie besaßen.

Es wird immer weniger

Wenn es Abend wird, kommen sie nach Hause. Der ehemalige Glashüttendirektor und seine Töchter; der achtzehnjährige Lehrling, den das Schicksal über die Hitler-Jugend-Kompanie und das Gefangenenlager, über Bahnhofsbunker und Wartesäle, über Zonengrenzen und Polizeirazzien hierher gespült hat und der auch heute noch keine Zuzugsgenehmigung besitzt und daher alle vierzehn Tage seine Lebensmittelkarten in einer anderen Gemeinde abholen muß, auch der kriegsverletzte Kaufmann aus Stolp, der seit einem Vierteljahr die Buchhaltung des Betriebes führt. Wenn er sein Abendbrot gegessen hat, holt er das kleine Hauptbuch seines privaten Haushalts aus dem Schrank und zieht die Bilanz. Noch immer stehen auch in seinem Buch die langen Zahlenreihen auf der Ausgabenseite, die Einnahmeseite ist fast leer. Denn die „Firma" zahlt noch nicht. Sie hat ja selbst noch keine Einnahmen. Sie sind aber eine kleine Genossenschaft, und sie zahlen sich selbst erst Löhne aus, wenn sie etwas eingenommen haben. In acht Wochen soll es soweit sein. Aber dann wird es auch Zeit für ihn. Denn sein Geld geht zu Ende.

Zehntausend Mark hatte er, als er vor zweieinhalb Jahren in Westdeutschland eintraf. Diesen Betrag hatte er während des Krieges aus Vorsicht einem Düsseldorfer Geschäftsfreund überwiesen, als Guthaben. Er ist ihm erhalten geblieben. Sein übriges Vermögen in Ostdeutschland, seine Wertpapiere und seine Bankkonten, die Ansprüche seiner Firma und seine persönlichen Sparbücher sind eingefroren, blockiert, wertlos geworden. Kein Mensch zahlt ihm heute einen Pfennig dafür. ...

Dok. B

Viele bürokratische Hürden mußten überwunden werden

Ein Fallbeispiel aus der Wirtschaftszeitung vom 3. 10. 1947

Die Vorbereitung

Seit dem Jahr 1941 ist er Flüchtling. Zwei Jahre vorher noch hatte er sich aus Anhänglichkeit an das Land, in dem er geboren ist, zur freiwilligen Umsiedlung nach Deutschland nicht entschließen können und dann doch – bei der Besetzung des Baltikums durch die Russen – Haus und Geschäft eingebüßt. Auf eine auch damals schon trostlose Zeit in einem deutschen Flüchtlingslager folgte die Dienstverpflichtung. Beim Zusammenbruch ging der Rest an Hausrat und Bekleidung verloren. Die Familie fand sich erst nach Monaten wieder zusammen. In einem primitiven Notquartier reifte neuer Lebensmut. Der Flüchtling baute auf seine Kenntnisse und Erfahrungen, die ihm – dem Kaufmann – ehedem im Ausland Erfolg gebracht hatten. Er suchte und fand die Verbindung mit Geschäftsfreunden von früher. Den Inhabern eines norddeutschen Handelshauses war er in guter Erinnerung. So kam es im Januar 1947 mit ihrer und seiner Beteiligung zur Gründung einer Firma für Groß- und Außenhandel. Er wurde zum Geschäftsführer bestellt. In der Stadt, die zum Sitz des neuen Unternehmens bestimmt war, wurde nach langem Bemühen der notwendige Geschäftsraum gefunden. Der Flüchtling besaß von seinen Teilhabern Lieferzusagen und hatte selber festumrissene Pläne, bei denen das handwerkliche Können von Flüchtlingen in arbeitsintensiven Veredelungsaufträgen nutzbar gemacht werden soll. Er war erfüllt von der zähen Energie eines Menschen, der seine und seiner Familie Zukunft neu bauen muß und mit dem Schicksal hart zu ringen entschlossen ist.

An Gelegenheit dazu hat es ihm bisher nicht gemangelt, obwohl und gerade weil das neue Unternehmen formal bisher nicht steht. Es fehlt noch die Zulassung. Der Antrag auf Genehmigung des Gewerbebetriebs wurde im März beim städtischen Gewerbeamt eingereicht. Die Beschaffung der Unterlagen über kaufmännische und fachliche Vorbildung und Erfahrung, geordnete wirtschaftliche Verhältnisse, Leumund, politische Vergangenheit und Freiheit von der Vermögenskontrolle hatte, weil es ein Flüchtling dabei notwendigerweise schwerer hat als ein „Eingesessener", viel Mühe und Zeit gekostet. Eine Befürwortung durch das städtische Wirtschaftsamt konnte vorgelegt werden. Das Gewerbeamt stellte in Aussicht, den Antrag, sobald sich die Kammer als Repräsentantin der gewerblichen Wirtschaft dazu geäußert habe und außerdem die Zuzugsgenehmigung vorliege, ohne Verzug dem städtischen Gewerbeausschuß zur Beratung zuzuleiten. Ein Beschluß ist noch nicht gefaßt. Der Fall ist als Beispiel lehrreich – nicht nur, weil der Bericht vom Zusammenspiel der Instanzen, die bisher damit befaßt wurden, fast verwirrend wirkt.

Schon im Dezember hatte der Flüchtling um die Genehmigung zum Zuzug in die Stadt gebeten. Mitte März wurde das Gesuch abgelehnt. Ein zweiter Antrag hatte im April das gleiche Schicksal. Die Beschwerde blieb ohne Erfolg. Im Mai wandte sich der Flüchtling an den Landesflüchtlingskommissar. Die Landesbehörde wollte von sich aus den Zuzug bewilligen, auf den Einspruch der Stadt hin tat sie es nicht. Aber der Landesflüchtlingskommissar fand einen Ausweg. Er genehmigte den Zuzug in eine Gemeinde des an die Stadt angrenzenden Landkreises. Bürgermeister und Flüchtlingsreferent beim Landratsamt – zuvor gehört – widersetzten sich nicht, verlangten aber Verzicht auf Nachzug der Familie, die noch immer in der Notunterkunft lebt. Mit dem das Recht auf Zuzug verbriefenden Papier war das eine der beiden die Vorlage an den Gewerbeausschuß verzögernden Hindernisse beseitigt. Dabei ist jedoch noch fraglich, ob der städtische Gewerbeausschuß diese Zuzugsgenehmigung, weil sie auf eine Landgemeinde lautet, anerkennt. Dazu sich zu äußern, hatte er bisher keine Gelegenheit. Die Zulassungsakten sind von den begutachtenden Stellen erst jetzt zum Gewerbeamt zurückgekommen. Ein gutes halbes Jahr waren sie unterwegs.

Im März war der Zulassungsantrag zur Kammer gegangen. Sie gab ihn an den Fachverband. Er bearbeitete ihn zwei Monate lang mit dem Ergebnis: die Bedürfnisfrage sei zu verneinen. Inzwischen hatte der Flüchtling beim Fachreferat des Landeswirtschaftsamtes seine Pläne entwickelt und Interesse gefunden. Die positive Stellungnahme der Landeswirtschaftsverwaltung wurde der Kammer übergeben. Daraufhin wurde dem Flüchtling zu dem Versuch geraten, den Fachverband umzustimmen. Denn gegen die Meinung des Verbandes – so wurde erklärt – könne die Kammer nicht „ja" sagen. Der Flüchtling versuchte es bei der für Außenhandelsfragen zuständigen Dienststelle und bat sie um ein gutes Wort beim Verband. Der Sachbearbeiter meinte, das sei möglich; zuvor aber müsse der Antragsteller Abschriften von den zustimmenden Äußerungen des Landeswirtschaftsamtes und des städtischen Wirtschaftsamtes vorlegen. Sie aus den Akten zu beschaffen war schwierig; entgegen allen Erwartungen glückte es. Die Außenhandelsstelle – diesmal in der Person des Referenten – behielt sich dann aber doch eine Rückfrage bei der Kammer vor. Damit sollte im Ergebnis die

Stellungnahme der Außenhandelsstelle von der Meinung desselben Fachverbandes abhängig gemacht werden, den – auf Grund eigener Prüfung und unabhängig – zu beraten das Amt angerufen war. Angesichts eines solchen Kreislaufs verzichtete der Flüchtling. Er ging zur Kammer und bat sie, ihre Meinung zu seinem Antrag nun ohne Verzug zu formulieren und die Akten an das Gewerbeamt zurückzugeben. Nach sieben Wochen war es soweit. Der städtische Gewerbeausschuß kann nunmehr in seiner nächsten Sitzung zu dem Gesuch Stellung nehmen. Entschieden aber wird der Antrag von der Landesbehörde. Was sich bisher ereignet hat, war nur Vorbereitung. Bei diesem Vorspiel hat der Flüchtling 38mal bei – meist dicht umlagerten – Amtsstellen vorgesprochen und mehr als ein Dutzend Reisen mit der Bahn machen müssen.

Ob die letzte Instanz bei ihrem Entschluß der Meinung von Landeswirtschaftsamt und Stadtwirtschaftsamt oder der Ansicht von Fachverband und Kammer folgen wird, steht nicht zur Diskussion. Das Bedrückende an dem Exempel ist die Langatmigkeit des doch nur vorbereitenden – sich im gegebenen Fall vielleicht besonders kraß darstellenden – Instanzenzugs der Begutachtungsstellen. Das Bestreben nach formal ordentlicher Erledigung ist da zu einem sich im Kreise drehenden Suchen nach Rückendeckung geworden. Die Hemmung, selbst einen Entschluß zu fassen und dafür die Verantwortung zu übernehmen, wirkt besonders peinlich, weil die Rückversicherung im letzten Grunde von allen gefragten Stellen immer wieder dort gesucht wird, wo die Antwort aus der Sorge um die Gefährdung der eigenen Existenz kommt. Gerade bei der Eingliederung der Flüchtlinge in das Wirtschaftsleben ist die Entscheidung, ob ein Bedürfnis besteht, viel zu heikel, als daß sie in der unteren Etage des Verfahrens unter dem Blickwinkel der Konkurrenz – auch nur andeutungsweise – vorweggenommen werden darf. Sonst könnte der Anschein erweckt werden, dem Flüchtling werde im Einzelfall die Chance vorenthalten, die ihm als Gesamtheit programmatisch versprochen ist. Generalklauseln des guten Willens allein nützen nichts. Das Recht muß auf den Fall anwendbar, handfest kodifiziert werden.
W. Th.

Dok. C

Ansiedlung der weltbekannten Süßmuth-Hütte in Immenhausen bei Kassel

Antrag auf Produktionsgenehmigung von Richard Süßmuth an die IHK Kassel vom 25. 5. 1946 – StA Ma 401/39 Nr. 325

Betr.: Antrag auf Produktionsgenehmigung

Nach vorhergehenden Verhandlungen mit verschiedenen Regierungs- und Wirtschaftsstellen und den militärischen und zivilen Behörden schloß ich am 1. Mai einen Pachtvertrag für die Übernahme der Glashütte Immenhausen ab. Der Vertrag wurde abgeschlossen zwischen United States Military Government Property Control Chief für Groß-Hessen als Verpächter und Richard Süßmuth, Glasfabrikant, z.Zt. Waldsassen/Oberpfalz. Ich bemerke, daß ich ausgewiesener Schlesier bin und mein Glaswerk in Schlesien durch die polnische Kommandantur enteignet wurde. Mein Bemühen geht dahin, die stilliegende Glashütte Immenhausen wieder in Gang zu bringen und den guten Stamm meiner Fachkräfte hierher zu überführen und gleichzeitig noch vorhandene Fachkräfte der früheren Lamprecht'schen Glashütte, Immenhausen, in den Fertigungsprozeß mit einzureihen. Mein Werk in Penzig/Niederschlesien beschäftigte sich mit der Fertigung formschöner Gebrauchsgläser, mit der Anfertigung von Beleuchtungsglas, mit Glasveredelungen, Glasschleifen, Glasgravuren, mit der Anfertigung von Kunstverglasungen, insbesondere mit Glasmalerei für Kirchenfenster u. a. und war zu 60% mit der Erledigung von Exportaufträgen beschäftigt. Für Immenhausen plane ich eine gleiche Fertigungsproduktion, wobei ich berücksichtige, daß auch Gebrauchsgläser als Mengenartikel für den Zivilbedarf gefertigt werden. Es handelt sich um eine reine Friedensproduktion, für die im Land Groß-Hessen Produktionsstätten z. Zt. nicht vorhanden sind.

Der gute Ruf meiner Firma, die in in- und ausländischen Ausstellungen große Erfolge erzielte (Weltausstellung Paris 1937 zweithöchste Auszeichnung, Internationale Handwerkerausstellung in Berlin 1938 erste Auszeichnung, Trienale Mailand 1942 zweithöchste Auszeichnung), bürgt dafür, daß nach Immenhausen ein Spezialbetrieb verlagert werden soll, der für die Wirtschaft, insbesondere auch für den Export Groß-Hessens, von Bedeutung ist. Auch die Bedeutung meines Unternehmens auf kulturellem Gebiet darf bei einer Beurteilung nicht unterschätzt werden.

Die zur Glasfertigung benötigten Rohstoffe sind in der amerikanischen Zone vorhanden und zum Teil aus dem hessischen Wirtschaftsraum zu beziehen. Ich plane für die Gaserzeugung die Aufstellung eines Drehrostgenerators, so daß die Möglichkeit besteht, die in der Nähe von Immenhausen gewonnene Braunkohle gut ausgenutzt zu vergasen. Bis zur Aufstellung des Generators muß ich den Betrieb mit der noch vorhandenen Treppenrostanlage betreiben. Der Glasschmelzofen ist im Oberbau abgetragen worden und muß neu erstellt werden, das gilt auch für die Kühlanlagen. Der alte Unterbau des Glasschmelzofens und die vorhandenen Kanäle sowie Schornsteinführung, der Schornstein usw. können verwendet werden.

Bei dem Abschluß des Pachtvertrages mit der Militärregierung wurde mir zur Bedingung gemacht, daß die Glashütte innerhalb eines Jahres betriebsfertig sein muß. Ich habe mir zur Aufgabe gestellt, die Glasfertigung in sechs Monaten aufzunehmen. Mit meinem Veredelungsbetrieb, der Glasschleiferei, den Glasgravuren, der Glasmalerei, für die Rohmaterialien für eine sechsmonatige Betriebsführung vorhanden sind, könnte ich am 15. Juni ds. Jhrs. beginnen. Die hierzu benötigten Betriebseinrichtungen sind vorhanden und auf dem Wege nach Immenhausen und zum Teil bereits hier eingetroffen. Die Instandsetzung der Betriebsräume habe ich bereits in Angriff genommen.

Eine Bescheinigung über meine politische Unbedenklichkeit, ausgestellt vom Prüfungsausschuß für Wirtschaft beim Landrat in Tirschenreuth vom 9. 4. 1946 lege ich diesem Schreiben bei.

Ich bitte, meinen Antrag zu prüfen und die Produktionsgenehmigung bald zu erteilen, damit ich mit der Fabrikation beginnen kann.
Mit bester Empfehlung   Richard Süßmuth

Dok. D
„Aktion der offenen Betriebstür"
Neue Presse (Oberhessen) vom 12. 5. 1962 (Auszug)

Was machen die Vertriebenen mit den Staatshilfen?
Das Geld gut angelegt – Heimatvertriebene Wirtschaft mit guten Beispielen

Bad Nauheim (pd). – Seit Jahren will die „Aktion der offenen Betriebstür" den gemeinsamen Weg der alteingesessenen Wirtschaft mit den Betrieben der „Neu-siedler" dokumentieren und Gemeinsamkeiten entdecken lassen. Daher auch der Name „Der gemeinsame Weg". In diesem Jahr hatte die Industrie- und Han-delskammer für die Kreise Friedberg und Büdingen mit der Vertretung der hei-matvertriebenen Wirtschaft etwa 40 Damen und Herren aus der Politik und Wirtschaft, der Verwaltung und Presse eingeladen, um eindrucksvolle Ergebnis-se der heimatvertriebenen Wirtschaft darzutun.

Der Geschäftsführer der Vertretung der heimatvertriebenen Wirtschaft, Dr. Pfuhl, meinte, es komme ihm nicht auf Public Relation, sondern vielmehr dar-auf an, den Beweis dafür anzutreten, wie gut der Staat sein Geld angelegt habe. Es sei nicht zu viel gesagt, wenn man behaupte, die Betriebe der heimatvertrie-benen Wirtschaft hätten die hessische Industrie angereichert. Und um diese Be-hauptung zu beweisen, sah das Programm die Besichtigung einiger Betriebe vor.

Zunächst eine Bad Nauheimer Konditorei und Bäckerei. Bäckermeister Stark stammt aus der Nähe von Marienbad. 1949 übernahm er den Betrieb in Bad Nauheim und brachte ihn ohne jegliche staatliche Zuwendung wieder auf die Beine. Ein Kriegsfreund lieh ihm Geld. Später beanspruchte er auch staatliche Gelder und übernahm 1960 ein Café. Nach Angaben des Besitzers liegt der heu-tige Monatsumsatz ungefähr so hoch wie der Jahresumsatz von 1950. Der Be-trieb beschäftigt 27 Leute.

Der zweite Betrieb war eine Weberei in Nieder-Mörlen. Ihr Besitzer floh nach der Gefangenschaft 1947 aus der Zone nach Westdeutschland. Noch im gleichen Jahr siedelte er nach Hessen um, übernahm den Betrieb und stellte ihn mit staatlicher Finanzhilfe als erstes auf die Fertigung von Taschentüchern um. Seit dieser Zeit hat Weberei-Besitzer Krusche den Produktionsraum von 300 Quadratmetern auf 2000 erweitert. Für das nächste Jahr sehen Krusches Pläne unter anderem den Ausbau einer größeren Lagerhalle und den Umbau der Pro-duktionsstätten vor.

Die Firma Franz Jungwirth und Söhne in Bad Nauheim war ursprünglich im Sudetenland beheimatet und fabriziert recht ungewöhnliche, aber sehr dringend erforderliche Artikel: Schutzfolien aus Kunststoffen für die chemische und phar-mazeutische Industrie, Abdichtscheiben für Flaschen mit Flüssigkeiten. Das ur-sprünglich vom Staat angelegte Kapital konnte, trotz der hohen Investitionen für Maschinen und Werkzeuge, bereits 1958 zurückgezahlt werden. Nun hat der hessische Staat dort weiteres Geld angelegt, um die Produktion noch zu stei-gern.

Zum Abschluß debattierten die Damen und Herren sachlich und bestimmt über alle möglichen Fragen und über Lastenausgleichsprobleme. ...

Dok. E

Zinserhöhungen und Kreditrestriktionen bedrohen die Existenz

Hessische Nachrichten vom 26. 2. 1949

Gefährdete Flüchtlingsbetriebe
800 Unternehmungen mit rund 10 000 Beschäftigten durch Kreditsperre bedroht

Wenn nicht innerhalb von zwei Wochen drei bis vier Millionen DM zur Sicherung von hunderten schon bestehender Flüchtlingsbetriebe in Hessen flüssig gemacht werden können, erscheint die Aufrechterhaltung dieser Unternehmungen ebenso zweifelhaft wie diejenige von weiteren 400 Betrieben, deren Fortführung an die fristgerechte Einlösung von Wechselverpflichtungen mit einer Gesamtsumme von 3 bis 4 Millionen DM gebunden ist. Darüber hinaus können 300 landwirtschaftliche Betriebe, die ebenfalls von Flüchtlingen verwaltet werden, nur dann nutzbar gemacht werden, wenn hierfür Darlehensbeträge von je 10 000 DM zur Verfügung stehen.

Diesem Faktum steht entgegen, daß die Verhandlungen des Landesamtes für Flüchtlinge in Wiesbaden mit der Bank Deutscher Länder mit dem Ziel der Herausnahme von Flüchtlingskrediten aus der allgemeinen Kreditrestriktion ohne positives Ergebnis geblieben sind. Die Länderbank hat am 13. Februar eine Sonderstellung der Flüchtlinge im Rahmen des Kreditgewährungsprogramms abgelehnt; deshalb mußte auch die Landeszentralbank von ihrer ursprünglichen Zusage, in dringenden Nofällen helfend einzugreifen, wieder abrücken, so daß alle Berechnungen im Hinblick auf den vor kurzem angekündigten Zwanzigmillionenkredit für notleidende Flüchtlingsbetriebe über den Haufen geworfen erscheinen.

Nach einer Erklärung des Leiters des Landesamtes für Flüchtlinge, Dr. Nahm, vertritt die Bank Deutscher Länder die Ansicht, daß die für Flüchtlinge erforderlichen Geldmittel von den einzelnen Ländern bereitgestellt werden müßten. In der Herausnahme der Flüchtlingskredite aus den Restriktionsmaßnahmen glaube die Bank Deutscher Länder eine Gefährdung der Währung erblicken zu müssen. Trotzdem habe sie ihre Bereitwilligkeit erklärt, „in besonderen Härtefällen" helfend einzugreifen. Daß dieses Entgegenkommen nicht als Lösung des Problems angesehen werden könne, gehe, wie Dr. Nahm feststellt, schon daraus hervor, daß allein im Lande Hessen mehr als 400 solcher „Härtefälle" zu verzeichnen seien. Dazu kommen noch die eingangs erwähnten weiteren Flüchtlingsbetriebe mit einem Bargeldbedarf von rund 10 Millionen DM, abgesehen von den Mitteln, die im Laufe des Jahres 1949 zur Bewältigung des Flüchtlingsproblems erforderlich seien.

Klare und eindeutige Worte sprach in diesem Zusammenhang der hessische Finanzminister Dr. Hilpert, der nicht nur für die Aufrechterhaltung wirtschaftlich gerechtfertigter Flüchtlingsbetriebe eintrat, sondern auch die Notwendigkeit unterstrich, die Bank Deutscher Länder zu einer Revision ihres Standpunktes zu veranlassen. Es müsse verhindert werden, daß Betriebe, die mit Mühe und Fleiß aufgebaut worden sind, über Nacht dem Zusammenbruch nahegebracht würden. Die Auswirkungen der Krediteinschränkungen auf die Flüchtlingsbetriebe müßten eingehend überprüft und den kreditwürdigen Unternehmungen mit den notwendigen Geldmitteln zur Aufrechterhaltung des Betriebes an die Hand gegangen werden. Dr. Nahm ergänzte die Ausführungen des Finanzministers mit dem Hinweis darauf, daß die Einschränkung des Kreditvolumens durch die Bank Deutscher Länder die Existenz von rund 800 Betrieben mit zusammen 10000 Beschäftigten in Frage stelle. Als vordringlich bezeichnete er die Gewährung einer Steuerstundung für alle Flüchtlingsbetriebe während einer gewissen Anlaufzeit.

In den betroffenen Kreisen hat die Meldung von der Kreditgefährdung lebhafte Unruhe ausgelöst, und vielfach wird darin ein Manöver zur Ausschaltung einer unwillkommenen Konkurrenz gesehen. Die in den Nachkriegsjahren entstandenen gewerblichen und industriellen Unternehmungen unter der Leitung heimatlos gewordener Menschen haben sich – woran heute nicht mehr gezweifelt werden kann – nur auf Grund ihrer qualitativen Leistungen durchzusetzen vermocht; über Boykott und (teilweise behördlich geförderte) Sabotage hinweg haben sie ihr redlich Teil dazu beigetragen, der neuen Heimat wirtschaftlichen Auftrieb zu geben und ihr dringend notwendige Devisen aus dem Auslande zuzuführen.

Den Standpunkt der Bank Deutscher Länder, es könnte durch die Gewährung von Krediten an diese jungen Unternehmungen bzw. aus der Einräumung einer Sonderstellung durch Herausnahme aus der allgemeinen Kreditrestriktion eine Gefährdung der Währung erfolgen, vermag man in diesen Kreisen nicht zu teilen: man vertritt vielmehr die volkswirtschaftlich durchaus begründete Ansicht, daß ohne eine gesunde Produktion auch keine gesunde Währung denkbar erscheint und daß demnach die Erhaltung der Flüchtlingsbetriebe mit Zehntausenden von Angestellten im ureigensten Interesse des Landes gelegen sein müßte.

Dok. F

Für die Webereien kommt jede Hilfe zu spät

Schreiben des Hosenfabrikanten Bruno Herzog in Treysa (Kassel) an die Vertretung der heimatvertriebenen Wirtschaft vom 20. 8. 1962 – Sudetendeutsches Archiv München, B 25/122

Erläuterung: Um mit den Billigeinfuhren konkurrieren zu können, so empfahl der bayerische Landesverband der heimatvertriebenen Wirtschaft, sollten sich die Flüchtlingswebereien zu Arbeitsgemeinschaften zusammenschließen (vgl. Dok. 23).

Betreff: Ihr wertes Schreiben vom 17. 8. 62

Sehr geehrter Herr Dr. Pfuhl!

Der Vorschlag des Landesverbandes Bayern kommt für Hessen um ganze 10 Jahre zu spät. Ich habe etwa im Jahre 1954 in Wiesbaden einen Zusammenschluß dieser Art angeregt, und wurde seinerzeit von Herrn Staatssekretär Dr. Preissler und Herrn Musche diese Sache in Angriff genommen, die angeschriebenen Firmen wie Schlindenbusch, Tippmann u.s.w. lehnten ab. Heute existieren sie alle nicht mehr.

Das, was von Bayern vorgeschlagen wird, machen die Aachener Webereien schon lange, nur ist es dort leichter, weil alle an einem Platz sitzen.

Ganz abgesehen bietet die Zukunft nicht einmal mehr für mittlere Betriebe Behauptungsmöglichkeiten, geschweige für kleinere Webereien.

Ich hatte seinerzeit bei Ihnen angeregt, daß ein international anerkannter Nationalökonom – er ist Universitätsprofessor in der Schweiz – bereit war, ein Gutachten dafür auszuarbeiten, daß es unter den steuerlichen und wirtschaftlichen Verhältnissen unmöglich war, einen Betrieb in der Wollweberei-Branche aufzubauen. Leider hat niemand daran Interesse. Damit hätte auch eine Entschädigung, ähnlich wie bei den Mühlen und der Zigarren-Industrie, für die vernichteten Betriebe platzgreifen müssen.

Zu Ihrer Information teile ich Ihnen mit, daß ich mit den Staatskrediten bis auf einen Rest fertig bin und dieser aus der Endabrechnung aus dem Lastenausgleich bezahlt wird, sobald dieser Bescheid vorliegt.

Meine Näherei wird jetzt im ehemaligen Websaal aufgebaut, und ich bin somit an der Weberei nicht mehr interessiert. Es ist unmöglich, aus einem kleinen Verdienst, wie ihn die Weberei erbringt, ein großes Risiko zu tragen und außerdem große Beträge für Investitionen zu erwirtschaften.

Leider haben die klugen Herren von der Hessischen Treuhandverwaltung meinen Vorschlag, eine Weberei selbst zu führen und den Firmen zu beweisen, wie tüchtig sie sind, nicht akzeptiert.

Hochachtungsvoll
Bruno Herzog

Dok. G

Flüchtlingsproduktion in der ehemaligen Rüstungsfabrik in Allendorf
Oberhessische Presse vom 21. 7. 1987

Die Militärregierung konnte jederzeit Räumung verlangen – Vor 40 Jahren begann Allendorfs Entwicklung zur Industriestadt

Stadtallendorf (mg). Vor 40 Jahren, die von der Militärregierung angeordnete Demontage aller für die Kriegsproduktion bestimmten Gegenstände war noch nicht vollständig abgeschlossen, begann der Aufbau Allendorfs zum industriellen Schwerpunkt im Landkreis Marburg-Biedenkopf. „Auf dem früheren DAG-Gelände in Allendorf hat die Firma Rolf Mauersberger, Strickerei, als erstes Unternehmen die ihr zugewiesenen Hallen beziehen können. Sie beschäftigt zur Zeit 20 Kräfte und daneben etwa 100 Heimarbeiterinnen, die letzteren ausschließlich Flüchtlinge. Die Firma hofft, in Kürze bereits einen größeren Posten Kinderbekleidung herauszubringen. Eine weitere Firma (Hohlglasindustrie) hat die Genehmigung zum Bezug der ihr zugewiesenen Hallen bekommen." So meldete am 7. Februar 1947 die Marburger Presse, eine Vorläuferin der Oberhessischen Presse, vom „neuen Leben in Allendorf". Heute lebt Rolf Mauersberger in Nürnberg, erinnert sich aber noch gut an die schwierige Situation nach dem Krieg, als er sein Unternehmen im damaligen Allendorf neu aufbaute.

130

Von den einstmals im DAG-Gebiet und WASAG errichteten Gebäuden waren auf Anordnung der Militärregierung insgesamt 247 gesprengt worden, darunter auch Fabrikationsgebäude, die sicherlich auch für nicht rüstungsbedingte Zwecke verwendbar gewesen wären. Rolf Mauersberger, der seinen Betrieb aus Berlin verlegen wollte, hatte jedoch Glück. Nach zähen Verhandlungen erhielt er die schriftliche Zusage des Wirtschaftsministeriums, Gebäude im DAG-Gelände, in unmittelbarer Nachbarschaft zur Wache I, zu beziehen. Doch unter welchen Bedingungen? Bis Mitte des Jahres 1947 waren keine Pachtverhandlungen mit der Besatzungsmacht möglich, erst später räumte man den Pächtern Verträge, jedoch nur bis zu fünf Jahren ein. Dies wäre schon ein kleiner Fortschritt gewesen – so Mauersberger –, wenn es nicht die sogenannte 24-Stunden-Klausel gegeben hätte. Diese besagte, daß der Pächter auf Verlangen der Militärregierung das Pachtobjekt jederzeit zu räumen verpflichtet war. Viele an einer Ansiedlung interessierte Unternehmen wählten daher lieber andere Standorte aus.

Nicht so Rolf Mauersberger, der am 11. Januar 1947 die Zusage erhielt, die Gebäude 658 und 497 benutzen zu können, obwohl die Demontage dort noch nicht beendet war. Vom Wirtschaftsministerium wurde er darauf verwiesen, daß diese Zusage jederzeit zurückgenommen werden kann, wenn sich durch seinen Betrieb irgendwelche Schwierigkeiten in der Abwicklung der Demontage ergeben sollten. Der Berliner Unternehmer wurde verpflichtet, sein Personal in diesem Sinne zu unterrichten und zu kontrollieren.

Anfang April 1947 schienen plötzlich alle Bemühungen um die Ansiedlung des Betriebs vergebens gewesen zu sein. Sachverständige schlugen nämlich vor, die Delaborierung der gesamten in der amerikanischen Zone befindlichen Munition im Werk Allendorf durchzuführen, der Räumungsbefehl war die Folge. Alle Versuche, den Räumungsbefehl rückgängig zu machen, blieben zunächst ohne Erfolg. Einem der Unternehmer gelang es jedoch, bis zum maßgeblichen amerikanischen Offizier durchzudringen und ihn zu Konzessionen zu bewegen. Dem Räumungsbefehl brauchte danach nicht Folge geleistet zu werden, wenn die Betriebe das von ihnen beanspruchte Gelände einzäunten und Vorsorge trafen, daß die Belegschaft auf dem Weg von und zur Arbeit nichtbetriebseigenes Gelände nicht berührten. Es mußten also die Gebäude eingezäunt werden und getrennte Werkseingänge geschaffen werden.

Mauersberger war es nicht möglich, die Auszäunung der Gebäude zu bewerkstelligen, er mußte die bis dahin genutzten räumen. Die Firma bezog daraufhin neue, direkt an der Werksumzäunung gelegene Gebäude, die wiederum aber stark beschädigt waren. Nochmals wagte Mauersberger einen Neubeginn. Die Materialbeschaffung stellte ihn vor fast unlösbare Aufgaben. Er begann die Produktion mit aufgeräufelter Wolle von abgetragener Kleidung, die er von der einheimischen Bevölkerung erhielt. Zum Besuch der Heimstrickerinnen wurde ein geliehenes Fahrrad benutzt. Besonders stolz ist Mauersberger, daß es ihm trotz der widrigen Verhältnisse gelang, den Betrieb bis zum Stichtag der Währungsreform so zu entwickeln, daß nach Aufgabe der Heimarbeit 45 Menschen ständig beschäftigt waren.

Nur durch ihre Pionierarbeit gelang es schließlich, die Siegermächte davon zu überzeugen, daß in den noch erhaltenen Gebäuden der ehemaligen Sprengstoffproduktion zivile Betriebe angesiedelt werden sollten und eine Revision der Sprengliste stattfand. Die Freigabe der Werke durch die Militärregierung erfolgte im April 1950, da mit der Beendigung der Demontage das Interesse der Besatzungsmacht an den Werken erlosch.

Dok. H

Auch einheimische Betriebe siedeln sich in Allendorf an

Beilage der Oberhessischen Presse vom 30. 8. 1957

Nahezu 4000 Arbeitsplätze
Entwicklung und Aufbau der Industrie in Allendorf
Von Dr. Georg Langerfeldt, Geschäftsführer der Industriegemeinschaft
Herrenwald e. V. Allendorf

Allendorf, an der Bundesbahnstrecke Kassel-Frankfurt gelegen, zerfällt in drei Teile: das alte Dorf, das WASAG-Gelände und das DAG-Gelände. Alt-Allendorf, in dem noch einige gut erhaltene Bauernhäuser zu finden sind, hatte im Jahre 1939 1500 Einwohner. Es war eine Gemeinde fast ausschließlich landwirtschaftlicher Struktur. Ein Teil der Bewohner mußte, da die Landwirtschaft nicht als Ernährungsgrundlage ausreichte, sich außerhalb zusätzlich Arbeit und Brot suchen. Das Jahr 1939 brachte mit der Errichtung der Sprengstoffwerke im WASAG- und DAG-Gelände eine entsprechende Änderung. Wie überall in den Gebieten, in denen Munitionswerke während des Krieges errichtet worden waren, führte das Jahr 1945 zu einem wirtschaftlichen Abstieg.

Jedoch resignierte man in Allendorf nicht und schuf im Laufe der Zeit trotz größter Schwierigkeiten die Voraussetzungen für eine Friedensindustrie. Die ersten Ansätze hierfür finden wir bereits im Jahre 1949. Vier Betriebe waren es, die in diesem Jahr das Risiko auf sich nahmen, in Allendorf seßhaft zu werden. Im Laufe der Jahre zogen weitere Betriebe in Allendorf ein, die Zahl steigerte sich bis zum 31. 12. 1956 auf 47 Unternehmen. Diese gliedern sich in:

Anzahl der Betriebe	Wirtschaftszweig	Beschäftigte
1	Eisen-, Stahl- und Tempergießerei	913
9	Textilindustrie	708
12	Eisen-, Stahl-, Blech- und Metallgewerbe	341
2	Papierverarbeitende Industrie	196
5	Maschinenbau	153
8	Holz- und Bauteile-Industrie	138
2	Kunststoffverarbeitende Industrie	110
1	Holzwerkzeuge-Industrie	65
1	Elektrotechnik	7
1	Schuhindustrie	17
7	Sonstige	98
49		2746

Davon sind 1775 männliche Arbeitnehmer, 971 weibliche. Männliche Arbeiter waren hiervon 1602, weibliche 835, männliche Angestellte 173 und weibliche 136. Unter diesen Arbeitnehmern waren fast 1000, die täglich nach Allendorf einpendelten.

Mit dem Stichtag 30. 6. 1957 waren in Allendorf in ebenfalls 47 Betrieben 3270 Arbeitnehmer beschäftigt. Davon entfallen:

Anzahl der Betriebe	Wirtschaftszweig	Beschäftigte
1	Eisen-, Stahl- und Tempergießerei	1198
8	Textilindustrie	813
10	Eisen-, Stahl-, Blech- und Metallgewerbe	358
2	Papierverarbeitende Industrie	182
3	Maschinenbau	143
7	Holz- und Bauteile-Industrie	154
2	Kunststoffverarbeitende Industrie	161
2	Holzwerkzeuge-Industrie	79
2	Elektrotechnik	62
1	Schuhindustrie	22
8	Sonstige	107
47		3279

Der Zuwachs innerhalb des letzten halben Jahres betrug demnach 533 Arbeitnehmer. Von der gesamten Beschäftigtenzahl waren 1919 Arbeiter, 1002 Arbeiterinnen, 208 männliche und 141 weibliche Angestellte. In Allendorf ansässig waren 1519 Arbeitnehmer, während die Zahl der Pendler 1751 betrug. Da man eine weitere Arbeitnehmerzahl von 600 für diejenigen Unternehmen, wir denken hierbei an den Einzelhandel, das Baugewerbe, die freien Berufe, Geldinstitute, Behörden usw., annehmen kann, so ergibt sich, daß mit dem 30. 6. 1957 in Allendorf über 3800 Menschen tätig sind.

Das Anwachsen der Gemeinde Allendorf auf nun über 7000 Einwohner brachte mit sich, daß verschiedene Einrichtungen, die den steigenden kulturellen Bedürfnissen der Gesamtbevölkerung dienen, geschaffen werden mußten. Wir erwähnen hier nur die Schulneubauten, die Errichtung des Gästehauses, den in Angriff genommenen Turnhallenneubau, den Sportplatzumbau und den Kino-Neubau. Eine evangelische Kirche und eine katholische Kirche wurden ebenfalls neu errichtet. Auf dem kommunalen Sektor wurden Arbeiten durchgeführt, die ihrem Ausmaß nach im Jahre 1945 niemand zu glauben wagte.

Erwähnenswert erscheint uns bei objektiver Würdigung, daß die zwischen Alt- und Neubürgern bestehenden Spannungen weitgehend verschwunden sind. Ein Beweis dafür, daß alle die Gewißheit haben, daß die Industrialisierung Allendorfs in wirtschaftlicher Hinsicht von Nutzen ist.

Dok. I

Erfolgreicher Neuaufbau

Bericht über die Kammgarnspinnerei Max Richter in Stadt Allendorf – 10 Jahre Stadt Allendorf, 1970, S. 151

Fortschritt und Tradition

Über 300 Jahre war die Familie Richter in ihrer Heimat ansässig. Schon Anton Richter, der am Rand der nördlichen Sudeten das Unternehmen gründete, stammte vom 200 Jahre alten elterlichen Hof. Die Errichtung der Kammgarnspinnerei (mit angegliederter Weberei) auf dem Familiensitz in Mildenau im Jahre 1852 glich einer Pionierleistung, denn das Kammgarnspinnen war seinerzeit in Österreich-Ungarn noch völlig unbekannt.

Dem Gründer folgten nacheinander 4 Generationen, die das Unternehmen der ständigen technischen Weiterentwicklung entsprechend immer wieder erweiterten und modernisierten. Es entwickelte sich vom handwerklichen Betrieb weg über Dampf und Elektrizität zu einem ansehnlichen Unternehmen. Auf diesem Weg mußte vielen „Stürmen der Zeit" widerstanden werden: der Wollkatastrophe um die Jahrhundertwende, dem Ersten Weltkrieg und der allgemeinen Wirtschaftskrise in den 30er Jahren.

Der härteste Schicksalsschlag traf die Kammgarnspinnerei Richter und ihre 3000 Arbeiter in den 4 Werken Mildenau, Neustadt, Jungbunzlau und Prag 1945 durch die Austreibung aus dem Sudetenland nach dem Zweiten Weltkrieg. Max Richter, aus der 4. Generation, kam Ende 1948 aus der Tschechoslowakei, und schon 1 Jahr später – im Herbst 1949 – konnte mit dem Wiederaufbau in Stadt Allendorf begonnen werden. Tatkräftig unterstützt von der 5. Generation nach dem Gründer, die schon lange aktiv in der Geschäftsleitung tätig ist, wurde nach 100 Jahren wieder von vorn angefangen. Viele bewährte Mitarbeiter, von denen auch schon Vater und Großvater bei „Richters" gearbeitet haben, halfen dabei. Aus diesem Zusammengehörigkeitsgefühl haben wir gemeinsam die heutige Max Richter Kammgarnspinnerei wieder zu einem der bedeutenden Unternehmen der Branche führen können. Wir sind der älteste Industriebetrieb in Stadt Allendorf, arbeiten in 3 Schichten und beschäftigen 20 Jahre nach dem Wiederaufbau über 400 Arbeiter und Angestellte. So wird eine über 100jährige Tradition in der neuen Heimat fortschrittlich weitergeführt.

Dok. J

Flüchtlinge aus der SBZ waren besonders erfolgreich

Bericht über das 50jährige Jubiläum der Strumpffabrik Rössler in Neustadt b. Marburg – Hessische Nachrichten vom 21. 4. 1951

50 Jahre Strumpffabrik Rössler
Der alte sächsische Betrieb fand in Neustadt eine neue Heimat

Neustadt, im April. (nb) Anfang dieses Monats waren es 50 Jahre, daß der damalige Strumpfwirkmeister Edwin Rößler, zusammen mit seiner Ehefrau Klara Rößler, im Mittelpunkt des sächsischen Strumpfgebietes, in Gelenau (Erzgebirge) eine eigene Strumpffabrik ins Leben rief. Mit einer einzigen Wirkmaschine fing der tüchtige Fachmann damals an und vergrößerte seinen kleinen Betrieb unter Mithilfe seiner sämtlichen Familienangehörigen, vor allem dank der großen Organisationsgabe seines Sohnes Emil Rößler, zu einer der größten, modernsten und schönsten Strumpffabriken Deutschlands.

Dieser Betrieb bestand damals aus drei großen Fabrikgebäuden. Über 100 Werkwohnungen in unmittelbarer Nähe der Fabriken legten Zeugnis von einer vorbildlichen sozialen Einstellung der Inhaber ab. 1000 Belegschaftsmitglieder sorgten durch die Erzeugung hochwertigster Strumpferzeugnisse dafür, daß der deutsche Name und der der Firma in alle Welt hinausgetragen wurden.

Infolge der politischen Ereignisse in der Ostzone Deutschlands mußte Emil Rößler den alten Familienbesitz in Gelenau über Nacht verlassen. Trotz des schmerzlichen Verlusts ging er im Westen, zusammen mit seinen beiden Söhnen, die Textil-Ingenieure sind, sowie mit einigen wenigen Stammarbeitern im Wirtschaftsgebäude der Steimbelsiedlung bei Neustadt daran, ein neues Werk aufzubauen. Heute, knapp 1 ¾ Jahre nach dem Neuaufbau, kann die unter dem Namen „Strumpffabriken Neustadt" bekanntgewordene Firma bereits wieder 500 Personen beschäftigen. Diese Tatsache ist für das nordhessische Notstandsgebiet und für den engeren Neustädter Raum besonders erfreulich.

Nach anfänglichen Schwierigkeiten werden heute wieder die besten Strumpferzeugnisse, insbesondere Perlonstrümpfe, gefertigt und treten seit kurzer Zeit auch wieder den Weg ins Ausland an. Die Firma weist eine beachtliche Produktionsziffer auf, so daß ein weiteres Anwachsen des Betriebes zu erwarten ist. Der Anfang in dieser Richtung ist mit der Inbetriebnahme einer eigenen Sockenfabrikation gemacht worden. Besonders muß in diesem Zusammenhang erwähnt werden, daß Frau Klara Rößler, die Mitbegründerin des Unternehmens, auch heute noch trotz ihrer 73 Jahre als Abteilungsleiterin mitwirkt und den jungen Mitarbeitern in keiner Weise nachsteht. Die Feier des 50jährigen Betriebsunternehmens fand im kleinen Rahmen statt.

Dok. K

Zum Wiederaufbau des Kreises Ziegenhain entscheidend beigetragen

Der Zimmereibetrieb Herbert Lambrecht in Treysa, von Kurt Weigt – Schwalm-Eder-Kreis. Heimat für Vertriebene, 1984, S. 95

Aufbau eines Zimmereibetriebes

Herbert Lambrecht, am 28. 08. 1919 in Greifenberg/Pommern geboren, stammt aus einer Landwirtschaft, die väterlicherseits Familienbesitz war.

Von 1934 bis 1937 erlernte Herbert Lambrecht das Zimmerei-Handwerk, baute seine Zimmergesellenprüfung mit der Note „sehr gut" und wollte am Berufswettkampf teilnehmen. Weil er nicht der Hitlerjugend angehörte, wurde er jedoch vom Berufswettkampf und von sportlichen Wettkämpfen ausgeschlossen.

Dem Arbeitsdienst folgte im Jahr 1939 die Einberufung zur Deutschen Wehrmacht. Zum Kriegsende geriet er in russisch/polnische Gefangenschaft und wurde wegen Krankheit nach 2 Jahren entlassen.

Zur Wiederherstellung seiner Gesundheit waren langjährige Aufenthalte in Sanatorien erforderlich. Nach seiner endgültigen Genesung besuchte Herbert Lambrecht von 1950 bis 1952 mehrere Lehrgänge in seinem Beruf und legte 1952 vor der Handwerkskammer Kassel die Meisterprüfung ab.

Frau Lambrecht, ebenfalls in Greifenberg/Pommern geboren, hatte durch Verwandtschaft ihrerseits in Treysa Fuß gefaßt.

Am 01. 04. 1953 begann Herbert Lambrecht auf seinem heutigen Anwesen einen Zimmereibetrieb mit drei Gesellen und einem Lehrling. Schon 1958 gliederte er seinem Betrieb ein Sägewerk an und baute dieses so aus, daß heute über 15 Mitarbeiter beschäftigt sind.

Der Heimatvertriebene ist seit 1972 Innungs-Obermeister im Schwalm-Eder-Kreis und Richter beim Sozialgericht Marburg. Im Bund der Vertriebenen ist er seit 1948 Mitglied und gehörte von 1955 bis 1966 dem BdV-Kreisverband Ziegenhain als Kreisgruppen-Obmann der Landsmannschaft Pommern an.

Der Betrieb Lambrecht verrichtete die Zimmerarbeiten des Gemeinschaftshauses in Trutzhain, von Nebenerwerbssiedlungen in Treysa und Ziegenhain sowie über die Kreisgrenze hinaus in der Stadt Allendorf.

Herbert Lambrecht hat zum Wiederaufbau des Altkreises Ziegenhain entscheidend beigetragen.

Nachweis der Dokumente und Abbildungen

Dokumente und Abbildungen im Text

1   Verteilung der Heimatvertriebenen auf die Landkreise des Regierungsbezirks Kassel. Karte aus den Hessischen Nachrichten vom 19. 3. 1949.

2   Hilfsprogramm der Handwerkskammer Kassel vom 30. 6. 1951 (Auszug). Hessisches Hauptstaatsarchiv Wiesbaden, Abt. 507 Nr. 3341.

3   Schreiben der Stadt Neustadt vom 12. 5. 1950 an die Strumpffabrik Neustadt wegen Gewerbesteuer-Erlaß. Ergee-Firmenchronik.

4   Antrag eines heimatvertriebenen Ingenieurs aus Breslau, jetzt in Hofgeismar bei Kassel, auf Produktionsgenehmigung, 2. 11. 1945. Staatsarchiv Marburg, Best. 401/39 Nr. 325.

5   Schlüssel für die Zulassung von Flüchtlingsbetrieben des Handwerks, 1947. Hessisches Hauptstaatsarchiv Wiesbaden, Abt. 507 Nr. 4110.

6   Schreiben des Hessischen Arbeitsministers (als Staatsbeauftragter für das Flüchtlingswesen) an den Regierungspräsidenten in Kassel vom 19. 10. 1948 wegen eines zu Unrecht abgelehnten Antrags auf Eröffnung eines Textilgeschäfts im Kreis Fritzlar-Homberg (Auszug). Staatsarchiv Marburg, Best. 401/39 Nr. 375.

7   Tabelle „Die Neubürgerindustrie in Hessen Anfang 1948", in: Der hessische Wirtschaftsbericht 1948, Sonderbericht 14, S. 229. Hessisches Hauptstaatsarchiv Wiesbaden, Abt. 507 Nr. 4158.

8   Bericht über Waldecker Flüchtlingsbetriebe. Waldecker Kurier vom 22. 11. 1949.

9   Bericht über die Einkaufs-, Verkaufs- und Produktionsgenossenschaft „Zukunft", Fulda, in: 15 Jahre VHW/IOB in Hessen, 1966, S. 148.

10 Stellungnahme des Landrats zur Übernahme der Staatsbürgerschaft für einen Neubürgerbetrieb im Kreis Hersfeld, 27. 9. 1950. Staatsarchiv Marburg, Best. 401/17 Nr. 30.

11–13 Graphische Darstellungen über die regionale Verteilung der staatlichen Finanzhilfen 1948/49. Hessisches Hauptstaatsarchiv Wiesbaden, Abt. 507 Nr. 4110.

14 Übersicht „Finanzhilfen für selbständige Vertriebene und Sowjetzonenflüchtlinge", Bundesminister für Vertriebene, Flüchtlinge und Kriegsgeschädigte, Ländervergleich Stand Ende 1964.

15 Stellungnahme des Siedlungsvorstehers von Trutzhain zu einem Antrag auf Existenz- und Aufbauhilfe, 26. 10. 1949. Staatsarchiv Marburg, Best. 401/17 Nr. 30.

16   Konsolidierungsprogramm für die Vertriebenen-Wirtschaft der VHW und des IOB von 1958 (Auszug). Hessisches Hauptstaatsarchiv Wiesbaden, Abt. 507 Nr. 1223.

17   Graphik zum Lastenausgleich in Hessen (Stand 1962), in: 15 Jahre VHW/IOB in Hessen, 1966, S. 28.

18   Graphik zum Lastenausgleich in Hessen (Stand 1962), in: 15 Jahre VHW/IOB in Hessen, 1966, S. 29.

19   Ankündigung einer Besichtigungsfahrt zu Flüchtlingsunternehmen in Nordhessen durch die IHK Kassel, 6. 5. 1964. Archiv des Bundes der Vertriebenen, Landesverband Hessen.

20   Bericht über die Fa. Hüttmann, Allendorf, 1950. Hessisches Hauptstaatsarchiv Wiesbaden, Abt. 502 Nr. 1438.

21   Bericht über die Kleider- und Wäschefabriken Josef Raith (JORA), Witzenhausen, in: 15 Jahre VHW/IOB in Hessen, 1966, S. 72.

22   Schreiben der VHW-LV Bayern an die heimatvertriebenen Webereien vom 19. 11. 1962 (Auszug). Sudetendeutsches Archiv München, B 25/ 122.

23   Fotografie 1948. Privatbesitz Familie Koinzer.

24   Tabelle: Handwerkszweige mit 10% und mehr Flüchtlingsbetrieben im Handwerkskammerbezirk Kassel, Stand 30. 9. 1953, in: Gerhard Albrecht, Die wirtschaftliche Eingliederung der Heimatvertrieben in Hessen, Berlin 1954, S. 178.

25   H. Kirchner: Aus meinem Leben (Auszug), 1976, in: Hermann Kirchner Bauunternehmung, Festschrift 1989, S. 7.

26   Bericht über die Textilgroßhandlung Siegfried Scholz, Fulda (Auszug), in: 15 Jahre VHW/IOB in Hessen, 1966, S. 147 f.

27   Bericht über die Spedition Kaddatz & Lemke, Rotenburg a. d. Fulda, in: 15 Jahre VHW/IOB in Hessen, 1966, S. 146.

28   Bericht über die Färberei „Fortschritt", Kirchhain b. Kassel, in: 15 Jahre VHW/IOB in Hessen, 1966, S. 132.

29   Erinnerungen des Bauunternehmers Karl Splittgerber, in: Bericht der Neubürger-Industrie im Hessenplan – Brennpunkt Allendorf-Neustadt, 1951, S. 16.

30   Tabelle: Industrieentwicklung Stadt Allendorf 1960–1969. Hessisches Statistisches Landesamt.

31–32 Fotografien, Firmenchronik Ergee.

33   Zeugnis der Gemeindeverwaltung von Rimbach/Bayern für Karl Kühn, 9. 7. 1951. Privatbesitz Karl Kühn.

34–36 Fotografien, Privatbesitz Karl Kühn.

Dokumente im Anhang

A   Reportage über einen Flüchtlingsbetrieb (Auszug). Badische Zeitung vom 9. 4. 1948.

B   Reportage über einen Flüchtlingsbetrieb. Wirtschaftszeitung vom 3. 10. 1947.

C   Antrag auf Produktionsgenehmigung von Richard Süßmuth an die IHK Kassel, 25. 5. 1946. Staatsarchiv Marburg, Best. 401/39 Nr. 325.

D   Bericht über die „Aktion der offenen Betriebstür" (Auszug). Neue Presse (Oberhessen) vom 12. 5. 1962.

E   Bericht über Kreditgefährdung von Flüchtlingsbetrieben. Hessische Nachrichten vom 26. 2. 1949.

F   Schreiben der Hosenfabrik Bruno Herzog in Treysa (Kassel) an die Vertretung der heimatvertriebenen Wirtschaft, 20. 8. 1962. Sudetendeutsches Archiv München, B 25/122.

G   Bericht über die Anfänge der Flüchtlingsproduktion in Allendorf. Oberhessische Presse vom 21. 7. 1987.

H   Bericht über Entwicklung und Aufbau der Industrie in Allendorf. Beilage der Oberhessischen Presse vom 30. 8. 1957.

I   Bericht über die Kammgarnspinnerei Max Richter in Stadt Allendorf, in: 10 Jahre Stadt Allendorf, 1970, S. 151.

J   Bericht über das 50jährige Jubiläum der Strumpffabrik Rössler in Neustadt b. Marburg. Hessische Nachrichten vom 21. 4. 1951.

K   Bericht über den Zimmereibetrieb Herbert Lambrecht, Treysa, in: Schwalm-Eder-Kreis. Heimat für Vertriebene, 1984, S. 95.

Abkürzungsverzeichnis

BdV   Bund der Vertriebenen
BHE   Bund der Heimatvertriebenen und Entrechteten
BVD   Bund der vertriebenen Deutschen
BVFG   Bundesvertriebenen- und Flüchtlingsgesetz
ERP   European Recovery Program
HTV   Hessische Treuhandverwaltung
Hv   Heimatvertriebene
HWK   Handwerkskammer
IHK   Industrie- und Handwerkskammer
IOB   Interessengemeinschaft der in der Ostzone enteigneten Betriebe
LAG   Lastenausgleichsgesetz
LV   Landesverband
SBZ   Sowjetische Besatzungszone
SHG   Soforthilfegesetz
VHW   Vertretung der heimatvertriebenen Wirtschaft

Quellen- und Literaturverzeichnis

Ungedruckte Quellen

Hessisches Hauptstaatsarchiv Wiesbaden (HHStA Wi)
  Bestand 503 Innenministerium
  Bestand 507 Wirtschaftsministerium
Hessisches Staatsarchiv Marburg (StA Ma)
  Bestand 180 Landratsämter des Regierungsbezirks Kassel
  Bestand 401 Landeswirtschaftsamt/Bezirkswirtschaftsstelle Kassel
  Lastenausgleichsakten 609 Hersfeld-Rotenburg
Stadtarchiv Kassel
  A.8.80 Wirtschaftsamt, Statistische Berichte, Flüchtlingsgewerbe
Archiv des Bundes der Vertriebenen LV Hessen, Wiesbaden
  Bestand VHW-Hessen
Sudetendeutsches Archiv München
  Bestand VHW-Hessen

Gedruckte Quellen

Bericht der Neubürger-Industrie im Hessenplan-Brennpunkt Allendorf-Neustadt, Marburg 1951.
Denkschrift zur Lage der heimatvertriebenen und mitteldeutschen Wirtschaft und Vollzugsprogramm der Eingliederung und des Lastenausgleichs. VHW Bundesverband der heimatvertriebenen Wirtschaft, Bonn 1974.
Der Hessenplan 1950–1954. Bericht des Landesamtes für Vertriebene, Flüchtlinge und Evakuierte, Köln 1954.
Die gewerblichen Vertriebenen- und Flüchtlingsbetriebe. Erfolge und ungelöste Aufgaben der Eingliederung, hrsg. von der Lastenausgleichsbank 1955.
3 ½ Milliarden DM aus dem Lastenausgleich im Lande Hessen. Sonderdruck der Mitteilungen des Landeslastenausgleichsamtes, hrsg. vom hessischen Ministerium des Innern, Wiesbaden 1961.
Hessen und das Flüchtlingsproblem. Ein Rechenschaftsbericht der Zahlen und Tatsachen, hrsg. vom Staatsbeauftragten für das Flüchtlingswesen, Wiesbaden 1949.
Konsolidierungsprogramm der VHW/IOB, Bonn 1958.
Staat und Wirtschaft in Hessen. Statistische Mitteilungen, hrsg. vom Hessischen Statistischen Landesamt, Wiesbaden 1952.
Verwaltungsberichte der Stadt Kassel 1945–1959/60. Hrsg. vom Magistrat der Stadt Kassel.
Zur wirtschaftlichen Eingliederung der hv-Unternehmerschaft. Beitrag zu einem ‚Programm der Tat‘, vorgelegt von der VHW, LV-Hessen 1950.

Zeitungen, Zeitschriften, Periodika

Der neue Weg. Blatt der Heimatvertriebenen und Flüchtlinge in Hessen 1948 ff.
Frankfurter Rundschau 1945 ff.
Fuldaer Volkszeitung 1945 ff.
Hessische Nachrichten 1945 ff.

Kurhessische Wirtschaft. Organ der Industrie- und Handelskammer Kassel 1949 ff.

Mitteilungen für Vertriebene, Flüchtlinge, Kriegssachgeschädigte, Evakuierte, Heimkehrer, politische Häftlinge, hrsg. vom Hessischen Minister des Innern, 1962–1967.

Mitteilungen der Industrie- und Handelskammer Frankfurt/M. Flüchtlingsbetriebe im Frankfurter Wirtschaftsraum, Nr. 12/1954.

Nachrichtendienst der Vertretung der heimatvertriebenen Wirtschaft (VHW), Landesverband Hessen.

Oberhessische Zeitung (ab 1951: Oberhessische Presse) 1950 ff.

Der Volkswirt. Wirtschafts- und Finanzzeitung, Frankfurt/M.

Wegweiser für Heimatvertriebene. Mitteilungsblatt für das Flüchtlingswesen (div. Sonderdrucke) 1951 ff.

Literatur

ABELSHAUSER, Werner: Wirtschaftsgeschichte der Bundesrepublik Deutschland 1945–1980. Frankfurt/M. 1983.

ALBRECHT, Gerhard: Die wirtschaftliche Eingliederung der Heimatvertriebenen in Hessen. Berlin 1954.

AMBROSIUS, Gerold: Flüchtlinge und Vertriebene in der westdeutschen Wirtschaftsgeschichte, in: Schulze u.a. (Hrsg.): Flüchtlinge und Vertriebene in der westdeutschen Nachkriegsgeschichte, Hildesheim 1987.

Arbeit, Amis, Aufbau. Alltag in Hessen 1949–1955, hrsg. von Antonio Peter und Werner Wolf. Frankfurt/M. 1990.

ASCHENBRENNER, Viktor: Hessen und die Sudetendeutschen, in: Kuhn (Hrsg.): Einigkeit und Recht und Freiheit. Deutschland, Hessen und die Sudetendeutschen, München 1981.

AUERBACH, Inge: Die Aufbauleistungen der Frauen aus den Vertreibungsgebieten. Katalog zur Ausstellung des Hessischen Staatsarchivs Marburg. Marburg 1989.

BECK, Heinrich: Wiederaufbau nach dem zweiten Weltkrieg, in: Geschichte des Landkreises Hünfeld, 1960.

Bund der vertriebenen Deutschen, Landesverband Hessen. BVD – Zehn Jahre Geschichte. Wiesbaden 1959.

Dokumentation über die Aufnahme, Eingliederung und das Wirken der Vertriebenen im Landkreis Hersfeld-Rotenburg, hrsg. von den BdV-Kreisverbänden Hersfeld und Rotenburg. Bad Hersfeld/Rotenburg 1989.

EDDING, Friedrich: Die Flüchtlinge als Belastung und Antrieb der westdeutschen Wirtschaft. Kiel 1952.

ERKER, Paul: Vom Heimatvertriebenen zum Neubürger. Sozialgeschichte der Flüchtlinge in einer agrarischen Region Mittelfrankens 1945–1955. Wiesbaden 1988.

FABIAN, Franz (Hrsg.): Arbeiter übernehmen ihren Betrieb oder Der Erfolg des Modells Süßmuth, Reinbek bei Hamburg 1972.

FUCHS, Adolf: Die Standortverlagerung der sudetendeutschen Kleinmusikinstrumenten-Industrie von Graslitz und Schönbach. Marburg 1953.

15 Jahre VHW/IOB in Hessen. Hrsg. von der Vertretung der Heimatvertriebenen Wirtschaft, Landesverband Hessen e.V. Frankfurt/M. 1966.

Heimatvertriebene im Landkreis Waldeck-Frankenberg. Eine Dokumentation. Hrsg. von den Kreisverbänden des Bundes der Vertriebenen Waldeck und Frankenberg. 1990.

Hermann Kirchner Bauunternehmung. Festschrift zum 90. Geburtstag des Firmengründers Hermann Kirchner am 5. Juli 1989. o.O., o.J. [Bad Hersfeld 1989].

KLEINERT, Uwe: Flüchtlinge und Wirtschaft in Nordrhein-Westfalen 1945–61. Arbeitsmarkt – Gewerbe – Staat. Düsseldorf 1988.

KROPAT, Wolf-Arno: Hessen in der Stunde Null 1945/47. Politik, Wirtschaft und Bildungswesen in Dokumenten. Wiesbaden 1979.

LEMBERG, Eugen/KRECKER, Lothar (Hrsg.): Die Entstehung eines neuen Volkes aus Binnendeutschen und Ostvertriebenen. Marburg 1950.

LEMBERG, Eugen/EDDING, F. (Hrsg.): Die Vertriebenen in Westdeutschland. Ihre Eingliederung und ihr Einfluß auf Gesellschaft, Wirtschaft, Politik und Geistesleben. Band I–III. Kiel 1959.

LILGE, Herbert: Hessen in Geschichte und Gegenwart. Stuttgart 1986.

LÜTTINGER, Paul: Integration der Vertriebenen. Eine empirische Analyse. Frankfurt 1989.

MENGES, Walter: Der Einfluß der Flüchtlinge auf die wirtschaftliche und soziale Struktur des Kreises Limburg. Diss. Frankfurt 1952.

MESSERSCHMIDT, Rolf: Flüchtlinge und Vertriebene im Landkreis Marburg-Biedenkopf. Ursachen, Aufnahme, Eingliederung. Marburg 1989.

MESSERSCHMIDT, Rolf: „Wenn wir nur nicht lästig fallen …“ Aufnahme und Eingliederung der Flüchtlinge und Vertriebenen in Hessen (1945–1955). Frankfurt/M. 1990.

MÜHLHAUSEN, Walter: Hessen 1945–50. Zur politischen Geschichte eines Landes in der Besatzungszeit. Frankfurt/M. 1985.

NAHM, Peter Paul (Hrsg.): Sie haben sich selbst geholfen. Tatsachenberichte aus chaotischer Zeit. Bonn 1960.

NUHN, Heinrich: Wahlen und Parteien im ehemaligen Landkreis Hersfeld. Darmstadt und Marburg 1990.

REICHLING, Gerhard: Die deutschen Vertriebenen in Zahlen. Teil I: Umsiedler, Verschleppte, Aussiedler 1940–1985. Teil II: Aufnahme und Wiedereingliederung in der Bundesrepublik Deutschland 1945–1985. Bonn 1989.

REITZ, Hartmut/PFEIFFER, Udo: Heimatvertriebene und die Musikinstrumentenindustrie. Nauheimer Spurensuche Bd. 1. Nauheim 1990.

RÖSSLER, Susanne: Gablonzer Glas und Schmuck. Tradition und Gegenwart einer kunsthandwerklichen Industrie. Verlagshaus Sudetenland 1979.

SCHLAU, Wilfried: Heimatvertriebenes ostdeutsches Landvolk. Ergebnisse einer Untersuchung im Kreis Mergentheim. Marburg 1955.

SCHLAU, Wilfried: Politik und Bewußtsein. Voraussetzungen und Strukturen politischer Bildung in ländlichen Gemeinden. Köln 1971.

SCHMIDT, Theoderich: Eine sudetendeutsche Stadt. Graslitz und seine Bürgerschaft einst und jetzt. Ergebnisse einer empirischen Untersuchung. Marburg 1983.

SCHULZE, Rainer u. a. (Hrsg.): Flüchtlinge und Vertriebene in der westdeutschen Nachkriegsgeschichte. Bilanzierung der Forschung und Perspektiven für die künftige Forschungsarbeit. Hildesheim 1987.

Schwalm-Eder-Kreis – Heimat für Vertriebene. Dokumentation über die Aufnahme und Eingliederung von Vertriebenen im Schwalm-Eder-Kreis. 1984.

SYWOTTEK, Arnold: Flüchtlingseingliederung in Westdeutschland. Stand und Probleme der Forschung. In: Aus Politik und Zeitgeschichte, B51/89 (1989).

Trümmer, Tränen, Zuversicht. Alltag in Hessen 1945–1949. Hrsg. von Werner Wolf unter Mitarbeit von Harald Edel. Frankfurt/M. 1986.

Vierzig Jahre Vertreibung. 35 Jahre Eingliederung. Eine Dokumentation des Kreisverbandes des Bundes der Vertriebenen Fulda e. V. Fulda 1985.

Vom Neubürger zum Mitbürger. Die Aufnahme von Flüchtlingen und Vertriebenen in Wiesbaden und Hessen. Katalog zur Ausstellung des Hessischen Hauptstaatsarchivs. Wiesbaden 1990.

WIESEMANN, Falk: Flüchtlingspolitik und -integration in Westdeutschland. In: Aus Politik und Zeitgeschichte, B 23/85 (1985).

Utta Müller-Handl

„Die Gedanken laufen oft zurück …"

Flüchtlingsfrauen erinnern sich an ihr Leben in Böhmen und Mähren
und an den Neuanfang in Hessen nach 1945

1993. 304 S. m. 115 Abb., geb. DM 27,–. ISBN 3-922244-91-2

(Forschungen zur Integration der Flüchtlinge und Vertriebenen
in Hessen nach 1945, Bd. 3)

Die Aufnahme und Integration von Millionen Vertriebenen aus Ostdeutschland und den osteuropäischen Staaten gehört zu den besonderen Ereignissen der deutschen Nachkriegsgeschichte. Eine Soziologin hat in diesem Buch die Lebensgeschichten von über 40 Frauen aufgezeichnet, die mit ihren Kindern aus Böhmen und Mähren vertrieben wurden und auf mühsamen Wegen in Hessen eine neue Heimat gefunden haben. Es sind Erinnerungen von starker Ausdruckskraft an die Zeit vor der Vertreibung, an Krieg, Flucht und Zwangsaussiedlung, und Erinnerungen an die oft nicht leichte Neuorientierung in einer zunächst fremden Umgebung. Sie zeigen zugleich, wie die Frauen, die oft auf sich allein gestellt waren, den Alltag in einer Zeit von Hunger und Not bewältigten und sich eine neue Existenz aufbauten. Mehr als 100 Fotografien, die meist aus Privatbesitz stammen, machen die Erinnerungen besonders anschaulich.

Rolf Messerschmidt

Aufnahme und Integration der Vertriebenen und Flüchtlinge in Hessen 1945–1950

Zur Geschichte der hessischen Flüchtlingsverwaltung

Ca. 380 S., geb., ISBN 3-922244-94-7 (in Vorbereitung)

(Forschungen zur Integration der Flüchtlinge und Vertriebenen
in Hessen nach 1945, Bd. 4)

Die wirtschaftliche, soziale und politische Integration von Millionen Vertriebenen und Flüchtlingen stellt eine herausragende Leistung in der Geschichte der Bundesrepublik dar. Hessen nahm allein im Jahr 1946 rund 400 000 Ausgewiesene auf. Unterbringung und Fürsorge für die nach Deutschland strömenden Vertriebenen waren zunächst eine kaum zu bewältigende Herausforderung für die staatliche und kommunale Verwaltung. Der Verfasser behandelt nicht nur ausführlich den Aufbau einer hessischen Flüchtlingsverwaltung, sondern schildert auch das Entstehen von Landsmannschaften und Selbsthilfeorganisationen. Er behandelt darüber hinaus wesentliche soziale Fragen des Integrationsprozesses und weist auf die bedeutsame wirtschaftliche Wechselbeziehung zwischen Flüchtlingseingliederung und Landesentwicklung hin.

Aus unserem weiteren Lieferprogramm:

Wolf-Arno Kropat
Hessen in der Stunde Null 1945/1947
Politik, Wirtschaft und Bildungswesen in Dokumenten. 1979. VI, 351 S. m. zahlr. Abb., kart. DM 25,—. ISBN 3-922244-00-9

Otto Renkhoff
Nassauische Biographie
Kurzbiographien aus 13 Jahrhunderten. 2., vollst. überarb. u. erw. Neuauflage 1992. VIII, 1072 S., geb. DM 98,—. ISBN 3-922244-90-4

Ludwig Brake
Die ersten Eisenbahnen in Hessen
Eisenbahnpolitik und Eisenbahnbau in Frankfurt, Hessen-Darmstadt, Kurhessen und Nassau bis 1866. 1991. X, 326 S. m. 1 Abb., geb. DM 38,—. ISBN 3-922244-83-1

Michael Wettengel
Die Revolution von 1848 im Rhein-Main-Raum
Politisches Vereinswesen und Revolutionsalltag im Großherzogtum Hessen, Herzogtum Nassau und in der Freien Stadt Frankfurt. 1989. X, 646 S. m. 24 Ktn., geb. DM 55,—. ISBN 3-922244-82-3

In der Reihe „Forschungen zur Integration der Flüchtlinge und Vertriebenen in Hessen nach 1945" ist erschienen:

Bernhard Parisius und Manfred Pult
Quellen zur Integration der Flüchtlinge und Vertriebenen in Hessen
Ein Inventar des Schriftguts in hessischen Staats-, Kommunal-, Kirchen- und Wirtschaftsarchiven von 1945 bis 1975. 1992. XXX, 679 S., geb. DM 39,—. ISBN 3-922244-87-4

In Vorbereitung:

Udo Engbring-Romang
Die Sozialstruktur der Vertriebenen in Hessen und ihre berufliche Eingliederung 1945–1971

Martina Skorvan-Schwab
Die Vertriebenenarbeit der Wohlfahrtsverbände in Hessen von 1945 bis 1949

York R. Winkler
Der BHE und die Vertriebenenverbände in Hessen

Bitte fordern Sie Prospekte über unsere Veröffentlichungen an.

Anschrift und Auslieferung: Historische Kommission für Nassau
Mosbacher Straße 55, 65187 Wiesbaden, Tel. 0611/881-0, Fax 881145